クレムリンの殺人

THE KILLER IN THE KREMLIN

THE EXPLOSIVE ACCOUNT OF PUTIN'S REIGN OF TERROR

クレムリンの殺人者　目次

第1章 殺人マシーン

第2章 ネズミたたき

第3章 スパイ志望の男

装丁　ＡＰＲＯＮ（植草可純、前田歩来）

リザ・コズレンコ、
ウラド・デムチェンコ、
セミョーン・グルーズマンに

第1章 殺人マシーン

バカげた戦争が始まって、二日目

どこかのバカ者がアパートの上の階で大きな家具を動かしている。ハッと眼が覚めて、ランベス区の自治会に電話してバカ者をつきとめてもらわなくてはと思った瞬間に、思い出した。自分はキーウにいる。午前四時。バンバン音をたてているのはテーブルや椅子ではなく、ロシア軍の大砲だ。バカ者はウラジーミル・プーチン。バカげた戦争が始まって、二日目。

私はぶつぶつ言いながら再び眠りに落ち、それから起きて、トイレットペーパーを買いに出かけたが、買えなかった。目の前の店には、年老いた風変わりな男と主婦の姿がある。男のほうは同じ銘柄のタバコを一〇箱買い込んだ。ほかには何も。かくして、この男の奇《き》矯《きょう》な悪癖があまねく世に知れ渡るわけだ。主婦のほうは店に並ぶありったけのソーセージを買い占めている。滑稽なまでのパニック買い。滑稽だが、笑えない。

オリンピック・スタジアム近くのＡｉｒｂｎｂ《エアビーアンドビー》【訳注（以下同）：オンライン民泊サービス】からキーウの中心部までは、歩いて三〇分ほどだ。ウクライナの首都キーウのフレシチャーティク大通りは、英国バースのロイヤル・クレセント【建物が三日月型にカーブして建っている】にしこたまウォッカを飲ませてネオ・スターリニズム風に伸ばしたような風情で、戦車が横に三台並んで通れるほどの道幅がある。そうするのがプーチンの計画だ。フレシチャーティク大通りを歩きながら、私はスマホのカメラにむかって記事を音声入力しはじめる。そこへ由緒正しきイギリス英語を操る猛者《もさ》が近づいてきて、そこは市庁舎の前だぞ、きょうは近づかないほうがいい、と声をかけてきた。私はイギリス人同胞に説明する。ロシア軍は、きょうは市庁舎を攻撃しないだろう、それはまだ先のお楽しみさ、と。私はさっさと歩を進める。しかし、郵便局の建物にさしかかろうとしたとき、音が大波のような壁になって押し寄せてきた。空襲警報だ。盛大に鳴り響いている。ロシア軍の大砲かミサイルが飛んでくる、という合図だ。いけすかない音だ。

空襲警報は、プーチンの子守唄と呼ばれている。

空襲警報のサイレンが鳴り響く中、私はスマホのカメラに向かって短い記事を入力し、ツイートを上げる。「ロマン・アブラモヴィチ【ロシアの石油王】のヨットが心配だな。無事だといいんだが」

ツイッターに返信があった。「ヨットなんて沈めちまえ」

独立広場を横切って、友人のオズ・カタージが借りているアパートに向かう。カタージはイギリス系レバノン人の報道記者だ。年齢は、私の半分ほど。オズがアールグレイティーを一杯ごちそうしてくれる。パラレルワールドがあるなら、紅茶をたしなむ二人の英国紳士といったところか。窓ごしに大砲の大きな着弾音が聞こえてくる。近くはないが、この音は好きになれない。ズシン。ウラジーミル・プーチンのせいで、一九七六年の英語レベルAの授業を思い出す。「銃砲の醜悪な音だけが……」――ウィルフレッド・オーウェンの有名な詩「死者たちのための挽歌」だ。

オズも私もフリーランスの記者だ。BBCの北アイルランド支局やスコットランド支局、ダブリンのLBCやRTEなどのラジオ局と双方向インタビューをこなして、なんとか糊口《ここう》をしのいでいる。たいした金にはならないが、まあケバブ代くらいにはなる。

オズと二人で、戦場までタクシーか誰かの車に乗せてもらおうと手を上げるのだが、つかまらない。誰も止まってくれない。車を持っている人間は皆、愛する者たちを鉄道の駅まで送り届けるのに必死だ。この街から避難させるために。しかたがないから、地下鉄で行くことにする。人々の顔には不安が刻まれている。何も悪さをしていない子供をひっぱたく母親。スマホにむかって大声で怒鳴る娘の姿を困惑して見つめる老母。戦闘服姿で地下鉄の車両を乗り降りする屈強な男たち。まるで戦時中のような。そう、ここは戦時中なのだ。

私たちはアルセナリナ駅で降りる。ここは世界でいちばん地下深いところに作られた駅だ。キーウを自然の要塞にしている断崖の横っ腹に穴を掘って作った駅だ。キーウは千年前にロシア文明が生まれた場所。モスクワは、これまでも、これからも、ロシア文明の支店にすぎない。電車を降りると、惨めな人間たちの波が押し寄せてきた。一九四〇年のロンドン大空襲下で地下鉄ホームを歩いているような気分になってくる。パンパンに物を詰め込んだいくつものショッピングバッグに囲まれてぐっすり眠り込んでいる老夫婦。二〇二二年二月にロシアの爆弾から身を潜めているのは、ぐっすり眠り込んでいる老夫婦。

座っている老女。顔がピクピク痙攣《けいれん》して止まらない。スマホで夢中になって映画を見ている二人の無邪気な子供たちもいる。足もとに小さな犬が身を寄せている。

くたばりやがれ、ウラジーミル・プーチン。

エスカレーターで駅の外に出て、ドニプロ川の西岸を北へ進んでいく。この先にロシア軍がいるらしい。私は足を止め、BBCラジオ2の番組についてジェレミー・ヴァインと打ち合わせをする。イギリスにいるジェレミーは、一般視聴者とつながる鍵を握る人物だ。オズは先に行く。この日、オズの姿を見たのは、これが最後になった。歩きながら、動画で自撮りする。ロシアとウクライナの友好を記念する（皮肉ではない）凱旋門のところでうろうろしているウクライナ兵士二人の遠景も動画におさめる。一人の兵士が私にむかって撮影をやめろと怒鳴る。私はカメラを下ろし、一〇〇メートルほど歩いて、またカメラを回す。

スウィーニー、おまえってやつはバカだ。

ライフルを構えた若いウクライナ兵が私にむかってロシア語で怒鳴る。キーウはロシア語のほうが多く使われる街だ。ウクライナ兵は迷彩服ではなく、ふつうのカーキ色のズボンをはいている。ほかの兵士たちも私のいる方向にむけてライフルを振っている。

カーキ色のズボンの兵士が私にスマホを見せろと言う。何を撮影したか、チェックするらしい。「この私がロシアのスパイに見えるかい？」私はオレンジ色のニット帽をかぶり、キャメル色のダッフルコートを着ている。『第三の男』でキャロウェイ少佐を演じたトレヴァー・ハワードが最初に着たあれだ。コートの下は、肘にパッチのついた茶色のコーデュロイ・ジャケット。ロンドン郊外のドーキングあたりでクビになった地理の教師、といったスタイルだ。

兵士は、スマホを出せと言う。

正気か。「私がロシアのスパイに見えるかい？」兵士にむかって大声で言ってやる。わめき散らしたい気分だ。疑うなら、サイエントロジー教会【過去に筆者が取材した団体】のメンバーに聞いてみたらいい。

兵士たちは私にむかってライフルを振っているのではなく、いまや私にピタリと照準を合わせてライフルを構えている。

私はスマホとパスポートとＮＵＪ【ジャーナリスト全国組合】の取材許可証を兵士に渡し、両手を上げて、基地へ連行される。背後で鋼鉄製のドアが閉まる。誰も私がここにはいっていくのを目撃した人間はいない。誰も私が拘束された場面を見ていた人間はいない。まずいことになった。

基地はキーウの上水の半分を供給する水道施設の中にあった。古い金物類のにおいがする。ちゃんとオイルを引いて手入れしてある金物類のにおいだ。

誰かがSBU（ウクライナ保安庁）に電話する。私は、自分のTwitter《ツイッター》のバナーを見てほしい、とくりかえし兵士に訴える。

カーキ色のズボンの男が口笛を吹いて司令官と副官を呼ぶ。こっちは本物の兵士だ。ウクライナ軍の正式な軍服を着ている。司令官は大柄な男で、私も小柄なほうではないが、その私よりも大きい。副官は司令官より小柄だが、抜け目のない顔つきをしている。からかうような目つきで私をじろじろ見ている。私が危険な人物ではないことをわかっているようだ。二人の兵士を見ているうちに、『ダッズ・アーミー』のキャプテン・ジョージとウィルソン軍曹が頭に浮かんだ。しかし、司令官は私を見て顔をしかめ、「Russkiy shpion《ルースキー・シュピオン》」と言った。学生時代に習ったロシア語はあらかた忘れてしまったが、「ロシアのスパイ」という言葉くらいはわかる。それを聞いたとたん、私は椅子に腰を下ろして笑いが止まらなくなった。

ロシアのスパイなら、もっと不安そうな顔を見せるはずだろう。その場の雰囲気が変わった。カーキ色のズボンの男が私をグーグルで検索し、えらく時間はかかったが、私のツイッターのバナー写真を見つけ、私がプーチンに面と向かって不穏当な質問をしている場面を見つけた。二〇一四年七月にウクライナ東部の親ロシア地域から発射されたブークミサイルがマレーシア航空機MH17便を撃墜して乗客乗員全員が死亡した事件について、私はシベリアでロシア大統領に直撃取材を敢行し、ウクライナでの殺人に関して追及したのだ。

カーキ色のズボンの男は、ドナルド・トランプの写真も見つけた。トランプが私を見下ろすように立ちはだかり、取材を打ち切ろうとして握手を求めてきた場面の写真だ。二〇一三年。だが、写真の中の私は椅子に腰を下ろしたまま、相手を手のひらで制して、なおも質問を続けている。「トランプ大統領、なぜファット・トニー・サレルノ【アメリカのマフィア】からコンクリートを買い付けたのですか？」

写真に写っている二人のどちらかがロシアのスパイだとしても、それは私のほうではない。

おばあちゃんが姿を見せて、拘束されている私にお茶を一杯出してくれた。そのうちに、カーキ色のズボンの男が私の味方になってくれた。ウラド・デムチェンコという名だと自己紹介する。愛想のいい気のきいた映像作家で、二〇一四年のドネツク空港の戦いのドキュメンタリーを製作したという。戦争が始まる前は、ごくふつうにあちこち旅したものだ、とウラドは話してくれた。英語がなかなか達者で、私たちは話がはずんだが、上官がＳＢＵへ照会の電話をかけるあいだ、私は軍の手続きどおり施設に拘禁され、最悪の嫌疑をかけられないよう身の潔白を証明する必要に迫られていた。ライフルで武装した人間たちに囲まれて外国語で反逆罪の嫌疑に抗弁するようなものだ。

私たちは大きな茶色のピックアップトラックに乗り込んだ。運転席に司令官、助手席に副官、ウラドと私が後部座席。街のあちこちに検問所が設けられ、ライフルを持った兵士たちが走り回っている。サイレンの音が絶え間なく鳴り響く。砲弾の音がだんだん近くなってきている。ピックアップトラックはＳＢＵ本部に横付けされ、私たちはトラックの中で延々と待たされる。

ウラドが小さい声で私に言う。「みんな、ちょっとパラノイアっぽくなってるんだよね」

パラノイアの世界にようこそ、と私は心の中でつぶやく。

ウクライナ保安庁といえば、大統領府に続いてロシア軍巡航ミサイルの二番目の標的じゃないか――思い至って、ギョッとした。

そのうちにようやく、建物の窓のブラインドがガサガサと開けられて、誰かの声が聞こえた。三人のウクライナ兵が私を連行するために庁舎から出てきた。私は司令官と副官とウラドにさよならを言ったあと、通りに沿って歩き、建物の角を曲がってもっと広い通りに出て、SBU本部の正面玄関に着いた。

そして、またそこで待たされた。入り口にコンピューター制御の頑丈な回転ゲートがあるのだが、兵士のリーダーが電話で連絡を取るまで、誰も動けない。しかも、電話が通じない。気がつくと、たくさんのマシンガンが私たちに銃口を向けている。

ようやく電話が通じて、私は回転ゲートを通り、ロビーにはいる。あちこちに土嚢《どのう》が積まれている。自動ライフル銃を持った兵士たちは、目を赤く充血させている。ここ一週間ばかりちゃんと眠れていない、みたいな。まあ、ウクライナの人たちは誰でもそうだろうが。長身の厳しい表情をした男が兵士から私のパスポートと取材許可証を受け取り、上の階へ案内する。階段のあちこちに腰を下ろしたまま死んだように眠りこけている兵士たちの姿がある。ラファエル前派の描いた、テニソンの「アーサー王の死」みたいな風景だ。

厳しい表情の男に案内されて執務室にはいる。窓は爆撃でガラスが飛び散らないよう黄色の分厚いテープで縦横斜めに補強されている。もしここに巡航ミサイルが命中したら、全員黒焦げだろう。執務室には三、四人の兵士が椅子に腰を下ろしている。疲れはてた様子だ。厳しい表情の男は私のパスポートと取材許可証をチェックし、スマホの映像を順に見ていく。私がキーウにはいったのは、二月一四日。なかなか結構なバレンタイン・デーではある。

「このウクライナ兵が写っている動画は、削除するように」

私は動画を削除し、手間をかけて申し訳ないと謝罪する。そして、「私はロシアのスパイではありません」と付け加える。

「行ってよろしい。今後はウクライナ軍を撮影しないように」

了解です。

SBUの外に出る。もう暗くなりかけていた。足早に歩いていくと、私をここへ連れてきたピックアップトラックがまだ路肩に停まっていた。乗っているのは運転席の司令官一人だけで、電話をしている。私はトラックの窓を指先で軽くノックして、司令官に両手でサムアップして見せる。解放されたよ、という意味だ。司令官は顔を上げ、私を睨みつけた。私はそそくさとその場を離れた。

それから一ヶ月以上もたったころ、ウラドからメールがはいった。「これまで知らせなかったけど、きみをSBUに連行した日にトラックに乗ってた人間のうちで、いまだに生きてるのは、きみとぼくの二人だけだよ、ジョン。あとの二人は、前線で作戦行動中に行方不明になった」

ウラドは司令官と副官を探しに行ったそうだ。ちゃんと埋葬してやろうと思って。そして、最新の状況をメールしてきた。「死体は見つからなかった。つまり、捕虜になったか、それともどこか知らないところに埋められたか。どっちがマシかな」

ウラドから真っ黒こげになったピックアップトラックの写真が送られてきた。キーウ北方の荒地のどこかで、真っ黒こげになって骨組みだけが残ったピックアップトラックが林の中に放置されている。

私は自分のアパートに戻り、映像をアップする。強いジンを気の抜けたトニックで割ったものをすすりながら、なかなかの一日だったという記事を上げる。軍に拘束されたこと、そのあと解放されたこと。最後に、電気とインターネットはまだ使えていることを伝え、この状況から見ると深刻なトラブルに陥っているのはゼレンスキー大統領ではなく、まして私自身でもなく、ウラジーミル・プーチンのほうらしい、と結んだ。

そのツイッター動画は一〇〇万回再生された。

戦火のなかの子供たち

日々がごちゃまぜになって過ぎていく。ピエロのシュシュはいい仕事をしている。この場所から遠く離れることの不可能な二〇人ほどの子供たちとその母親や父親を前にして、思ったよりずっとうまくピエロを演じている。ここはキーウ小児病院の地下にある人工透析センター。子供たちは、人工透析器から離れたら、死ぬかもしれない。でも、この透析センターにいたとしても、死ぬかもしれない。ウラジーミル・プーチンの戦争のせいで。

「シュシュ」は「クレイジー・クレイジー」という意味で、ピエロのお約束である赤い鼻をつけ、二本のお下げをたらし、ヘンテコなブラウスとスカートを着た若い女性だ。本名はアナスタシア・カリューハで、もちろん本人もドネツクからの難民だ。プーチンが二〇一四年に最初に侵攻した地域だ。一二、三歳くらいの女の子がストレッチャーの上に座っている。この地下室にいるほかの子供たちと同じく、この女の子もくすんだ黄色っぽい顔色をしている。腎臓病のせいだ。でも、この子はもうティーンエージャーだから、ピエロなどはもっと小さい子たちが喜ぶもので、ピエロのおしゃべりなんてつまらないと思っている。私はシュシュとその女の子に、自分はロンドンから来たのだと話す。シュシュは英語で、パンと朝食とお茶はいかがですか、と冗談を言う。

ストレッチャーに座った女の子は、にやにや笑いだす。

「名前はなんていうの?」と、私はその子に尋ねる。

女の子の返事は、「イーロン」と言ったように聞こえた。

「イーロン・マスクね」シュシュがすかさず茶々を入れる。ミスター・テスラがこんな場所にいるのを想像したとたんに、黄色い顔をした女の子も私も噴き出す。いいぞ、シュシュ。私はシュシュのほうを向き、『Fawlty Towers(邦題：Mr.チョンボ危機乱発)』【英国のドタバタ劇】でジョン・クリーズがマヌエルに言いそうなセリフを口にした。「きみ、なかなかいいね」と。あとで思い返すと、ちょっと上から目線だったような気もするが。実際、シュシュはすばらしい仕事をしている。

隣のストレッチャーに横になっているのは一四歳のアンジェリカで、学校で習ったとてもきれいな英語を話す。二人の看護師がアンジェリカの静脈に点滴で薬を入れる。ビーッビーッと、すぐそばの透析器のブザーが鳴る。子供たちが笑う。私はアンジェリカに話しかける。ここから出られたら、ロンドンに遊びにおいで。おじさんの孫娘と一緒に、女王様の住んでいるお城を見に行こう。アンジェリカが私に向かって両手でサムアップしてみせる。戦火に負けない勇気。重圧につぶされない品格。これこそウクライナの心意気だ。仮面の下で、私は涙ぐむ。

シュシュは私の脇をすり抜けて、スマホを使ってお決まりのピエロの芸を見せている。黄色い顔をした小さな男の子が笑いころげている。そばにいる黄色い顔をした女の子たちや男の子たちもくすくす笑い、母親たちまでストレッチャーの上で笑顔を見せて、私のスマホカメラに手を振る。

私は六三歳の戦争記者だ。あちこちで戦争や狂気を取材してきた。ルワンダ。ブルンジ。南アフリカのアパルトヘイト。ルーマニア革命。昔のユーゴスラヴィア。イラク。シリア。アルバニア。チェチェン。アフガニスタン。ジンバブエ。手足を切り落とされた赤ん坊たちも見た。砲弾に当たって両目を潰された老人も見た。肺が裏返しになって口から飛び出た人間も見た。ナタで脳みそを輪切りにされた男も見た。だが、戦火の中でほほえむ子供たちの姿ほど見て辛いものはない。それこそ人間の魂の気高さだ。泣きたくなる。涙が出る。

キーウ中心部に借りているアパートに戻って、TikTok《ティックトック》とTwitterをチェックする。ウクライナの農場で少年三人が放棄されたロシア製のライフルをバイクのサイドカーにつないで引きずり回す動画を見た。少年たちの姿を見ているうちに、ヒステリックな笑いがとまらなくなった。地上最強の戦士たちだ。

彼らの力をもってすれば、病院の地下で透析を受けている子供たちをプーチンの軍隊から守ることができるのだろうか？　答えはわからないが、一つだけ言えることがある。それがあるから、私は正気のもたらす恐怖を克服することができる。勇気が尽きるまでこの国に踏みとどまることができる。キーウから記事を送りつづけることができる。

ウクライナの戦士たちは、プーチンを止められるか？　私にはわからない。だが、ウクライナは戦うだろう。その姿を見て、無辜《むこ》の命を守ろうとする彼らの姿を見て、これもまた人間の魂の崇高《すうこう》さを示すものだと思う。それこそ、ウラジーミル・プーチンが破壊しようとしているものだ。

いまのところ、邪悪な力が戦果をおさめているが。

翌朝、私はテレビ塔までヒッチハイクの車を探す（ご存じのように、私はフリーランスなので）。きのうのカーキ色のズボンの兵士とは別のウラドという名の男が、ぜいぜい喘《あえ》ぎながら走る小さな赤いシュコダ【チェコ製の自動車】に乗せてくれた。私はその場でウラドを運転手として雇った。私たちは検問所を順調に抜けて進む。車輪のボールベアリングがイカれて悲鳴をあげながら走る車に停止を命じる兵士もなく、私はテレビ塔にほかの記者たちより先に一番で到着した。フード付きのトレーナーに銃を構えた険しい顔つきのロストという兵士が、爆撃を受けたテレビ塔と送信コントロール棟に案内してくれる。爆弾の直撃を受けたところは石の壁に巨大な穴があいている。すぐ近くの薄く積もった雪の上に真っ赤な血溜まりができていた。テレビ塔で働いていた人間が一人犠牲になったのだという。

「プーチンめ、くたばりやがれ」ロストが言う。

「プーチンめ、くたばりやがれ」私も言う。

「戦争前は何をしていたんだい？」私が尋ねる。

「熱気球の操縦士だった」ロストが答えて、私たち二人は戦争のありえないバカバカしさに声をあげて笑った。

すぐそばで、目標地点まで届かなかったミサイルがバビ・ヤール渓谷にあるホロコースト追悼記念碑を囲む木立をなぎ倒して着弾していた。バビ・ヤールはホロコーストの銃殺による大量虐殺としては最悪の戦争犯罪がおこなわれた場所で、キーウの三万四〇〇〇人近いユダヤ人がナチスとウクライナの協力者たちの手で処刑された。プーチンは、ウクライナ政府をネオ・ナチと呼ぶ。しかし、ウクライナの大統領はユダヤ系だ。バビ・ヤールを攻撃したのはロシア軍だ。はっきりさせておこう。今回の戦争でナチスのようなふるまいをしているのは、ウクライナ側ではない。

ロストの案内で送信施設の外に出て通りを渡る。ここにもミサイルが着弾している。目標を越して飛びすぎた一発が商店の並ぶ一画に当たったのだ。建物の内部はまだ燃えていて、煙が上がっている。地面に死体が転がっている。遺体安置所から来た男が深緑色のバンから毛布を出してきて、死体にかけて歩く。死んでいたのは老人が一人、母親と子供が一組。クレムリンは民間人を標的にはしていないと言うが、そんなのは嘘だ。私は知っている。ロシアが仕掛けた戦争で犠牲になった民間人たちを、私は自分のこの目で見ている。そして、そのことを残らずツイートに上げる。

たぶんそのせいで、真夜中にマイクロソフトから知らせが届いた。私のアカウントがハッキングされて、ハッカーはクレムリンの内部か近いところにいるらしい、と。何が起こったのかはっきりしないが、もしかしたらフィッシングを仕掛けてきて失敗したのかもしれない（そのほうがマシだが）。とにかく、キーウにいて、ツイッターに動画を投稿して、どこのニュース番組でも私の記事を扱ってくれるメディアに記事を提供するだけで、クレムリンの標的になるらしい。

ロシア兵の軍用食はドッグフード

ロシア軍は戦死者を埋葬しない。それが士気を低下させている。士気の低下をもたらしているのは、この戦争を失敗に導く二つ目の大きな原因、すなわちロシア軍の上層部が兵士のことなどこれっぽっちも考えていない、という事実だ。上層部にとって大事なのは金だけだ。腐っている。

ドッグフードの話をしよう。ロシア軍の兵士たちは、あらゆる軍隊の中で最高に栄養価の高い糧食を支給されている。ドッグフードに限れば、の話。一〇年前にロイターがウクライナ発として伝えたニュースを聞けば、だいたいの想像はつくだろう。ロイターの報道によれば、元少佐のイーゴリ・マトヴェーエフはこう語ったという。「恥ずかしい話ですが、兵士たちはドッグフードを食べさせられているのです。シチューにして」。ドッグフード缶には上からラベルが貼り直され、そのラベルには「極上ビーフ」と書かれていたという。

ロシアが放棄した軍用車両の中からウクライナ兵が見つけた軍用食は、七年前に賞味期限が切れたものだったという。このバカげた話が思いっきり笑えるのは、軍用食の責任者がクレムリンで厚遇されているロシア・マフィアの一人で「プーチンのシェフ」と呼ばれているエフゲニー・プリゴジンだからだ。プリゴジンはロシア軍参謀本部情報総局（ＧＲＵ）とズブズブの関係で、ソヴィエト時代には前科もある。情報工作組織（通称トロールファーム）や傭兵殺人部隊（ヒトラーお気に入りの作曲家【ワーグナー】の名を冠して「ワグネル・グループ」と呼ばれている）を仕切っている。プリゴジン帝国はロシア軍への食糧供給ビジネスの九割以上を牛耳っている。ウクライナ側からは、腹をすかせたロシア兵たちが食べ物をあさる動画がたくさんアップされている。これはプリゴジンとそのボスの責任だ。

「ベリングキャット」（オープン・ソース・インテリジェンスに特化した調査ジャーナリズム組織）の調査ジャーナリストとして活動するクリスト・グローゼフは、ロシア情勢に通暁《つうぎょう》している。グローゼフのツイートによると、「飢えたロシア兵がウクライナ人の家に押し入ってパンをくれと物乞いしている一方で、プレゴジンの〈非売品〉とされる軍用食がｅＢａｙに似たロシアのサイトで一缶三ドルで売られている」という。

汚職がロシアの殺人組織を殺そうとしている。

それに、お粗末なリーダーシップもある。ウラジーミル・プーチンは情報収集をないがしろにしたまま戦争を始めた。壁のむこう側がどうなっているか確かめず、むこう側に何があるのか誰かに質《ただ》すこともしなかった。あるいは、プーチンが質したとしても、部下が怖がって、ウクライナが反撃してくるだろうという真実を伝えなかったのかもしれない。お粗末なリーダーシップは、ノーマン・Ｆ・ディクソンの古典的名著『On the Psychology of Military Incompetence（軍事的無能の心理学）』に詳しく書かれている。プーチンは、途方もなく軍事音痴だ。それはプーチンが弱虫の権威主義者だからだ。プーチンは死ぬことを恐れている。だから、マクロン大統領と会談したときも、ロシア高官たちと会うときも、あんなにバカ長いテーブルに着席していた。プーチンは過度なパラノイアにさいなまれている。

パラノイアはロシア軍を内側から蝕んでいる。ウラジーミル・プーチンは自分でがっちり固めた要塞に閉じ込められてしまっているのだ。スターリンとそっくり同じ。手の内を早く見せすぎてアメリカに情報が筒抜けになるのを恐れるあまり、プーチンは軍事侵攻の前日まで本当の侵攻計画を軍にさえ示さなかった。そのせいで、ロシア軍の現場指揮官たちは出たとこ勝負で作戦を進めなくてはならず、壊滅的な結果を招いた。軍人はクレムリンに対する忠誠度を基準に地位を与えられる。勇気ではない。有能かどうかも問題ではない。強い相手と戦うのでなければ、上に隷従する軍人ばかりでも何とかなるかもしれない。だが、将軍がユーライア・ヒープ【『デイヴィッド・コパフィールド』に登場する偽善者のおべっか使い】ではウクライナ軍には太刀打《たちう》ちできないだろう。

ロシア人の心理を誰よりも熟知しているイリーナ・ボロガンとアンドレイ・ソルダトフ【ともにロシア人ジャーナリスト】によれば、プーチンのパラノイアは神聖なる上にも神聖なるロシア秘密国家の内部において信頼関係を蝕んでいるという。二人からの情報によれば、FSB【ロシア連邦保安庁、以前のKGBの第一総局以外の後継組織】の外国諜報部門の部長と副部長が「破壊活動用の作戦資金を乱用し、現在行き詰まっているロシアの侵攻作戦に先立って不十分な情報を提出した容疑で拘束されている」という。

こうした事態はすべて元をたどればプーチンに行き着く。士気が低いのは、プーチンが国民や兵士たちを使い捨てにしているからだ。軍の内部で汚職が広がっているのは、アレクセイ・ナワリヌイがかつて私に語ってくれたように、「プーチン自身が汚職の皇帝《ツァーリ》だから」だ。パラノイアは、KGB出身のスパイたちにとってはゴルフの代わりに血道を上げる対象だ。ロシアの戦争はうまくいっていない。その責任はただ一人にある。FSBの上官たちがクリミアに保有しているダーチャ【別荘】を売却しようとしているという噂がモスクワで囁かれるのも、不思議はない。

道端に、スターリンの大粛清（一九三七年）で犠牲になったウクライナ人を追悼する場所がある。わびしい鉄の十字架が並び、御影石の銘板が建ち、白樺の木立が暗い過去へいざなう。そこから数キロ先に、ウクライナ軍の最後の検問所がある。

三月中旬。検問所に近づくと、ブロヴァルイに戻れと命令された。一週間前に、この検問所の先で、キーウへ向かって進軍していたロシア軍の戦車隊がウクライナ側から反撃を受けて爆破された。戦車隊を待ち伏せ攻撃でやっつけた現場はこの検問所の先にあるのだが、ウクライナ兵は通してくれない。「戻れ」

ウクライナ兵の命令を強調するように、ズシンと大きな発射音が響く。右手の林の中から聞こえた。すぐ近くではないが、そう遠くでもない。発射音と着弾音は、慣れてくると聞き分けられるようになる。発射音はズシンと一発だけで、空気圧に変化は感じない。着弾音はズシン、ズシン、と二発聞こえることも多く、靴の底から振動が響いてくる。

私たちは車に戻り、少しだけ後退して、路肩の退避スペースに車を停める。さらに何発も爆弾の音が響き、冷たく青い空にゆらゆらと黒煙がのぼっていく。ときどき救急車がサイレンを鳴らしながら四車線の高速道路をキーウの方向へ走っていく。

男女の二人連れが近づいてきた。戦場へ向かって歩いている。私たちは短い会話を交わす。中年のワーニャとナターシャは落ち着いたもので、うろたえるそぶりもない。戦争が始まる前、ワーニャは鮮魚商で、ナターシャはキュウリやサラダ菜を育てていたという。

「スモークサーモンのサンドイッチをもらおうかな。キュウリをはさんで」私は言ってみる。

右手の林からまたズシンと爆弾の発射音が響く。

「申し訳ありません、いま品切れ中でして」ナターシャが答える。

ウクライナ人のユーモア精神には感服する。ナターシャはにこりともしない。

「そんなんじゃ、レビューで低い点数をつけるぞ」私が言う。

ナターシャも笑いだし、しばしのあいだ、戦争を忘れてジョークを楽しむ。生きていることを楽しむ。私に同行しているのは、戦争が始まって間もないころキーウのテレビ塔のミサイル被弾現場を見に行ったときにヒッチハイクの私を乗せてくれた運転手のウラドと、世界最悪の通訳ユージーンだ。もちろん、冗談。ユージーンはすばらしい通訳だ。私たちが笑っているところに通りかかったのは、エミール・ゲッセン。ロンドンから来た映像作家で、その前はイギリス海兵隊の軍曹としてイラクやアフガニスタンへ行ったとかいうふれこみだ。

ワーニャとナターシャはどこへ行くの？「家に帰るのよ。この先の村なの。ここから二キロ半くらい」

「ロシア軍に占領されてる？」

「いいえ、私たちの村よ」

「で、その先の村は？　ロシア軍とウクライナ軍のどっちが占領してる？」

「わからない」

ロシア軍は近くまで迫っている。おそらく一五、六キロ先か、もっと近くか。

私たちは車でもう少し後退し、ブロヴァルイの東側にあるガソリンスタンドに寄ってコーヒーを飲むことにする。

ずんぐりした体格のタクシー運転手デニスが、男女二人連れの車からタクシーへ荷物を積み替える作業を手伝っている。男女の乗ってきた車は爆撃を受けて前の部分がほとんど吹き飛び、ガソリンスタンドまでどうやってたどり着けたのかと思うような状態だった。男のほうは険しい表情で黙りこんでいる。女のほうは見るもうちひしがれた様子で泣いている。電話が鳴って、女が長話を始めた。そのあいだ、デニスはタバコを吹かしながら私たちと話をする（デニスの名字は尋ねなかった。砲撃の音が聞こえるほど近くまでロシア軍が攻めてきているときに、名字なんか尋ねるのは失礼だからだ）。

私が耳にした情報では、ロシア軍はこの近郊で侵攻を阻まれているだけでなく、キーウの挟撃《きょうげき》作戦を試みたものの東側の部隊が押し戻されているらしい。

「ロシア軍は動いた？」

「いや」デニスが言う。「ずっと同じ場所にいる。進みも退《ひ》きもしない」

「どんな様子？」

「村の人たちの話じゃ、食べ物をくれと言っているそうだ。あんまり腹ペコだもんで、村の人たちのところへやってきて、食べ物をねだっているらしい。攻撃的ではないそうだ。指揮官は戦え、手加減するな、と言っているらしいが、兵隊のほうはとにかく何でもいいから食べ物をくれとねだってるらしい」

犠牲者たち

この世から酒場というものが消えることはない。二〇二二年三月のキーウでは、ウクライナ警察の検問所のすぐ隣にブエナ・ビスタ・ソシアル・クラブが営業していた。笑えるが、奇妙でもある。というのも、ウクライナ全土でいまは酒類の販売が禁止されているからだ。しーっ。ブエナ・ビスタはマクスの経営する陽気なキューバ風のもぐり酒場で、その日どういう酒があるかはわからないし、誰が店にやってくるかもわからない。女たちには過去があり、男たちには未来がない。まあ、そんなところだ。

まだ戦争が始まって間もないころ、常連客の一人に濃い口ひげをたくわえ、もじゃもじゃの巻き毛をたてがみのように生やした大柄な男がいた。たいていいつもウクライナ人女性でフリーランスの取材コーディネーターが一緒だった。私はこの男と話したことはなかったが、気にはなっていた。面白そうな男で、サラエボかどこかで見かけたような気もしていた。実際、その男は伝説的カメラマンのピエール・〝ザック〟・ザクシエフスキーで、女性コーディネーターはオレクサンドラ・〝サーシャ・クヴシノワだった。二人とも、二〇二二年三月一四日、キーウから三〇キロほど北西のブチャという町で乗っていた車が攻撃を受けて死亡した。イギリス人ジャーナリストのベンジャミン・ホールも同じ攻撃で負傷した。三人ともフォックス・ニュースの仕事で取材中だった。五五歳になるザックはアイルランド育ちで、フォックス・ニュース【保守系媒体】の仕事を受けるについては複雑な胸中だったと聞いたが、戦場のリスクを知りつくしていたザックは大きな報道機関の記者として動くほうがフリーランスで動くより危険が少ないだろうと考えたのだった。ザックはフォックスの同僚記者たちからも愛され、カブールでアフガン人フリーランス記者の救出に協力したときには、「名もなきヒーロー」賞に選ばれたくらいだった。

サーシャは二四歳で、美人で、大胆で、恐ろしいほど頭が切れた。死亡したあとで父親から聞いた話では、サーシャは三歳で字が読めるようになり、家族が休日に出かけたレストランでメニューを見て英語をおぼえたという。五台もスチールカメラを持っている熱狂的フォトグラファーで、新進のジャズミュージシャンのためにミュージックフェスティバルを立ち上げ、DJをやり、詩を書いていた。将来は映画を作りたがっていたという。

民主主義的な表現の自由が気に入らない連中は、テレビ塔を爆弾で吹っ飛ばそうと考える。ジャーナリストでクレムリンの攻撃による最初の犠牲者となったのは、四九歳のエフゲニー・サクン。ウクライナのテレビLIVEチャンネルのカメラ・オペレーターで、三月一日のことだった。ロシア軍は夜間に四発のミサイルを撃ち、テレビ塔施設で働いていたサクンと四人の民間人を殺害した。

翌朝、死体安置所から人が来て死体を運んでいくのを、私はこの目で見た。老年の男性が一人と、子供を連れた母親。

キーウで最も危険な地域は北西部の郊外だ。チョルノービリを通過して進軍してきたロシア軍が、ウクライナの首都の近くまで迫っている。リードをつけた犬やケージに入れた猫を連れて避難する民間人、のような人間模様を取材したい記者たちは、くりかえしイルピンに足を運んだ。首都キーウから北西へ三〇キロの近郊だ。ロシア軍の進軍を阻むために、ウクライナ軍はイルピン川の河岸を水没させ、最南端の橋を爆破した。人々は骨組みだけ残った橋をたどって移動した。その橋を渡った先に、二つ目の橋がある。アメリカ人映像作家ブレント・ルノー（五〇歳）は、その橋のたもとで命からがら逃げてくる人々を取材していた。ルノーはアーカンソー州リトルロック出身で、「ニューヨーク・タイムズ」紙の記者をしていたこともある。イラクやアフガニスタンやリビアなどで人間の人間に対する残酷な仕打ちをさんざん撮影し取材した経験を持つだけに、ブレントは慎重な人間だった。

イルピンの二つ目の橋で、三月一三日、ロシア兵たちがブレント・ルノーを狙撃した。首を撃たれたルノーは、その傷がもとで死亡した。

オクサナ・バウリナはすばらしく勇敢なロシア人で、ナワリヌイを支えるチームの一人だった。二〇二一年一月にナワリヌイが捏造《ねつぞう》された犯罪容疑で逮捕され、組織が解体されたあと、四三歳のオクサナはクレムリンから「テロリスト」のレッテルを貼られ、ロシアから脱出を余儀なくされた。

オクサナはポーランドで記者・映像作家として仕事を再開し、戦争の報道にたずさわってきた。三月二三日、キーウから三キロ離れたポジールのショッピングセンターをロシア軍の砲弾が直撃したとき、オクサナは命を落とした。

赤褐色の髪をした美しい女性、息をのむほどの勇気を備えた女性だったオクサナをしのぶとき、キーツの詩が頭に浮かぶ。「美は真実。真実は美。この世で知るのはそれだけ。それ以外に何があろう」

救いのない話だ。だが、ブエナ・ビスタに集う心正しき人々は、へこまない。われわれがウクライナにいる理由はほかでもない、ウラジーミル・プーチンがわれわれを追い出そうとしているからだ。

それに、ラム酒もうまいし。友だちのオズ・カタージは、むかしベイルートでなかなか味のある落書きを見たという。あらゆる戦争において、あらゆる報道記者に御利益《ごりやく》のありそうな落書きだ。「俺は何ひとつ信じない。ここにいる目的は暴力を目撃することだけ」。まあ、そういう見方もあるだろう。あえて反論させてもらうなら、酒を喰らい、テーブルの上で踊る（天井がかなり低いから腰をかがめないと踊れない）者たちを駆り立てるのは生きることへの愛であり、その否定ではない。

もうひとつ、トム・ストッパードのすばらしい戯曲『ナイト・アンド・デイ』からセリフを紹介しよう。夜間外出禁止令の時刻直前（いや、正直なところを言うと、直後）にバーから急いで帰る途中でツイッターに上げたものだ。うろおぼえで恐縮だが、こんなセリフだったと思う。前線で命を落とした若きジャーナリストの恋人（演じたのはダイアナ・リグ）が、ジャーナリズムの美談を痛烈にこき下ろす場面だ。「美人コンテストの女王をこんなに悲しませて、何よ！　クロスワードパズルが何よ！　まして、政治指導者が何よ！」

そして、ジョン・ソー演じる老新聞記者が、こう答える。「そうだ。きみの言うとおりだ。しかし、別の見方もある。人間は、お互いに対して恐ろしい仕打ちに出る。だが、人々が何も知らされないところでは、状況はいっそうひどいものになる。情報は光だ。情報そのものが、何についての情報であれ、光なのだ」

安らかに眠れ、ザック、サーシャ、エフゲニー、ブレント、オクサナ。

戦争は長引き、私はキーウの中心部にある独立広場を見下ろせる屋根裏部屋に移った。一五センチばかり離れたところにキーウの中央郵便局の屋根に取り付けられた空襲サイレンがある。毎日頭の中でサイレンが鳴っているような気分だ。聞きたくもない音だが、この下宿ではしかたがない。ある日、私は屋根裏の天窓から頭を出して外をのぞいた。頭にはお守りがわりのオレンジ色のニット帽をかぶっている。落ちてくる雪が顔を刺す。死が近づいていることを告げる恐ろしいメッセージを吐きつづけるプーチンの子守唄を聞きながら、スマホでツイッターに短いメッセージを上げる。

「ウラジーミル・プーチン、マジくたばりやがれ」

腰を下ろし、ジェムソン・ウイスキーを一杯やる。朝の八時半だが、それがどうした。一九四〇年のロンドン大空襲時の文章をおぼろげに思い出す。サー・ハロルド・ニコルソンは粋な名士で、そこそこ筆も立ち、日記をつけていた。イギリスの行く末に関して鬱々とした惨めな見通しを書き連ねることが多かったが、英雄的な言葉もたまには書いていた。長いあいだ、あまりにも長いあいだ、イギリス政府は高射砲を使う決断を下せずにいた。空から落ちてくる高射砲の破片がさらに多くのロンドン市民を殺す結果になるのを恐れてのことだった。戦争の冷厳なる事実だ。しかし、最後にはリスクマネジメントが変更され、イギリス軍の高射砲が火を噴いた。ニコルソンは日記に次のように記している。「いま、この瞬間が歴史的局面であることは、常に意識から消えない。しかし、これは山から滑落する瞬間によく似ている。死や運命を覚悟しながらも、頭の中にあるのは、なんとかして飛び出ている岩につかまろうとする意識なのである。私の意識の中には緊張と不幸な気持ちがあるが、恐怖はない。おおいなる誇りを感じている」

一九四〇年のロンドン。二〇二二年のキーウ。相《あい》も変わらず。相も変わらず。

「プーチンは正気だ」

プーチンが肉体と精神を苛《さいな》む戦争を始める四日前のこと、私は昔なじみのセミョーン・グルーズマンに会いに行った。七五歳の現在も、痛烈な批判の口舌は健在だ。一九七一年、グルーズマンは精神科医として初めて、精神医学を武器として国民の異論を弾圧しようとするソ連の手法を攻撃した。そして、その勇気のおかげで大きな代償を払うことになった。ペルミの近く、ウラル山脈の中にある強制労働収容所に送られて一〇年間服役したのだ。収容者たちは、ときにマイナス五〇度を下回る極寒の中でろくな衣服も与えられず、おまけにセミョーンはしょっちゅう骨まで凍えるほど寒い懲罰房に入れられていた。「連中の押し付けてくる規則に従うつもりはなかったからね。自分のやり方を変えるつもりはなかった。KGBに媚びを売る気なんか、さらさらないね」

収容所の看守は哀れみの表情を浮かべて言ったという。「おまえら、自分たちで勝手にここに大学なんぞを作りやがって」。セミョーンは答えた。「だが、私たちが望んでここへ来たわけではないですよ」

セミョーンと出会えた縁については、サイエントロジー教会に感謝を申し上げたい。二〇一六年、私は世界でいちばんイケてる組織ウクライナ精神医学会（会長はセミョーン・グルーズマン）が開かれるウクライナ西部のリヴィウに招かれた。ウクライナの精神科医たちの前で、邪悪な宇宙人説を奉じるカルトが広めようとしているバカげた教義について話してくれ、という依頼だった。セミョーンと私はその場で意気投合した。今回の対談は、キーウの北西オボロンの町のスターリングラード通りの英雄像からほど近いところにあるセミョーンの本棚だらけのアパートの一室で、三時間ぶっ続けでおこなわれた。アパートはソ連共産党の支配者が大量に作ったコンクリート製の箱のような建物のひとつで、もちろん幹部が自分たちで住むために作った建物ではない。だが、コンクリートの箱の中に暮らす人間の精神はすばらしく気高い。

対談の最初の一時間は、オズ・カタージが録画した。そのあと、セミョーンがコニャックのボトルを開けた。例によってセミョーンは自分の英語があまり達者でないからと謙遜し、ところどころニュアンスが複雑なところでは通訳を使った。プーチンのようなＫＧＢ出身者の考え方をセミョーン・〝獄中一〇年〟・グルーズマンよりもっと理解しているなどという人間がいたら、私は信用しない。

ウラジーミル・プーチンはウクライナへ侵攻すると脅している。プーチンは正気でないのか？　私と向かいあった皺の深い顔が曇る。くだらない質問だ、と。それでも、セミョーンは答えてくれる。「いや、プーチンは正気だ。非常に悪質なだけだ。間違いなく健康だと思う。プーチンは非常に変わった人格の持ち主だ。ＫＧＢ高官に特有の人格とはちがう。あの男はサディスティックで、他人のことなど考えない。ロシア国民のことさえ考えない。自分のことだけしか考えない。ヒトラーやスターリンの系譜だね。ヒトラーもスターリンも悪いことをしたが、頭の中で声が聞こえてやれと言われたからやった、というわけではない。根っから悪人だったのだ。サディスティックな人間だったのだ。正気を失っていたわけではない」

私のようにプーチンが正気でないと考えるのは、問題があるのでしょうか？　「精神科医として、この質問は非常に気に入らないね」セミョーンが答える。「ウクライナ人のジャーナリストからも、そういう質問をされる。もしある人物のことを正気でないと言ってしまったならば、そうすることによって、その人間を責任から遠ざけてしまう。その人間の行動について責任を問うことが難しくなる。その人物は単に病気なのであり、信じがたい悪事を働いたのは頭の中の声や幻覚のせいだということになってしまう。いま問題にしているケースでは、この人物は邪悪であり、それは頭の中の声のせいではなく、自らの行為のせいで邪悪なのだ」

プーチンの頭の中がどうなっているかについて、セミョーンはアンゲラ・メルケルの感想に興味があると言う。「プーチンは議論をしかけても反応しなかった、とメルケルは言う。理解はできるのだが、頭の中まで沁みていかないのだ、と。KGB工作員という前歴からプーチンの特異な性格を説明してしまうのは簡単なことだが、実際には、プーチンは典型的なKGB工作員ではなかった。反体制派を相手にする工作員とはちがう種類の人間だった」。セミョーンはKGB工作員のタイプを知りつくしていた。しかも、強制労働収容所で過ごしたあいだに政治犯として収監されていた元KGB工作員三人とも親しくなっていた。セミョーンはKGBの政治犯やKGBの看守らの心理を観察し、釈放されてキーウに戻ったあとにも元KGB工作員たちと知り合いになった。こうして多数のKGB関係者とつきあった結果、セミョーンは、KGB工作員にもそれぞれに異なる人格があるという結論に到達した。ただし、プーチンだけは別物だった。

プーチンをヒトラーと比較して考えるのは、気持ちのいいものではない。ヒトラーはヒトラーで独自の地獄を作り出した人物だからだ。しかし、セミョーンの説には一理あると思う。プーチンは地下シェルターに潜む正気の悪者だ。あまりに深い地下シェルターで、光も情報も届かないところに潜んでいるので、いまの世界がどう反応しているのか理解できないままにレバーを引いている。

レバーのいくつかはもはや役に立っていないのに、それが理解できていない。平和な状況下で他国に侵攻するのはナチスの行為と同じであることを、プーチンは理解できていない。

ブチャ――民間人の虐殺

犬がやたら何匹もうろついている。何十匹も。ウクライナ兵たちの足もとに。まだ生き残っている数少ない老いた市民たちの足もとに。世界各国から集まったジャーナリストたちの足もとにも。ジャーナリストたちの視線の先には枝葉を吹き飛ばされた木々、真っ黒こげになった家々、焼けてオレンジ色になったロシア軍の戦車の列。

ブチャの駅前通り（ヴォクザールナ）をふさぐ焼け焦げた戦車のまわりをうろついて臭いをかいでいるのは、大きな人懐こいシェパードだ。きれいな毛並みをしている。シェパードは私たちのあとについてくる。一緒に取材しているのは、マルタ出身のジャーナリスト二人と、ウクライナ人ジャーナリスト二人。ジュゼッペ・アタード、ニール・カミッレーリ、アレックス・ザクレツキー、リザ・コズレンコ。鉄の塊と化したロシア軍の戦車を動画に収める。歩道にはロシア軍の軍靴が転がっていて、中にまだ足が残っている。

リザが膝をついてシェパードを撫でてやる。私は水を飲ませてやろうとするが、男性の姿がこわいのか、犬はあとずさりする。リザがウクライナ兵に話しかけると、兵士たちが取材すべき場所を教えてくれた。駅前通りを半分ほど進んだところに、家が残っていた。意外なほど元のままの形を保っている。家の裏手に回る。シェパードと白くてみすぼらしい小さなテリアがついてくる。

最初に目についたのは民間人の身なりをした男性の死体で、後頭部を撃たれていた。頭のまわりに黒い血だまりができている。死体の肌は緑がかった青色に変色している。二人目も民間人の身なりで、同じく緑がかった青色に変色していて、至近距離から顔を撃たれていた。額があるべき場所にぽっかり穴があいている。ここまでひどいものを、自分の目で見たことがない。

この二人は処刑されたのだ。

そのとき、犬たちが狂ったように走りまわっていた理由がわかった。飼い主たちが殺されてしまったからだ。

地元の人たち二人がやってきた。正面をファスナーで開閉するようになっている白いビニールの遺体袋を持っている。それぞれの遺体を遺体袋におさめ、ファスナーを閉める。その夜は、眠っても頭の中でファスナーを閉める音が再現されつづけて、電動ノコギリの出てくるホラー映画を見ているような気分だった。

駅前通りに並んだロシア軍の戦車の残骸は、ウラジーミル・プーチンの戦争が破滅的にまずい方向へ進みつつあることの証左だ。前世紀の戦法でもってキーウへ攻め込んできたロシア軍の戦車隊は、ここブチャできわめて二一世紀的なドローンによって足止めされ、ウクライナの首都をめざしたものの、次の町イルピンで完全に止められてしまった。これ以上ここで戦死者を増やすのは賢明でないと考えたクレムリンは、退却を決めた。そのついでに、ウクライナ正規兵に対するロシア兵の情けない戦いぶりへの遺恨をはらすように、無辜の市民を何百人も虐殺したのだ。念のために書いておくが、ロシア軍の占領中に衛星から撮影された画像には、通りに無数の死体が転がっている風景が写っている。ウクライナ軍がブチャを奪還する前の映像だ。虐殺をおこなったのは、ロシア軍だ。まちがいない。

ブチャの町の中心部には、二度とあってはならないと言われてきたはずの光景が広がっていた。「二度とあってはならない」という言葉が、悪いジョークにしか聞こえない。正教会の向かい側に掘られた墓穴。死人の手が空をつかんでいる。手には肉が残っているが、緑がかった青色になっている。ここで使われている遺体袋は黒いビニールだ。

指摘しておくが、これはバビ・ヤールのような古典的な集団墓地ではない。バビ・ヤールではナチの殺人鬼が地面に穴を掘り、その縁に人々を立たせて銃殺し、上から土をかぶせた。しかし、いま目の前にあるのは、ロシア軍の占領下で殺された人々が埋められた集団墓地だ。開戦当初に犠牲になった少数のウクライナ兵と、そのあとウラジーミル・プーチンの戦争マシーンによって銃殺されたり爆殺されたりしたおびただしい数の民間人が埋められたのだ。この集団墓地には二八〇体ほどの死体が埋められているという話だ。それ以外にも、わたしたちが見たばかりの二人のように殺された人々の死体がブチャの通りや家々の裏手にあと四〇体は転がっているという。

ロシアは一切を否認している。ロシアの国連大使ワシーリー・ネベンジャは、ブチャがロシア軍に占領されているあいだには「町の人は一人も暴行を受けていない」と発言し、通りに倒れている死体を映した動画はウクライナ側による「お粗末なでっち上げである」と言った。ロシア下院議長ヴャチェスラフ・ヴォロージンは、ブチャの映像は「ワシントンとブリュッセルがシナリオを書いて監督し、キエフが演じた挑発である」と発言した。

集団墓地を見下ろして立っているのは、地元の正教会の牧師アンドリー神父だ。青白くやつれた顔に戦争が暗い影を落としている。「ロシア軍が最初の墓穴を掘ったのは、三月一〇日でした」「クレムリンはこれをウクライナ側のでっち上げだと言っていますが、どう思いますか？」

神父はポカンとした目で私を見た。何をバカな、と。

駅前通りが始まるところの交差点で、キーウのセントラル・シナゴーグのラビ、モシェ・アズマンと出会った。以前に、私がフリーランスとして寄稿している「ジューイッシュ・クロニクル」紙の記事を書くためにセントラル・シナゴーグを訪ねてラビ・アズマンにインタビューしたことがあった（私自身は堕落したカトリック教徒だが、誰もそんなことは気にしないようだった）。ラビが私に語った。「何よりまず、私は以前に何が起こったかを知っていました。戦争が始まったときから、ここにいたのですから。ここアナテフカにはユダヤ人のコミュニティーがあります。ここで何があったのかは、聞いていました。でも、戦争をこの目で見ることになるとは。車が戦車に押しつぶされ、人々がロシア兵に撃ち殺されて。こんなにたくさんの遺体が。恐ろしいことです。これは戦争犯罪です。とにかく世界じゅうが力を合わせて、少なくともロシアの侵攻を止めなくてはなりません。第二次世界大戦みたいですが、第二次世界大戦とはちがいます。何がちがうかって？　あのときはドイツ軍がはいってきて、そのあとにＳＳ【ナチス親衛隊】が来た。そして、ＳＳが人々を殺した。でも、今回は、ロシアの正規軍ですよ。ロシアの正規軍が攻めてきて、民間人を殺した。殺人です。世界は戦争を止めなくてはなりません。これはウクライナだけの問題ではありません。ヨーロッパ全体の問題です。世界全体の問題です」

通りを進んでいくと、一家六人全員が殺された家があった。最年少は二〇歳の女性だったという。全員が黒焦げになっていた。ウクライナ人の同僚アレックス・ザクレッツキーが撮った写真は、むごたらしすぎて見せられない。

そこからそう離れていないところに、一列に並ばされた死体が転がっていた。全員が後ろ手に縛られていたという。生き残った人たちが、ウクライナのウェブサイト「ヴォート・ターク」で証言している。ロシア軍がブチャにやってきたのは三月二日だった、と処刑を目撃したウラジスラフ・コズロフスキーが語っている。コズロフスキーは母親と祖母の世話をするためにブチャにいたところ、砲撃が始まったという。コズロフスキーと友人たちは全員が武器を持っておらず、地下室に避難した。ロシア兵が地下室の一枚目の扉を爆破し、地下室にいた人たちは二枚目の扉を開けて命乞いをした。「最初のうちは、扱いがよかった。食べ物もくれた。でも、彼らはプロパガンダで洗脳されていた。正常な人間なら、外国の土地に乗り込んできたりしませんよ」

ロシア側の形勢が悪くなるにつれ、ロシア兵の態度は一変した。「みんな地下室から出してもらえなくなりました。真っ暗な中ですわっているしかありませんでした。灯りもなく、水もなく、暖房もありませんでした」。三月七日になって、ロシア兵は人々を選り分けた。女と子供は解放されたが、男は解放されなかった。「ロシア兵はぼくらをひざまずかせて、『所持品検査』をしました。ぼくは時計と金を取られました。それから拷問され、ライフルの銃床で頭を殴られました。ウクライナ軍に入って東部のドネツクやルハンシクで戦闘にかかわったことのある人間や兵役の経験のある人間は、みんな銃殺されました。後頭部か心臓を撃たれて」

「目の前で殺されたのは、ぜんぶで何人でしたか?」。私はウラジスラフに尋ねた。

「八人だと思います。きのう、石造りの建物の裏手で写したその人たちの死体の写真を見ました」

「このあいだに殺された知り合いは何人?」

「もう、そういう区別のしかたはしなくなりました。どの人もみんなかわいそうです。知り合いに四〇歳くらいのセルゲイ・セミョーノフという人がいたんだけど、友だちと二人でガラス工場の中を抜けてイルピンへ脱出しようとしました。何日かあとになって、二人の死体が発見されました。セルゲイは後頭部を撃たれていました。もう一人のほうは拷問されたらしくて、顔が切り刻まれていました。最後に心臓を撃たれて殺されたようです。ぼくらは二人を工場の敷地の中に埋葬しました」

ロシア兵の戦争犯罪

多くの戦争犯罪で関与を最も疑われているのは、プーチンに忠実なチェチェン共和国の首長ラムザン・カディロフの指揮下にある兵士たちだ。「カディロフツィ」と呼ばれ、長い髭をたくわえ、黒い軍服を着ている。ブチャの人々は、言葉の訛《なま》りでカディロフツィがわかるという。ここで指摘しておくが、ウクライナ側について戦っているチェチェン人兵士もいる。集団的責任を問うのは、どのような場合でも間違っている。しかも、私自身、二〇〇〇年にロシア軍がチェチェン共和国で戦争犯罪を犯したのを自分の目で見ている。市民を無差別に殺害し、拷問し、戦争のルールなど守りもしない。ブチャはクレムリンの非人道性を再現した場面なのだ。

ロシア軍の中には、遠くシベリアのブリヤート共和国から徴兵された兵士もいる。仏教徒がほとんどのモンゴル系兵士たちだ。これはウラジーミル・プーチンの戦争だが、下級兵士たちはモスクワのしゃれたアパートからやってきた者たちばかりではない。

皮肉なのは、プーチンが二〇年にわたってチェチェンの殺し屋たちを使って汚い仕事をさせてきた過去をいまになって糾弾されていることだ。アンナ・ポリトコフスカヤ【ジャーナリスト】、リタリア・エステミロワ【人権活動家】、ボリス・ネムツォフ【エリツィン政権の第一副首相】などプーチンを批判していた人々が暗殺されたのは、カディロフツィの工作かもしれない。遅まきながら、クレムリンはためらいを見せている。手飼いの殺し屋たちがブチャでやりすぎたせいで西側から激しい非難の声が上がったのを見て、たじろいでいるのだ。

ウクライナのウォロディミル・ゼレンスキー大統領は、キーウから国連に訴えた。「彼らはブチャでありとあらゆる犯罪をおこないました。ロシア軍は、ウクライナのために戦った人間を探し出して、意図的に殺害しました。家の外で女性たちを銃殺しました。一家皆殺しにされた家族もいます。大人も子供も。そして遺体を焼き捨てようとしました。拷問を受けたうえに後頭部を撃たれて処刑された民間人たちもいます。路上で射殺された民間人もいるし、井戸に投げ込まれて殺された人間もいます。もがき苦しんで死んでいったのです」

ロシア軍がブチャでやったことは、イスラム国がイラクやシリアでやったことと何もちがわない、とゼレンスキー大統領は指弾した。ちがうのは、今回の残虐行為がロシアによってなされたこと、国連安全保障理事会の常任理事国であるロシアによってなされたこと、という点である、と。安全保障理事会はきちんと責任を果たしてほしい、とゼレンスキー大統領は要請した。「侵略国に平和を守らせるために存在する主要な国際機関が効果的に機能していないことは明らかです」

ゼレンスキーの指摘するとおりだ。ロシア（ソヴィエト連邦の大半を占めた国）は、一九四五年に国連の安全保障理事会のテーブルに着くべき要件を確かに満たしていた。しかし、その権利を、ウラジーミル・プーチンはいまや失ったのだ。

ゼレンスキー大統領は、第二のニュルンベルク裁判を要請している。「ウクライナでおこなわれた戦争犯罪に関して、ロシア軍の兵士とそれに命令を出した上官は、ただちに裁きの場に引き出されなければならない。戦争犯罪の命令を出した者も、命令を実行してわが国の国民の殺戮に手を染めた者も、裁きを受けなければならない。ニュルンベルク裁判と同様の場に引き出されなければならない」

第二のニュルンベルク裁判が開かれれば、ロシアの戦争責任には膨大な証拠が提出されるだろう。衛星画像。ドローンが撮影した動画。目撃証言。「ベリングキャット」のオープン・ソース資料。ブチャで緑色の自転車に乗った男性の殺害が記録されている。三月上旬に、ロシア軍の戦車が四つ角を曲がった自転車の男性を撃ち殺した場面が、ドローンから撮影されている。破壊された自転車のそばに横たわる死体の動画も、ウクライナ軍がブチャを奪回したあと現地にはいったジャーナリストによって撮影されている。これもまた、クレムリンの非人間性を再現した光景だ。

もちろん、ロシア軍にも死者は出ている。だが、これをどう考えたらいいのだろう？　この極悪非道な戦争を始めたのはロシアの側なのだ。単線の鉄道線路のそばに、ロシア兵の死体が二つ転っていた。判別がつかないほど黒焦げで、すでに死蠟《しろう》化している。別の通りへ出て、焼け焦げた住宅のあいだを縫って歩いていく。何もかもめちゃくちゃに壊されてしまったというが、そうでないものもある。子供用の自転車が燃え残っている。冷蔵庫の内側の配管も判別できる。家全体が焼けて真っ黒の木炭と化し、レンガが黒く煤《すす》けているのに、ガスメーターだけが何事もなかったかのように残っている、という奇妙な光景も見た。家の裏手に回ってみると、ここに住んでいた人が丹精していた菜園が残っていた。戦争の混乱の中で、ここだけ正気の空間が残っている。それがいっそう記憶に焼き付いて消えない。

街を出る途中で、またロシア軍の戦車の隊列を見た。完全に燃え落ちている。シベリアから徴兵されたブリヤート人の兵士だろう、なんとか戦車から脱出したものの、戦車の陰で焼け死んでいる。私はその兵士の赤い靴下と、むき出しになった足に彫られた入れ墨を写真に収める。

この兵士の同僚たちがブチャで働いた残虐行為を目撃してしまったいま、この死体に対して感じるものは何もなかった。しかし、それではウラジーミル・プーチンの邪悪な勝利に絡め取られることになる。クレムリンの非人間性を再現する、という意味において。私は無理にでもこの若者のことを考えてやろうとした。春になれば、バイカル湖のほとりを散歩したのだろう。友だちと酒を飲み、恋もしたのだろう。

そして、このたび、母親のもとに電話連絡がはいる。「たいへん残念ではありますが……」

ウラジーミル・プーチンがなぜこんなバカげた戦争を始めたのか、いまだに私には理解できない。その疑問に答える最善の方法は、プーチンについての本を書くことだ。プーチンにとっては面白くないだろうが、そんなこと構うものか。

第2章　ネズミたたき

プーチン出生の秘密？

まず最初に、プーチンの誕生から話を始めよう。ウラジーミル・プーチンは、一九五二年一〇月七日、レニングラード（現在のサンクトペテルブルク）で生まれた。この時点で、プーチンと同じく残忍なパラノイアにとらわれていたスターリンは、クレムリンに君臨する最後の一年を残していた。死の直前に、スターリンはこう書いている。「私は誰一人信じない。自分自身さえ信じない」と。スターリンの後継者も同じ人格に育っていくことになる。

プーチンの祖父スピリドンは、赤い皇帝スターリンの屋敷で下っ端の料理人をしていた。クレムリンとの関係は有力なものではなく、プーチン少年はレニングラードの恵まれない境遇で貧窮をきわめる子供時代を送った。年配の夫婦にとっては、プーチンがただ一人だけ生き残った子供だった。プーチンの母親マリアは工場労働者で、父親のウラジーミル・スピリドノヴィチ・プーチンはソヴィエト海軍の潜水艦乗組員だった（ロシアの名付けの習慣では、男性のセカンド・ネームは父親の名前を取り、それに「〜の息子」という意味の「オヴィチ」をつける）。一九四一年夏にナチスがロシアに侵攻したあと、父ウラジーミルはNKVDの陸軍歩兵師団で兵士として戦った。NKVDとはソ連の秘密警察組織で、のちにKGBと改名され、さらにFSBと改名される。懲りない手口の繰り返しだ。父ウラジーミルは一九四二年に爆弾に当たって両足に大けがを負った。命は助かったが、一生足を引きずる歩き方になった。プーチンの母方の祖母とその兄弟たちは西方のトヴェリに住んでいたが、ナチスに殺害された。

夫婦には、ウラジーミルより前に二人の子供が生まれている。長男のアルバートは乳児のうちに死んだ。一九三〇年代のことらしい。次男ヴィクトルは一九四〇年に生まれたが、一九四一年の秋にナチスによるレニングラード包囲攻撃が始まり、それが九〇〇日間続いた。ドイツ軍は凍結した湖を渡る唯一の輸送ルートだけを残してレニングラードの街を包囲し、毎日のように大砲や空襲で徹底的に攻撃した。すぐに飢餓が始まった。その冬は記憶にないほどの寒さが襲い、気温が摂氏マイナス四〇度にも下がって、市内の状況はますます悪化した。

暖を取るために、人々は本を燃やした。動物園の動物はすべて食用にされた。猫や犬も食いつくされた。壁紙をはがして、貼るのに使ってある糊を食べた。皮革は煮込んで煮こごりにした。芝生も、雑草も、松の葉も、タバコの灰まで食べた。人間も食べた。レニングラード警察は人肉食を取り締まる特別な部署を編成した。この包囲戦で一〇〇万人の市民が餓死した。次男ヴィクトル・プーチンも、その一人だった。

マリアが四一歳で三人目の男の子ウラジーミルを産んだのは、奇跡に近いことだった。

いや、本当にそうだったのだろうか？

ウラジーミル・プーチンは私生児だったという説もある。ヴェーラ・プーチナという老女がいる。民族的にはロシア人だが、ジョージアに住んでいる。この老女が、一九九九年以来、プーチンは長く音信不通になっていた自分の私生児だと主張している。ヴェーラの話によると、ウラジーミルが誕生したあと、父親は姿を消したという。ヴェーラはほかの男と一緒になったが、新しい夫が連れ子のウラジーミルを嫌い、哀れなウラジーミルは継父に殴られたり虐待されたりした。ヴェーラはジャーナリストたちの問いに答えて、自分の新しい夫が「ヴォーヴァ」を嫌ったと語っている。「ヴォーヴァ」とはロシアでよく使われる「ウラジーミル」の愛称だ。「夫はヴォーヴァと一緒に暮らすのはいやだと言ったんです……他人の子供を喜ぶ男なんて、いませんよね？」

ほかにも証人がいる。元教師のノラ・ゴゴラシヴィリはヴェーラの話をその通りだと認め、ヴォーヴァの記憶を次のように語った。「ヴォーヴァはおとなしく悲しげな様子をした内向的な子供でした……誰かにいじめられているのを見るたびに、私はあの子をかばってやったものです。かわいそうで、かわいそうで……とにかく気の毒な子でした。あの子は猫みたいに私にくっついていました」

ヴェーラは息子をレニングラードにいる親戚に養子として預けたらしい。しかし、手放すときに子供をだまして行かせたという。ユーリ・フェリシュチンスキーはロシアの歴史家で、現在はアメリカ合衆国で亡命生活を送っているが、著書『The Age of Assassins: The Rise and Rise of Vladimir Putin（暗殺者の時代――ウラジーミル・プーチンの大出世物語）』の中でプーチンを痛烈に批判している。フェリシュチンスキーが語ってくれたところによると、「少年プーチンは遠い親戚のところへ送られ、その人物が少年プーチンをレニングラードの老婦人のところへ連れていったのです。そのときに二週間後に迎えにいくからね、と言ったけれど、その約束は果たされませんでした」

驚くのは、ヴェーラ・プーチナがウラジーミル・プーチンにそっくりの顔をしていることだ。ハッとするほど似ている。一方で、公式に母親とされているマリアは、プーチンとはまったく似ていない。一九五八年七月に撮影された母マリアと当時五歳半のウラジーミル・プーチンの写真では、プーチンは『指輪物語』のゴラム【邦訳の小説ではゴクリ】みたいな悲しげな顔でカメラを見つめている。母親とされている女性はよそよそしい他人のような表情をしている。

プーチン私生児説では、プーチンの人柄を説明するうえで参考になりそうな心の傷がたくさん語られている。

はたして、この話は真実なのだろうか？

信憑性はある、とフェリシュチンスキーは言う。「もうひとつ、アメリカの映画監督オリヴァー・ストーンが記録に残している情報があるのです。ストーン監督はプーチンにインタビューしたのですが、驚いたことに、プーチンは自分の両親がいつ亡くなったか覚えていないのです。父親と母親のどちらが先に亡くなったかさえ、覚えていないのです」

一方、ドナルド・レイフィールドは、私生児説は真実ではないと言う。レイフィールドは私の友人で、ロンドン大学クイーン・メアリ校でロシア語ロシア文学名誉教授の職にある。怪物スターリンについて『Stalin and His Hangmen（スターリンと彼の絞首刑執行人たち）』という名著もある。レイフィールドは、次のように推論する。「ヴェーラ・プーチナは、何年もあとになって、プーチンがロシア大統領になってから、これは自分の息子のプーチンだと思い込むようになったのです。プーチン大統領の名前はウラジーミル・ウラジミロヴィチ（ウラジーミルの息子）ですが、ヴェーラ・プーチナが自分の息子だとするプーチンはウラジーミル・プラトノヴィチ（プラトンの息子）という名前です。でも、この点は問題ではないようでした。自分の息子だというプーチンが実際には二年早く生まれていたという点も、問題ではなかったようです。自分こそプーチンの母親だと思い込んでしまっているのです」

私は、ストーリーテラーの性《さが》として、私生児ヴォーヴァ・プーチンの話を諦めるのは無念でしかたがない。

レイフィールドは言う。「おもしろい話を否定して申し訳ないが、プーチンが正式な結婚で生まれた息子だという証拠は十分にある。三人生まれた息子のうちで一人だけ生き残った息子ということとだ。子供時代に一緒に育ったという老人たちの証言もたくさんある」
私生児ではないという説の続きを話そう。ヴェーラの本当の息子、ウラジーミル・プラトノヴィチ・プーチンはシベリアの油田で労働者として働き、何年か前に死亡したと考えられている。

レイフィールドはロシアを知りつくしている。それに何より、私自身、報道記者としての四〇年にわたる経験から、出来すぎた話はむしろ怪しいということも承知している。それはそれとしても、プーチンが五歳になるまでの経緯については、説明のつかない部分が残る。真実はどうにも曖昧で、プーチンの生い立ちは全体としてはっきりしない。幼いころからすでに闇に隠されている部分があり、それは生涯にわたって変わらない。

少年ヴォーヴァは意地が悪く、凶暴で、背が低かった。母親は上の二人の息子を失った痛手をいつまでも引きずっていた。父親は戦争で負った傷に打ちひしがれ、国は父親とその家族を支えてくれなかった。プーチンはこうした「飢餓感と、無力感と、深い悲嘆の中へ生まれてきた」のだと、心理療法士ジョゼフ・バーゴが「アトランティック」誌で分析している。

プーチンは一九六〇年代のソ連レニングラードで育った。あの荒涼とした時代にあっても、世界じゅうでこれほどひどい生育環境はなかっただろう。一家はアパートの五階で、他の二家族とひとつの住戸を共有して暮らしていた。ひどい環境である。ヴェーラ・ドミトリーエヴナ・グレーヴィチは、プーチンの学校の教師だった。「あの人たちは、ひどいアパートに住んでいました。共同住宅で、快適な環境とはほど遠いものでした。ものすごく寒くて、とにかく劣悪で、階段の金属の手すりは手が凍りつきそうでした。しかも、階段は安全でもありませんでした。あちこち踏み抜かれているんです。住宅設備ですか？　お湯も出ないし、浴槽もないんです。トイレは形容しようもないひどさでした」

数十年後、民主派活動家アレクセイ・ナワリヌイは、「プーチン宮殿」と題した驚くべき動画を公開した。この動画はYouTube《ユーチューブ》で一億二三〇〇万回も再生され、いまだに再生回数が伸びつづけている。「プーチン宮殿」はプーチンの取り巻きがプーチンのために一〇億ドルを投じて黒海沿岸に建てた大邸宅だ。チーム・ナワリヌイが暴露した最も驚くべき事実のひとつは、宮殿のトイレに一本七八〇ユーロ（一〇万円以上）もする金のトイレブラシが備え付けられていることだ。このようなくだらない贅沢は、ふつうの人間なら聞いて吐き気を催すだろうが、学校教師でさえ震えあがるほどひどいトイレを使って育った人間にとっては、そうではないのかもしれない。

侮れない少年プーチン

三人のインタビュアーが二〇〇〇年にまとめたプーチンの自伝『プーチン、自らを語る』の中でプーチンはネズミ狩りについて語っているが、これは秘密国家の暗闇からとつぜん姿を現した灰色の人物像にいくらか生身の人間を想像させてくれる。本人のインタビューのみによる自伝など物足りないことばかりだが、それでも、本人が意図した以上に主人公の姿を垣間見せてくれる場合も少なくない。プーチンが住んでいたアパートはネズミだらけで、そのネズミたちが人間に向かってきたことさえあったというくだりを、プーチンのインタビュアーは次のように書いている。「あの階段の踊り場で、私は『窮鼠猫《きゅうそ》を嚙む』と言う言葉の意味をみずから体験し、頭に刻みこんだ。正面通路にはネズミが群れをなして棲《す》んでいた。私はよく友だちと一緒に、ネズミを棒で追いまわした。あるとき大きなネズミを見つけ、私は廊下を追いかけて、隅に追いつめた。逃げ場はない。ところが、突然、ネズミはくるりと向きを変えると、私にとびかかってきたのだ。これには驚いたし、恐くなったよ。今度はネズミが私を追いかける番だ。踊り場を飛びこえ、階段を駆けおりてくる。幸いにも、私のほうがすこし足が速く、やつの鼻先でドアを閉めることができた」(『プーチン、自らを語る』N・ゲヴォルクヤン、N・チマコワ、A・コレスニコフ共著、高橋則明訳、扶桑社、二一ページ)

棒でネズミを叩き殺すのでは、効率がよくない。いちばんいいのは殺鼠剤《さっそざい》(毒)を使う方法だ。おそらく、この瞬間にプーチンは毒薬の力に心を惹かれたのだろう。いずれにせよ、プーチンの敵が多数毒殺されているのは驚くべきことであるし、プーチンが権力を握るにつれてネズミ殺しに使う毒薬がどんどん高価なものになり、成分が悪魔のごとく複雑になっていったことは間違いない。ただし、方法だけは相も変わらずだが。

プーチンの母親は色々な仕事をして働いたが、稼ぎはわずかだった。介護の仕事、夜中にパンを配達する仕事、実験室の試験管を手洗いする仕事。父親は工場で鉄道車両を作る仕事にたずさわっていたが、身体に障害があったため、高い給料は稼げなかった。少年時代のプーチンは、栄養事情の悪い時代であったことを考慮してもなお小柄で、やせっぽちで、何事によらず問題は自分で解決するしかない状況で育った。しかし、まもなく、プーチンは小柄なわりにパンチやキックが強く、ときには相手に嚙みついて喧嘩する侮《あなど》れない少年として知られるようになっていった。二〇一五年のインタビューで、プーチンはこう語っている。「喧嘩が避けられないなら、先にパンチを出すにかぎる」

若きヴォーヴァは、偶然どこかでギャングと接点があったのだろうか？

ロシアの小説家ザリーナ・ザブリスキーは、ロシア当局からテロリストと名指しされたため現在はアメリカで亡命生活を送っているが、懲りずにウラジーミル・プーチンの過去におけるギャングとの関係を調べている。「一二歳か一三歳のころ、プーチンはサンクトペテルブルク（当時のレニングラード）で武道にどっぷりハマりました。柔道とサンボを習いはじめたのです」

サンボは「武器を使わない護身術」という意味のロシア語で、もともとは一九三〇年代にソ連の秘密警察と赤軍が考案した武術だ。サンボの創始者の一人は日本に何年もの滞在歴があったが、スターリンの大粛清の時期に強制労働収容所で命を落とした。日本のスパイであるという嫌疑（誤りだが）をかけられたためだった。レニングラード武術クラブでプーチンのコーチをつとめた人物はギャングであった、とザブリスキーは言う。「プーチンに武術を教えたのは、レオニード・ゾスポーツマン／・ウスヴャツォフでした。この人物はプロレスラーであり、スタントマンであり、組織犯罪グループのボスでした。通貨偽造と輪姦の前科二犯で二〇年近く服役しています」。ウスヴャツォフの墓碑には「我は死すともマフィアは死せず」と刻まれている。

プーチンが武術クラブで親しくなった人間の多くは現在もなおプーチンの取り巻きであり、しかもご想像どおり、その中には億万長者になった者たちもいる。若きプーチンについては、もうひとつ気になる点がある。プーチンの性的嗜好であるが、それはあとにとっておこう。

クレムリンに君臨するようになったプーチンの頭の中には、子供時代に端を発すると思われる点が数多くあるように見える。老獪《ろうかい》なギャングがロールモデルとなっていること。人目につきにくい存在感。そして、殺しへの情熱。

これが、のちにネズミたちを統《す》べるツァーリとなる男の子供時代だった。

第3章 スパイ志望の男

プーチンはあまり優秀なスパイではなかった

レオ・〝スポーツマン〟・ウスヴャツォフは自分のコネを使って、貧乏学生だったプーチンをスポーツ奨学生として大学にねじこんだ。プーチンはレニングラード国立大学でドイツ語と英語を少々おぼえ、法学を学んで、一九七五年に卒業した。大学でプーチンを教えた教授の一人がアナトリー・サプチャークだった。この人物は一九九一年にサンクトペテルブルクの市長として、またプーチンの民主主義的メンターとして、政治の表舞台に姿を現すことになる。大学におけるプーチンの卒業論文のテーマは「国際法における最恵国待遇の原則について」だった。退屈きわまりない内容だが、タイトルは注目に値する。

一九七五年、プーチンはKGBに採用され、レニングラード市オフタの第四〇一KGB学校で訓練を受けた。ロシア青年の多くにとって、ソヴィエト秘密国家の心臓である「機関」にはいることは、貧困から抜け出すための切符だった。KGBの訓練は徹底的かつ過酷で、洗脳と教育の両輪でもって生徒に殺害と心理操作の闇の手法をたたきこむ内容だった。NATOの四代にわたる事務総長の下でロシア関連特別補佐官をつとめたクリス・ドネリー（現在は引退）は、次のような残酷なエピソードを聞かせてくれた。事実かどうか証明するのは困難だが、ドネリー自身は、このエピソードは本当だと信じているという。「KGBの訓練生たちは、訓練期間の最初にそれぞれシェパードの子犬を与えられます。そして訓練が終了し、卒業するときに、自分が世話してきた犬を素手で絞め殺すことを要求されるのです」

成績トップの卒業生たちは、ニューヨークやパリやローマに赴任する。プーチンは明らかに成績をさほど評価されていなかったようで、最初に与えられた職務はレニングラードで外国人や外国公館職員を監視する役目だった。世界を股に掛けて活躍するスパイを夢見た若者は、故郷レニングラードの街でつまらない仕事を与えられたのだった。

プーチンはあまり優秀なスパイではなかった。精神科医セミョーン・グルーズマンから聞いた話では、レニングラードで駆け出しのスパイ修業をしていた時期にプーチンはある女性をKGBの情報提供者にスカウトしようとして声をかけたのだが、それがたまたまグルーズマンの女友達の一人だったのだという。プーチンのアプローチはしつこく、あからさまで、不器用で、あまりにうっとうしかったので、その女性はプーチンをひどく嫌悪するようになったという。プーチンがKGBだったからというだけでなく、KGBにしてもあまりに出来が悪かったからである。セミョーンが強制労働収容所にいたあいだに知り合いになったKGB工作員たちのほうがよほどレベルが上だったという。

もっとのちになってからプーチンが応じた雑談の内容も、この男がいかに退屈で狭量で超一流工作員からはほど遠い人物であるかを物語っている。あるとき、プーチンは、ソ連から亡命した作家の本について、「母国を裏切るような人間の本は読まない」と言い切ったことがあった。

そういう理屈ならば、たとえば強制労働収容所の描写で名高いアレクサンドル・ソルジェニーツィンの名著『イワン・デニーソヴィチの一日』や『収容所群島』も読まないことになる。ソルジェニーツィンは、一九四五年に東プロイセンでソ連軍の砲兵隊将校として勇敢に戦っていたが、そのときに友人に向けた私信の中でスターリンを批判した。その手紙が秘密警察に検閲され、ソルジェニーツィンは逮捕された。ルビャンカの収容所で迎えた一九四五年の戦勝記念日をソルジェニーツィンは次のように回顧している。「かつての捕虜とかつての前線の勇士である私たちもまた、監房の窓の鎧戸《よろいど》ごしに、ルビャンカの全監房の窓から、モスクワの監獄のすべての窓から、祝砲の花火で彩られ、投光器の光線の揺れ動くモスクワの夜空を見上げたのであった。／その勝利は私たちのためのものではなかった」（『収容所群島　1』ソルジェニーツィン著、木村浩訳、新潮社、二二五ページ）。ソルジェニーツィンは一九七四年にソ連から国外追放され、アメリカ合衆国のヴァーモント州で亡命生活を送った。

ほかのどんな文学作品よりも、『イワン・デニーソヴィチの一日』と『収容所群島』はソ連のやり方の非人道性を暴いている。国家に対する政治的忠誠に欠けるからという理由で堂々と文学や歴史ドキュメンタリーの傑作をしりぞけるならば、どれほど世慣れていようと、どれほどギャングの事情に通じていようと、プーチンは狭量であり、大物の諜報工作員になれたはずもない。

この時期のプーチンを見ると、クレムリンの権力の座に向いているとはとうてい思えないし、最初の妻となった女性にふさわしい相手だとさえ思えない。プーチンのインタビューによる自伝には、アエロフロートのキャビンアテンダントだったリュドミラのインタビューも出てくるが、一目惚れとはいかなかったようだ。初めてのデートの日のことを、リュドミラは次のように語っている。

「ワロージャはチケット販売所の階段に立っていました。地味な服装でした。ぱっとしないと言えるくらいでした。人好きのする感じはまったくなく、そのときは彼にまったく興味を持ちませんでした」（『プーチン、自らを語る』N・ゲヴォルクヤン、N・チマコワ、A・コレスニコフ共著、高橋則明訳、扶桑社、七七ページ）

二人は一九八三年に結婚した。プーチンのキャリアにはプラスの決断だった。というのも、KGBは工作員に若いうちに結婚するよう勧めているからだ。結婚すれば、工作員を監視する目が配偶者一人ぶん増えることになる。家族の存在が、西側への亡命を防ぐ一種の保険にもなる。

昇進は遅かったが、プーチンはなかなか昇進がかなわない欲求不満をうまく隠してふるまうことを覚えた。しかし、ようやく巡ってきた初めての海外赴任も、また失望をもたらすものだった。共産国東ドイツのドレスデンに赴任することになったのだ。KGBドレスデン支部は、エルベ川を見下ろす街の瀟洒《しょうしゃ》な一角、アンゲリカ通りに建つ灰色の邸宅だった。真向かいには、シュタージ（旧東ドイツ秘密警察）のドレスデン支部があった。映画『善き人のためのソナタ』は、シュタージがいかに人間の魂を選別し堕落させるかを描いた傑作だ。ドレスデンでは、地元住民たちの身上調書を並べたら一〇キロメートルを優に超すだろうと言われている。

プーチンに贈られた銅メダル

二〇一二年に出版された傑出したプーチン伝の中で、ロシア系アメリカ人のジャーナリスト、マーシャ・ゲッセンは次のように書いている。「プーチンと同僚の仕事の大半は新聞、雑誌の切り抜きであった。そのためKGBによって生み出された無意味な情報の山を築くことに貢献した。」（『そいつを黙らせろ――プーチンの極秘指令』マーシャ・ゲッセン著、松宮克昌訳、柏書房、八一ページ）

キャサリン・ベルトンは、リヴァプール・レインヒル出身の気鋭の英国人ジャーナリストだ。二〇二〇年にベルトンの本『Putin's People（プーチンの仲間たち）』が出版されたとき、ロマン・アブラモヴィチを含むロシアのオリガルヒ【資本主義体制移行期に形成された大富裕層】とロシア最大の石油会社ロスネフチは、ベルトンと版元のハーパーコリンズを相手取って複数の訴訟を起こした。ロンドンの法廷を舞台にした高額の訴訟合戦ののち、ベルトンが些細な点をいくつか訂正したのを機に、アブラモヴィチら訴訟当事者たちはコメディ映画『モンティ・パイソン・アンド・ホーリー・グレイル』のラストシーンですたこら逃げていく騎士たちよろしく、さっさと尻尾を巻いて退散した。ベルトンによれば、新聞や雑誌記事のスクラッピング作業はプーチンの重大な悪事をカモフラージュする体のいい隠れ蓑にすぎず、実際には、プーチンはドイツ赤軍への支援を通じて西ドイツに対するテロに資金供給していたのだという。ドイツ赤軍（バーダー・マインホフ）は極左グループで、いくつもの殺人、誘拐、爆弾事件などを起こしており、西ドイツはナチス国家であって新スターリン主義の東ドイツこそが正義の国なのであるという意味不明の非現実を信奉する死のカルトである。プーチンがドイツ赤軍を支援していたとするベルトンの主張は、ぎりぎりの推論と匿名の情報源による証言にもとづいて書かれている。それによれば、バーダー・マインホフはプーチンに武器類の要請リストを渡し、それに応えてプーチンが西ドイツ内でバーダー・マインホフに武器を供給していたとされている。また、プーチンが毒薬の研究者をスカウトしようとしたこと、ネオナチの工作員を動かしていたことも書かれている。どれも百パーセント証明された事実ではない。しかし、ベルトンはジャーナリズムのロックスター的存在であり、彼女の本には暗く抗しがたい魅力がある。

プーチンはシュタージとの協力によって、東ドイツの諜報機関から一九八七年に銅メダルを贈られた。金メダルではないし、銀メダルでもない。とある情報源の話によれば、最低レベルより少しマシな程度の褒賞だという。

プーチンはシュタージに有用な友人を何人か作った。そのうちの一人はマティアス・ワーニヒだろう。「アーサー」「エコノミスト」「ハンス・デトレフ」などの仮名で活動し、仲間のドイツ人たちをスパイしていたシュタージの工作員だ。ワーニヒとプーチンはこの時期におたがい面識があったことを否定しているが、シュタージのスナップ写真には一九八九年に二人がそろってドレスデンの第一親衛戦車隊を視察する様子が写っている。その年の一一月にベルリンの壁が崩壊したあと、ワーニヒはネオ・スターリニストの秘密警察工作員をやめて銀行家になり、ロシアに現れてプーチンと親交を結んだ（あるいは旧交を温めた）。それから何年かたって、ワーニヒはノルドストリーム計画のドイツ側の代表者になった。ノルドストリームはロシアから北海の海底を通ってドイツまで延びる天然ガスパイプラインで、パイプラインであると同時にロシア側の警棒としての役割もある。ノルドストリームのせいで、それまで天然ガスの輸送ルートであった東欧諸国がパイプラインの恩恵を受けにくくなった。クレムリンがその気になれば、これら東欧諸国がロシア大統領に対して忠誠を示すまでガスの供給を止めることもできる、というわけだ。ワーニヒがパイプライン事業の看板役者をつとめることにプーチンが満足したのは想像に難くない。だがワーニヒはそんな話には端《はな》から取り合わない。「私はクレムリンの代弁者ではありません。クレムリンに対しての報告義務もないし、クレムリンの事情を漏れ聞く立場でもありません」。元シュタージ工作員は、もちろん悪事など一切否定している。

プーチンがドレスデンに赴任していたあいだに——書類のスクラップをしていたのか、代理を使ってテロリストを動かしていたのか——ソヴィエト帝国は瓦解《がかい》しはじめていた。ベルリンの壁の崩壊を受けて、プーチンは次から次へとKGBの書類を支部の地下にあるボイラーにくべ続けた。ボイラーはあまりの高温に耐えられず、ひびがはいってしまった。

ソヴィエト連邦を死に至らしめた三つの失策

ソヴィエト連邦の死には、原因となった大きな失策が三つある。第一の失策は、一九七九年のアフガニスタン軍事介入だ。ソ連軍の将官たちは、アフガニスタンへの軍事介入は重大な失敗に終わるだろうとわかっていたが、国防大臣はそのことを最高指導者レオニード・ブレジネフに進言できなかった。というわけで、戦車が侵攻した。二〇二二年と同じだ。この戦争でおそらく二〇〇万人近いアフガン人が殺害され、ソ連側も一万五〇〇〇人の兵士を失った。亜鉛（zinc）で内張りをした棺《ひつぎ》に入れられて帰国した兵士たちは「Zincy Boys（亜鉛ボーイズ）」と呼ばれた。あるいは、標準的な青年男子の遺体を収めた棺が二〇〇キロほどの重さであったことから、「Cargo 200（二〇〇キロ貨物）」とも呼ばれた。

アフガン戦争でソ連は血を失い、カネを失い、大義名分も失い、蒼白な死体になってしまった。

二つ目の失策は、ソヴィエト・ウクライナのチョルノービリで一九八六年四月二六日に起こった大惨事だ。技術者がRBMK（黒鉛減速沸騰軽水圧力管型原子炉）の四号機を試験的に停止させようとしたところ、原子炉が爆発を起こして、ヨーロッパ全体に放射能が降り注いだ。チョルノービリの技術者たちは裁判にかけられ、責任を追及された。しかし、本当のところは、原子炉の設計に決定的な欠陥があったのだ。悲劇的な事故が起こったあと、この話はいつの間にか立ち消えになった。原子炉の技術者たちは、ソヴィエト体制全体の失策の責任を押しつけられた格好になった。チョルノービリの事故についてもっと詳しく知りたい読者には、アメリカHBO製作の傑作ドラマシリーズ『チェルノブイリ』をお薦めする。ノーベル賞受賞作家スヴェトラーナ・アレクシエーヴィチの著書『チェルノブイリの祈り』も非常によく書けている【『チェルノブイリの祈り――未来の物語』スベトラーナ・アレクシエービッチ著、松本妙子訳、岩波現代文庫】。

三つ目の失策は何十年も前に端を発しているが、それがはっきり膿《うみ》となって現れたのは一九九〇年代になってからだった。共産主義の統制経済では西側の自由経済と競争できないことが明らかになったのだ。アメリカの風刺作家P・J・オルーク（故人）は、痛烈なコメントを残している。「ロナルド・レーガンはいささか耄碌《もうろく》していたかもしれないが、ゼロックスコピーやファックスを禁止する国がそういう機械を作り出した国には勝てないことくらいは理解していた」

ソヴィエト連邦は国民に食糧も住居も保護も与えることができなくなり、崩れ落ちはじめた。ドレスデンで秘密工作にたずさわっていたプーチンは、この三つの失策をきちんと理解する機会をついに得なかった。プーチンにとって（そしてわれわれにとっても）悲劇だったのは、この三つの大失策について、プーチンが身をもって知る機会を逸したことだ。チョルノービリへ派遣されるにはプーチンは秘密警察内の食物連鎖の上位にありすぎ、敗退しつつあるアフガン戦争の後始末に派遣されるにはあまりに地位が低く、まして西側の楽天地を訪ねる機会もなく、ニュージャージーやニューブライトンでごくふつうの人々がモスクワよりも（ましてオムスクやトムスクなどよりも）はるかに上等な暮らしをしている実態を目にする機会もなかった。ソヴィエトの経済がいかにお粗末なものであるか、プーチンは実態を自分の目で見る機会がなかった。機会があったにしても、あまりに洗脳されすぎていて、自分の目が見ている光景を理解できなかっただろう。

ソ連の凋落は「二〇世紀最大の地政学的カタストロフ」

かわりに、監視国家東ドイツの暗闇に潜んだまま、プーチンは蒙昧《もうまい》なナンセンスを信じるようになった。すなわち、ソ連が崩壊したのは、単にソ連が財力と自信と目標を失ったからという単純な事実が原因なのではなく、西側の策略と国内の裏切りが原因なのである、と。ソ連は負け犬国家だった。ちょうどドイツ皇帝のもとで一九一四年に愚かな戦争に手を出したあと負け犬国家となったドイツと同じだ。一九二三年のヒトラーと同じく、一九九一年以降のプーチンは、自分の祖国が不当な扱いを受けた、卑怯にも背中からナイフで刺されたのだ、という悪意に満ちたフィクションを信じつづけてきた。実際には、ソ連が崩壊したのは自らが誤りをおかした結果であり、自分で自分を正面から刺したのだ。三回も。

二〇二二年のウクライナ侵攻の四日前に友人の精神科医セミョーン・グルーズマンから説明されたように、ウラジーミル・プーチンは正気である、と私は考える。しかし、プーチンの世界観は正気を疑いたくなるほど狭量であり、裏切りの作り話に囚われたまま暗いトンネルの奥から世界を見ているような視野しかない。かつて、プーチンは、ソ連の凋落を「二〇世紀最大の地政学的カタストロフ」であると言い切ったことがある。

何だって？

第一次世界大戦や第二次世界大戦より悪いことだというのか？　ホロコーストより悪いことだというのか？　現実には、ソ連はスターリンに牛耳られた暗黒の全体主義的独裁国家であったものが、じりじりと沈滞して老化していっただけのことだ。

一九九一年、負け犬のように尻尾を両足のあいだにすぼめて、プーチンはドレスデンからサンクトペテルブルク（レニングラードの旧名であり、新名でもある）に戻り、学生に対するスパイ活動やKGB候補生のスカウトや使い走りなど雑多な仕事をこなしながら時間をつぶしていた。

ミハイル・ゴルバチョフ大統領はソヴィエト連邦内部の破局的矛盾に何とか対処すべく全力を尽くしていたが、一九九一年八月、休暇中にクーデターを起こされた。保守派のKGB工作員や軍の高官らがグラスノスチ【情報公開】とペレストロイカ【再構築】の民主的改革をやめさせようとしてゴルバチョフ大統領を別荘に軟禁し、ロシアのテレビ放送はニュース番組を取りやめて『白鳥の湖』を流した。

プーチンはクーデター二日目に当時中佐の地位にあったKGBを辞職したと主張しているが、確かな証拠はない。「クーデターが始まった直後に、私はどちらの側につくか決めていた」

そうかもしれない。実際には、ゴルバチョフもクーデターの首謀者も風雲児ボリス・エリツィンに人気をさらわれる結果となった。エリツィンは酒好きの無茶苦茶な人物だが、肝心なところでは勇敢で善良な人間だった。エリツィンはロシア軍の戦車の上に立ち、クーデターを非難して事態を収拾したが、それはソヴィエト連邦の終わりの始まりとなった。ソヴィエト連邦は構成国がそれぞれ独立して独立国家共同体となり、ロシアはその中の最大の共和国となった。

プーチンはかつて法学部の教授だったアナトリー・サプチャークと手を組んだ。サプチャークは飛ぶ鳥を落とす勢いで、あっという間にサンクトペテルブルクの市長になった。情報筋の話では、クーデターのあいだ、民主派の大物と目されていたサプチャークはモスクワから飛行機でサンクトペテルブルクに舞い戻り、空港でプーチンの出迎えを受けて、クーデター首謀者たちの手から身柄を守ってもらった。このときの恩に報いる形で、サプチャークはプーチンを副市長の一人に任命した。当時の写真が残っている。プーチンは丸顔で、ひどく安っぽいスーツを着て、残念ながら後退しはじめた頭髪を撫でつけ、市長の鞄を手に持って、卑小でまったく存在感のない下っ端に見える。プーチン以外の副市長たちは、もっと押し出しが良く、写真映えもいい。当時社会主義リベラル系の政党ヤブロコ（ロシア統一民主党）のリーダーだったイーゴリ・アルテミエフは、こう言っている。「サンクトペテルブルク時代は、テレビカメラに映るのはいつもプーチン以外の人たちでした。ほかの副市長たちはほとんど全員がボスの横に並んでカメラに映ります。プーチンはいつもいちばん端っこにいました」

プーチンは、さぞ恨みに思っていたことだろう。

二〇二二年二月のウクライナ侵攻直前に行われたロシア安全保障会議でのウラジーミル・プーチンの発言――ロシア対外情報庁長官セルゲイ・ナルイシキンに対する極端に攻撃的であからさまに侮辱的な態度――を見ると、プーチンのこうした一面は理解しがたく映る。本格的に権力を握る以前は、プーチンは非常に従順で控えめで追従的な男だった。こうした芝居を、プーチンは少なくとも三人の大物に対して演じていた。最初はサプチャーク、二人目はオリガルヒのボリス・ベレゾフスキー、三人目はボリス・エリツィン。三人とも、プーチンという男を善良で忠実なしもべとみなしていた。そして三人とも、それが誤りだったことを痛感させられたのだ。

ハンサムで弁舌さわやかでナルシシストの一面もあるサプチャークとちっぽけなスパイの人間関係が厳密にはどのようなものであったのか、はっきりしない。サプチャークが教授として法学を教えていた学校では生徒の多くが駆け出しのＫＧＢ工作員たちであったことは、一考に値するかもしれない。サプチャークは表向きは民主主義者であったかもしれないが、一方でロシア秘密国家に抱き込まれていた可能性もある。そして、薄暗い世界と華やかな市長の橋渡しをする存在は？　プーチンしかありえない。二人の関係は双方にとって有益であったようにも見える。

プーチンとマフィア組織

ドナルド・レイフィールド教授は、市長と鞄持ちの関係について痛烈にコメントしている。「アナトリー・サプチャークは市長で、民主的でリベラルな人物という触れ込みでした。しかし、言うまでもなく、民主的でリベラルで同時に根っからの詐欺師ということもありうるのです。サプチャークは殺しを命じていないかもしれませんが、鞄持ちのほうはもう少し無慈悲な人間だったかもしれません」

プーチンはひそかに昔の柔道のコーチだったレオ・〝スポーツマン〟の仲間たちとの関係を復活させていた。ロシア・マフィアである。詳細は込み入っており、内容は複雑だが、要するに、副市長プーチンは金と引き換えに免許や許可や事務手続きなどをビジネスマン（ほとんどの場合ロシア・マフィアとつながっている）に売ることで、自由な商取引を禁止・制限するソヴィエト流の厳格な規則や規制をかいくぐってボロ儲けを可能にしてやっていたのだ。つまり、サプチャークがサンクトペテルブルクを自由化していくまさにその裏側で、副市長プーチンは法の規制をくぐり抜けてロシア・マフィアと自分自身とサプチャークに富をもたらしていた。プーチンは行政法を利用して法の正義をねじ曲げる名手になった。プーチンはＫＧＢ——いまや国内諜報機関であるロシア連邦保安庁ＦＳＢと外国諜報機関である対外情報庁ＳＶＲに二分化された――のコネを使って、かならず自分が得をするように立ち回った。仮面の下に隠されたプーチンの不正行為のキモは、法の支配を保障するという警察と司法の本来の機能を裏返しにして腐敗させる手口だった。二〇〇〇年にクレムリンの支配者となって以降にプーチンがおこなったことはすべて、サンクトペテルブルク時代に予行演習済みだったのだ――汚職システムを構築し、法と秩序の力を反転させ、改組されたＫＧＢを使って目的を達成する。ドナルド・レイフィールドは、プーチンのやり口を次のように説明している。「ロシア・マフィアはカネとコネを持っているＫＧＢの人間に擦り寄りました。秘密警察とロシア・マフィアが合体し、それはロシアの人民に破滅をもたらしました」

ソ連が崩壊したのは、人民に満足に食べるものを供給できなくなったからだった。しかし、ソ連最大の後継者であるロシア連邦も、そっくり同じ問題を抱えたままだった。サンクトペテルブルクでは人々は自由にものが言えるようにはなったが、飢餓は解消されなかった。サプチャークはプーチンをサンクトペテルブルクの外交担当トップに任命した。何よりも、サンクトペテルブルクには食糧が必要だった。一方で、街には貴金属の備蓄が大量にあった。武器弾薬の製造工場に供給するために、倉庫に大量に保管されていたものだ。サンクトペテルブルク市の食糧委員会で評議員をつとめたマリーナ・サリエは恐れを知らぬ勇敢な政治家で、「ワシントンポスト」紙にこう語っている。「街にはまったく食糧がなく、お金もありませんでした。物々交換しか方法がなかったのです。つまり、貴金属と交換でジャガイモや肉を手に入れる、と」

プーチンは貴金属と食糧を交換する契約をまとめた。しかし、サリエが調べてみると、貴金属は安値で売り払われ、食糧はとほうもない高値で買い付けられ、しかも結局届かなかった。利益はペーパーカンパニーに流れ、その会社は金を持ち逃げして消えてしまった。サリエはプーチンの犯罪性を決定的に証明することができなかった。しかし、プーチンが「これらの契約を操作していて、直接的に関わっていると確信しています」とサリエは言う。だが、面と向かって追及してもプーチンは相手にならず、「そんな話はでっちあげだ」と一蹴《いっしゅう》した。不正問題はモスクワの会計検査院に持ち込まれたが、内々に却下された。

プーチンはマフィア組織タンボフ・グループに近づいた。サンクトペテルブルクで最強最悪のマフィアだ。なかでも大物はロマン・ツェーポフで、非常に頭の切れるギャングだった。内務省の軍事部門で指揮官をしていたツェーポフは、一九九二年にバルチック・エスコート社を設立した。個人の身辺警護を業務とするバルチック・エスコート社はサンクトペテルブルクの高官の警護を請け負っていた。警護対象には市長サプチャーク一家や副市長プーチンも含まれていた。そして、警備会社を隠れ蓑にして、ツェーポフは副市長プーチンとタンボフ・グループの橋渡し役として「黒い金」を動かしていたと言われている。バルチック・エスコート社は、タンボフ・シンジケートも含めて、マフィアの大物の身辺警護も請け負っていた。ツェーポフは何度か逮捕されているが、そのたびになぜか嫌疑不十分で見逃されている。命を狙われたことも五回あったが、なんとか生きのびている。しばらくのあいだ、タンボフ・グループとプーチン副市長はズブズブの関係にあった。聞くところによると、ツェーポフはプーチンと非常に親しい仲になり、韓国から盗まれたエメラルドをプーチンの妻リュドミラにプレゼントしたこともあったという。サンクトペテルブルクの街では、昼間の市長はサプチャーク、夜の市長はプーチン、というジョークが囁《ささや》かれたそうだ。

しかし、そこに暗雲がさしかけた。サプチャークが一九九六年の選挙で失職し、ウラジーミル・プーチンも職を失ったのだ。それでもまだサプチャークはエリツィンの側近に顔が利いたので、プーチンに次の職を見つけてやった。クレムリンの下層、モスクワの管財部のポストだ。まるで魅力のないポストに聞こえるかもしれないが、実際には非常に幸運な転職となった。一九九〇年代が進むにつれて、世界じゅうの目にボリス・エリツィンの凋落が明らかになってきたのだ。そこで、次は誰か？が問題になった。

ふりかえって見ると、一九九一年のクーデターで向こう見ずな勇気を示した場面がエリツィンの最も輝いていた瞬間だった。そのあとに続いたのは、墓場に向かってよろよろと歩いていくアル中の悲しき姿だった。新生ロシアの民主主義の夢も、法の支配も、混沌としたウォッカ浸りの混乱に取って代わられ、止まらないしゃっくりのような社会的混乱の中で、金持ちのギャングがもっと金持ちのオリガルヒに殺される事件が日常茶飯となった。私が初めてロシアへ行った一九九〇年代半ばで、はっきり記憶に残っている光景がある。モスクワ中心部のジョン・ダン【イングランドの詩人】パブに行ったとき、パブの真ん中で心配そうな暗い表情のボディーガードに見守られながら、中年のビジネスマンが身も世もなく泣き崩れていた。いま思い返してみると、そのビジネスマンはおそろしい脅迫を受けていたのだろう。金を出すか、命を出すか、みたいな。そして、イギリス風パブの衆目《しゅうもく》の中なら殺しはなかろうと思ったにちがいない。正直に働いて金を稼いだ人間が組織犯罪グループから金をゆすり取られるといった光景は、当時のロシアでは国のあちこちで見られたにちがいない。

オリガルヒは哀れな人民から何十億ドルという金を巻き上げて私腹を肥やしていった。とびきりのユーモアのセンスと頭の切れを持ち合わせたロシアの核物理学者（のちに政治家）ボリス・ネムツォフは、少しのあいだ、エリツィンの下でロシアの第一副首相をつとめた。テレビ映りが良く、カリスマがあり、オープンで正直なネムツォフは、エリツィンの後継者と目された時期もあった。そうならなかったのは、ロシアの悲劇的な凋落の一因だ。

二〇世紀最大の窃盗とオリガルヒ誕生

ネムツォフはギリシア語の「オリガーキー（寡頭政治《かとう》）」という言葉をひねって人を指す「オリガルヒ」というロシア語を造り出した。ロマン・アブラモヴィチや、当時のアブラモヴィチのメンターであったボリス・ベレゾフスキーなどは、不正取引で巨万の富を築いた。この二人はシベリアの巨大石油企業シブネフチ【現：ガスプロム・ネフチ】の競売で八百長を働き、それぞれ一億ドルを投じて、何百億ドルもの価値のあるシブネフチを手に入れた。のちになって、法廷で、アブラモヴィチはこのインチキ競売を成立させるためにロシア政府高官やロシア・マフィアに何十億ドルもの賄賂を払ったことを認めた。これは二〇世紀最大の窃盗だ。これに比べたら、一九六三年八月のイギリスの大列車強盗など、菓子屋の店先からキャンディーを盗んだ程度のものでしかない。オレグ・デリパスカもシベリアのアルミニウム採掘・精錬企業に関して同じような不正を働き、所有権を自分のものにした。ビル・ブラウダーはアメリカ合衆国共産党の前書記局長の孫だが、家族の反対を押し切ってベンチャー・キャピタリストとしてロシアに渡り、一〇億ドルの資産価値のあるソヴィエト北極海トロール船団をたった一億ドルで手に入れる取引を仕組んで成功した。こうしてソヴィエト連邦の膨大な国有資産がほんの少数の人間の銀行口座に吸い取られ、ロシアは一夜にして地上で最も不公平な社会の仲間入りをはたした。学校や病院をはじめとして国家の基本的機能がぐらつき、次から次へと機能不全に陥った。その一方で、オリガルヒはみだらなほどの富を投じてロンドンの高級住宅街や南フランスに邸宅を構え、豪華ヨットを走らせ、サッカーチームを買い漁った。

公正を期すために言えば、エリツィンの業績は何から何までろくでもなかったわけではない。古い秩序のもとでつけられていた精神的な遮眼帯《しゃがんたい》がはずされて、ふつうのロシア人も自由に旅行ができるようになり、自分たちが西側に比べていかに遅れているかが自覚できるようになった。ロシアの国会「ドゥーマ」も、それなりに機能してはいた。ジャーナリズムは本気で、活字メディアだけでなくラジオやテレビもがんばっていた。殺人や腐敗は、法廷を免れたとしても、メディアで追及された。しかし全体としては、うまくいったことよりうまくいかなかったことのほうが多かった。

年配のロシア人の多くは、かつてのソヴィエト連邦の確実性のある社会を失ったことを惜しみ、ソ連の殻をかぶった形ではあったものの、大ロシア帝国の威光が失われたことを悲しんだ。かつての属国も言うことをきかなくなった。エストニア、ラトビア、リトアニアのバルト三国も離婚を求めて、ジョージ・オーウェルが「二〇世紀の真夜中」と呼んだ一九三九年の独ソ不可侵条約以前の状態に戻った。ロシア文明発祥の地キーウを首都とするウクライナは、友愛に満ちたロシアの傘の下から出て、危なっかしい足取りで未来に向かって歩きはじめた。南の方角では、山岳地帯に立てこもって永遠に反抗を続けるイスラム系のチェチェン人たちがロシアの帝国主義に対抗して立ち上がろうとしていた。エリツィン大統領が軍隊を派遣したが、ロシア軍は形勢不利に陥り、形ばかりの和平が結ばれた。

一九九六年、エリツィンの支持率が下がり、オリガルヒたちはエリツィンが共産党によってクレムリンから追い出されるのではないかと懸念した。そこでオリガルヒが助け舟を出し、金の力でエリツィンを選挙に勝たせた。その結果、エリツィンは家族や顧問らともどもオリガルヒの汚い金に絡め取られることになった。巨額の金はエリツィンに代わる表の顔を探しはじめた。ボリス・ベレゾフスキーは、かなり早い時期からプーチンに目をつけていた。一九九〇年にサンクトペテルブルクでプーチンと出会ったときからだ。ベレゾフスキーは優秀な数学者から自動車ディーラーに転身した男で、ロシアへ外車を輸入していたが、輸入したメルセデスやＢＭＷのサービスや修理をする会社を自分で立ち上げたいと考えていた。しかし、そのためには市議会から許可を得なければならない。それがきっかけで、ベレゾフスキーはプーチンと知り合った。「賄賂を要求しない官僚は、プーチンが初めてでした」と、ベレゾフスキーはマーシャ・ゲッセンに語った。「本当の話。それで強く印象に残りました」

そんなものは、ほんの小芝居だ。実際にはプーチンは初めから怪物のように腐敗した人間だったのだが、それをさりげなく使い分ける術にすばらしく長《た》けていたのだ。ベレゾフスキーからケチな賄賂を搾り取るなんてことは、頭の切れる人間のやることではない。長い先を見て動くのがプーチンのやり方なのだ。そして、それは効果的だった。プーチンを推そうとしていたのはベレゾフスキーだけではなかった。ほかにも暗躍するプレーヤーたちがいた。

エリツィン一族や協力者たちの懐に入るキックバック

クレムリンのカーテンの背後で、秘密警察はつねに復権のチャンスを狙っていた。なんと言っても、一九一七年にロシア皇帝の専制政治に反対する民主リベラル勢力を大量に始末してソヴィエトの支配権を固めたのは、秘密警察の力だったのだ。秘密警察は一九九〇年まで権力を握っており、一九九一年のクーデターではより開かれたロシアを求める勢力を打倒するのに失敗したものの、エリツィン一派が民主化に泥を塗るあいだ秘密警察は好機を待ちつづけ、力をためて陰謀をめぐらしていた。スパイ志望の男ウラジーミル・プーチンこそは、秘密警察が目をつけた男だった。

クレムリンにおいてプーチンが手にした管財部のポストは、重要な足がかりだった。この管財部こそが、ボリス・エリツィン一家にとって何より重要なものへの道を開いたと言われている。政治権力を金に変える錬金術だ。クレムリン関連の入札があると、仕事は私企業に発注された。その私企業が途方もない高値で仕事を受注し、そのキックバックがエリツィン一族や協力者たちの懐《ふところ》にはいる、という図式だ。

しかしエリツィン一族にとってあいにくだったのは、ロシア政府がいまだチェック&バランスのシステムを失っていなかったこと、不正を監視する法務官が曲がりなりにも生き残っていたことだった。一九九八年、ロシアの法執行の頂点に立つユーリ・スクラートフ検事総長がマベテックス・グループの調査に手をつけた。マベテックスはスイスに本社を置く建設土木会社だが、世界一裕福なアルバニア人ベグジェ・パコリが率いていた。捜査の結果、マベテックスがエリツィン一家に賄賂を贈っていたことが明らかになった。マベテックスは一五億円にのぼるクレムリンや大統領府の改修工事を請け負い、引き換えに一〇〇万ドルをブダペストの銀行口座に振り込んだ。エリツィンの口座だ。のちになってパコリが認めたところによると、パコリはエリツィンの妻ナイーナと二人の娘タチアナとエレーナのために五枚のクレジットカードの支払いを引き受けていたという。エリツィン一家にとってさらにまずいことに、スイスの法務長官カルラ・デル・ポンテまでこの件の捜査に乗り出した。

スクラートフは危険人物だ。しかし打つ手はある。一九九八年、プーチンは表舞台に姿を現し、初めて本格的な仕事に手を染めた。エリツィンによってＦＳＢ【ロシア連邦保安庁】のトップに任命され、クレムリンの秘密を守り「コンプロマート工作」を指揮することになったのだ。一九九九年春、ロシアのテレビ放送のプライムタイムに白黒の不鮮明な画像が流れた。映っていたのは、薄くなった頭髪をすだれのように撫でつけたヘアスタイルの肥満体の中年男と、その半分の年齢の売春婦二人がベッドで戯れている動画。すだれヘアー氏と娼婦たちのあられもない姿を晒《さら》したこの動画が、ロシア現代史の重大なできごとにつながった。こうした中傷映像は、ロシア語で「コンプロマート」と呼ばれる。「compromising material（名誉を傷つける素材）」の略称だ。動画はこの黒い工作の代表的手法だ。

安物の黒のレザージャケットを着た若々しい顔のウラジーミル・プーチンがテレビに登場して、すだれ頭の男はロシア検事総長スクラートフであると証言した。クレムリンの管財部が絡む汚職の捜査指揮にあたっている、まさにその人物である。プーチンはロシアのテレビでこう発言した。「恥ずべき動画に映っている男は、スクラートフ検事総長であることが判明しました……本件に関する私の見解はお分かりと思います。大統領や首相も同じ見解です。ユーリ・イリイチ［スクラートフ］は辞任すべきです」

スクラートフは動画に映っている男は自分ではないと反論したが、手遅れだった。スクラートフに対するコンプロマート工作の裏には、別の話がある。スクラートフの捜査を横目にひどく動揺している人物がほかにもいたのである。ＫＧＢの元大佐アレクサンドル・レベジェフだ。息子のエフゲニー・レベジェフはロシアのオリガルヒの一人で、「インデペンデント」紙と「イヴニング・スタンダード」紙のオーナーで、イギリス首相【当時】ボリス・ジョンソンによって「シベリア男爵」の地位を与えられている。ジョンソンはイタリア・ペルージャ近郊のレベジェフの大邸宅で開かれた贅沢で怪しいパーティーに何度も招待されている。二〇一九年一二月、ボリス・ジョンソンが総選挙での勝利祝勝会を催した場所は、リージェント・パークに近いアレクサンドル・レベジェフの邸宅だった。元KGB工作員のほうも、パーティーを開く目的があった。その日は自分の六〇歳の誕生日だったのである。

アレクサンドル・レベジェフは一九八〇年代前半にKGBにはいり、最初はスイスで勤務し、そのあとロンドンに移った。表向きは外交官の肩書きだったが、実質的にはスパイで、一九八八年から一九九二年までケンジントン・パレス・ガーデンのロシア大使館に勤務した。ソヴィエト連邦の解体と同時にアレクサンドル・レベジェフは銀行家に転身し、ロシア国立準備銀行の共同オーナーとなり、何十億という財産を蓄えて、しばらくのあいだロシアで最も裕福な資産家となった。レベジェフはゴルバチョフと親しく、ゴルバチョフと共同で「ノーヴァヤ・ガゼータ」紙の共同オーナーをつとめた時期もある。「ノーヴァヤ・ガゼータ」は政権に批判的な記事を掲載する非常に勇敢な新聞で、有能な記者たちがそのせいで殺害される事件が多発している。

しかし、ロシアというのは一筋縄ではいかない国で、アレクサンドル・レベジェフが「ノーヴァヤ・ガゼータ」の共同オーナーだから真の民主リベラル派であろうと考えるのは、甘すぎる。二〇二一年にイタリアの有力新聞「ラ・スタンパ」の記者ヤーコポ・イアコボーニとジャンルカ・パオルッチが発表した『Oligarchi（オリガルヒ）』という本によると、アレクサンドル・レベジェフはずっとロシアの秘密警察と関係を保っていた可能性があるという。二人のイタリア人著者は、イタリアの対外情報保安庁が国会のCOPASIR（共和国安全保障委員会）に提出した秘密報告書からの引用として、レベジェフがKGBおよびその後継組織を辞職したのは見せかけで、その証拠にレベジェフは毎年KGBの会議に出席しつづけている、と書いている。加えて、「レベジェフがビジネス活動を始めたのはまだKGBで活動していた時期であり、工作員として得た資金を使ってビジネスを始めたのであろう」としている。この報告書は極秘情報にもとづいて書かれ、その情報はパブリック・ドメインでは入手できないので、すべての事実について裏取りができているわけではない。

スパイの世界では、わかりきったことだ。KGBやFSBはイーグルスの歌「ホテル・カリフォルニア」と同じで、「いつだって好きなときにチェックアウトできるけど／離れることはできないのさ」ということだ。

一九九七年、アレクサンドル・レベジェフは仕事仲間のイーゴリ・フョードロフが銀行の資金七〇〇万ドルを持ち逃げしたと訴えた。フョードロフも反訴し、検事総長スクラートフに対して、アレクサンドル・レベジェフの一味が犯罪行為に加担していると告発した。レベジェフ側はこれを否定した。検察はレベジェフとロシア国立準備銀行に対して脱税と詐欺の容疑で多方面にわたる捜査を開始した。

　奇妙な駆け引きが始まった。スクラートフは身辺がスパイに嗅ぎ回られていることに気づいた。怪しいのはアレクサンドル・レベジェフだ。レベジェフのロシア国立準備銀行にはＳＢ（ロシア語で「セキュリティ・サービス」という意味）ＫＯＮＵＳと呼ばれる独自の諜報部門があった。スクラートフは、一九九九年九月、当時のロシア独立系テレビ局ＮＴＶに次のように語っている。「レベジェフ氏の諜報部門であるＫＯＮＵＳやその他の活動機関が、私と私の家族をスパイしている……確かに言えるのは、レベジェフ氏が捜査を妨害するためにかなりの金を使ったということだ。特別な機関（ＫＧＢ／ＦＳＢのこと）に顔が利くおかげで、氏はさまざまな手を使える」。スクラートフはその後も、自分や家族のプライバシーがソーシャルメディアにさらされることが度重なっていると訴えていたが、「インターネットの不具合のおかげで」プライバシーをのぞき見している者を逆探知したところＳＢ ＫＯＮＵＳにたどりついた、と語っている。

　そのたどりついた矢先に、コンプロマート工作のセックス動画が流され、スクラートフにそっくりの男が二人の売春婦と寝ている場面が暴露された。ふたたび、スクラートフは自分ではないと否定している。

　アレクサンドル・レベジェフはお粗末な自著『Hunt the Banker（銀行家を追え）』の中で、スクラートフやその部下たちによるロシア国立準備銀行に対する捜査について言葉をきわめて中傷している。正体不明の「人形使い」がコンプロマート動画を暴露するぞとスクラートフを脅して動かしていたのではないか、というのがレベジェフの主張だ。「『こちらもトラブルにしたいと望んでいるわけではないが、ただ……』というような脅しがあったのだろう」と書いている。

奇妙な言葉だ。あるいは一方では、KGBで働いていた人間なら使いそうな言葉でもある。もちろん、二人のKGB元工作員、ウラジーミル・プーチン大佐も、アレクサンドル・レベジェフ大佐も、検事総長に対するコンプロマート工作に関わったなどとは書かれていない。私は「バイライン・タイムズ」にこの件についてまとめた記事を書き、二〇二二年三月に発表した。そして、アレクサンドル・レベジェフに何度も、スクラートフのコンプロマート事件についてコメントを求めた。今回この本を書くにあたっても、また改めてコメントを求めた。しかし、いまのところ何の回答もない。

アレクサンドル・レベジェフの本『Hunt the Banker』の表紙に印刷されている本人以外の人物は、ウラジーミル・プーチンだ。二人の元KGB工作員は笑顔を見せている。

スクラートフのスキャンダルはロシアを揺るがし、コンプロマート工作によって検事総長のキャリアは断たれ、辞任目前のボリス・エリツィン大統領とその一家に対する汚職捜査も幕引きとなった。その報酬は大きかった。一九九九年夏、エリツィンはウラジーミル・プーチンを首相代行に任命した。コンプロマート工作はプーチンにクレムリンへの鍵を与えたのだ。

そして、本格的な殺害工作が始まった。

第4章　砂糖爆弾

モスクワのアパート連続爆破事件

一九九九年九月。モスクワで四日のうちに二発の爆弾が爆発して、二回とも労働者階級の住むアパートが吹き飛ばされた。一発目は真夜中を過ぎたころにグリヤノフ通りのアパートで爆発して、九月九日未明にベッドで眠っていた九二人が犠牲になった。周辺の通りまで吹き飛ばされた遺体もあった。夜が開けると、瓦礫《がれき》と化したアパートの惨状が明らかになった。子供の服。リビングルームだったところにぽっかり開いた大穴からぶら下がっているソファア。空が丸見えだ。本や絵画が遠くまで吹き飛ばされている。足もとでは割れたガラスがパリパリと音をたてる。

現場には生々しい恐怖が満ちていた。

四日後、二発目の爆弾が爆発した。モスクワのカシルスコエ街道沿いのアパート、午前五時。埃《ほこり》まみれになったケガ人が、薄い夜着のまま担架で運ばれていく。昨晩眠りについたのが、別の人生だったような。目に焼き付いて忘れられないのは、煤《すす》で真っ黒になった男が四つん這いで瓦礫の中を逃げまどう光景だ。その男は命が助かった。アパートで眠っていた一三〇人の男、女、子供は助からなかった。

ここで秘密警察が登場する。瓦礫の端に立ち、見るからにKGB／FSB工作員といった風情で、頭に牛糞をかぶせたような髪型、安物の黒のレインコートを着て、黒いネクタイをつけ、痩せ身で背が高く、ひげをきれいに剃り上げ、陰気な雰囲気だ。男は報道陣のほうへ歩いてきて、一斉に向けられたカメラレンズの前に白黒の合成写真を見せた。それは仏像のようにぽってりと肉づきのいいチェチェン人男性の顔写真で、肌は浅黒く、薄い色のついたメガネをかけている。当局は、これが爆弾を仕掛けたチェチェン人テロリストだと説明した。名前はムヒト・ライパノフ、爆弾で破壊された二つのアパート棟の一階の部屋を最近になって借りた人物だという。本物のライパノフは、一九九九年前半にすでに自動車事故で死亡していた。当局は間髪《かんはつ》を入れず爆破事件はチェチェンのテロリストグループの犯行であると断定した。犯人はチェチェン人――秘密警察が示した合成顔写真によって、たちまちその認識が定着した。犯人の顔写真は、モスクワのあらゆるバス停に貼り出された。二回目の爆弾事件の三日後、事件現場にブルドーザーがはいり、瓦礫を跡形もなく片付け、爆弾事件の証拠を消し去った。

モスクワで二回目の爆弾事件が起こった九月一三日、ロシア連邦議会下院議長ゲンナジー・セレズニョフは、三つ目の爆弾事件がロシア南部の都市ヴォルゴドンスクで起こったと発表した。ヴォルゴドンスクで爆弾事件が発生したことには間違いないが、実際に爆発があったのは発表から二日後のことだった。

爆弾事件はもう一件起こった。二週間たらずのあいだにモスクワやロシア南部で合計四件の爆弾事件が起こり、三〇〇人以上が犠牲になった。この事件についても、犯人はチェチェン人だとされた。

そのあと、五件目の爆弾事件があった。ただし、このときは爆弾が爆発しなかった。

連続爆弾事件が起こる直前、プーチンはエリツィン大統領によって首相に任命された。公的に何の政治実績もなく、元KGB工作員というだけの肩書きしか持たないプーチンは、各方面から政治家として取るに足らない存在であると馬鹿にされた。冷酷で正体不明のクレムリンの事情通で、KGB工作員として一六年間活動し、KGBから改組されたFSBトップの座を引き継いだだけの人物ではないか、と。世論調査の数字は最低で、支持率は二パーセントくらいしかなかった。

モスクワを本拠に活動するベテランのクレムリン・ウォッチャーであるボリス・カガルリツキーは、こうコメントしている。「官僚を魅力的な政治家に変えることはできません。プーチンはこれまでも灰色の人物で、現在も灰色の人物です。プロパガンダ組織もあるにはありますが、まさにそこがプーチンの弱点です。なぜなら、プーチンは政治家として何の実績もないからです。政治家としてやっていくには、ある程度の実績が必要です」

当時「モスクワ・タイムズ」の編集者だったマット・イヴェンスも同じ意見だった。「エリツィンは二人の首相を任命し、クビにする際には二回とも選挙が理由であるとはっきりしていました。そして、最後にウラジーミル・プーチンを選んだ。プーチンなんて、誰も聞いたことがない。サンクトペテルブルクの政治や人脈によほど詳しい人でなければね。エリツィンが『この男が後継者だ。この男なら国を治めていける』と言っても、嘲笑が広がるばかりでした。うちの新聞も含めて、モスクワの新聞はすべて、この男では選挙は勝てるまい、よほどのことでも起こらないかぎり、と言っていました」

その「よほどのこと」が起こった。モスクワのアパート爆破事件だ。

爆弾事件の直後に、プーチンはテレビの全国放送に登場して、言った。「こんなことをやった連中は、ケダモノと呼ぶにも値しない。ケダモノ以下だ……頭のおかしくなった鬼畜だ。相応の報いを受けさせなければならない」プーチンの支持率は急上昇し、プーチンはふたたびテレビに出演した。「どこであろうと彼らを見つけたら、我々は彼らを壊滅させる。トイレで彼らを見つけようともだ。屋外トイレに隠れていようとも、我々は彼らの息の根を止めてやる」(『そいつを黙らせろ——プーチンの極秘指令』前出、三七ページ)

まさにギャング顔負けの凄みっぷりだが、ロシアの民衆にはおおいに受けた。プーチンはロシアの人種差別意識をくすぐったのだ。何世紀も昔から、カフカス山脈の険しい岩山から襲ってくるイスラムの背教者どもは、ロシアの民話に登場する悪魔だった。一九世紀の詩人レールモントフが書いたコサックの子守唄は、いまだにロシア人の心に刻まれている。

テレク川は岩の上を流れ
濁った大波をはねあげる
悪いチェチェン人が岸に上がって
ナイフを研いでいる

でも、父さんは古つわもの
戦いで鍛えぬいた戦士
坊や安心してお眠り
子守唄よ、ねんころりん

リャザンの不審なナンバープレート

エリツィンが酔った勢いで始めた第一次チェチェン戦争（一九九四年〜九六年）で、ロシア軍は痛い目に遭った。ロシア軍は残虐な戦いを展開したが、それにも増して無能だった。チェチェン側は戦況を膠着《こうちゃく》状態に持ち込んだ。その一因は、酔いのさめたエリツィンが馬鹿で残忍な戦争を始めてしまった過ちを自覚したことにあった。

プーチンはモスクワの連続アパート爆破事件を開戦理由にして、一九九九年秋に第二次チェチェン戦争を始めた。ロシア軍は容赦なく残忍な戦闘を展開した。同時に、ロシアのテレビはチェチェン・ゲリラがロシア兵を拷問し殺害しているとする映像を流した。最悪の映像は、髪を剃られた白人男性の首筋にナイフが突きつけられている場面だった。頸動脈《けいどうみゃく》が掻き切られ、男性の顔から血の気が失われていくアップの映像が流れた。続く場面は男性がぐったりと地面に横たわる光景で、どこから見ても絶命した姿だった。殺害されたのがロシア人兵士だったのかどうか、殺害したのがチェチェン人だったのかどうか、はっきりとした証拠は何もない。それでも、このような映像がロシアのテレビでくりかえし放送された。当局の何者かが敵対する民族に対してロシア世論を硬化させようと画策しているような放送だった。

チェチェン側は第一次チェチェン戦争で得たものをすべて失った。あるチェチェン人は、こんな見方をする。「モスクワに爆弾攻撃をしかけるなら、クレムリンか原子力発電所を狙ったはずだ。どうしてアパート二棟など爆破するものか」

チェチェンのテロリストまたはチェチェンが後ろ盾となったテロリストがモスクワと南部ロシアの二都市で爆破事件を起こしたのだとするロシア政府の見解は、事件から一年後、モスクワで開かれた記者会見で、ＦＳＢ【ロシア連邦保安庁】のテロ対策部門トップのウラジーミル・コズロフから発表された。コズロフの説明によれば、テロリストはアチメズ・ゴチヤエフが率いるイスラム急進派で、ゴチヤエフはチェチェンの指揮官ハッタープから五〇万ドルを受け取って活動していた、ゴチヤエフは実行犯としてユスーフ・クリムシャムハロフとデニス・サイタコフを使ってモスクワのアパートを爆破させた、という。ＦＳＢの正式見解によれば、テロリストたちはチェチェンで訓練を受け、そこから何トンもの爆発物とともにカラチャイ・チェルケス共和国など隣接する北カフカス地方の共和国に派遣されたという。そして、そこでテロリストたちは何台ものトラックを借り、砂糖やジャガイモなどの産物にカモフラージュした爆発物をモスクワに持ち込んだ、ということになっている。コズロフの説明によれば、ほとんどの爆弾は硝酸カリウムとアルミニウム粉末を混ぜたもので、カシオの時計がタイマーとして使われていたという。ＦＳＢの刑事たちの報告では、一九九九年一二月にチェチェンの都市ウルス＝マルタン近郊でこの爆発物五〇〇キログラムが見つかり、それは爆破事件を起こした犯人たちがハッタープの陣営で訓練を受けただけでなく、爆発物もそこで入手したのだと断定する根拠になる、と発言した。

常識的に考えれば、チェチェン人たちがはるばるウルス＝マルタンからモスクワまで爆発物をこっそり運んでくるなど、正気の沙汰《さた》とは思えない。第一次チェチェン戦争以来、チェチェン人はロシア警察にとくに目をつけられていて、車両が止められて捜索を受け、身分証明書の提示を求められることがしょっちゅうだ。それに、モスクワには昔から強力なチェチェン・マフィアが存在し、武器でも爆薬でもモスクワ市内で簡単に調達できる。一九九〇年代のロシアでは、賄賂を使えば原子力ロケットの格納施設にさえ侵入できたのだ。爆薬など地元のフリーマーケットの裏手でも買えたような時代に、チェチェンのテロリスト集団が一六〇〇キロも離れた場所からモスクワへ爆薬を運ぶなど、リスクがありすぎるだろう。

容疑者のうち六人は、ロシア南部の爆弾事件の容疑者も含めて、ロシア軍との戦闘で殺害された。死人に口なし。FSBが記者会見で提示した証拠の多くは状況証拠にすぎない。

ところが、五番目の爆弾事件を検証してみると、一連の爆弾事件に関するFSBの公式見解はほころびを見せはじめる。爆薬の発見、信管の除去作業、当局の説明を否定する関係者の証言は、クレムリンのシナリオに大いなる疑問を投げかけるものとなった。

九月二二日夜九時ごろ、モスクワから南東へ一六〇キロ離れたリャザンの町で、仕事先から帰宅した技師ウラジーミル・ワシリエフが、自宅のあるノヴォショロヴォ（新規入植者、の意味）通り14／16番地のアパートの地下室付近で見知らぬ三人の男女が不審な動きをしているのを目撃した。「玄関前に白い車が止まっていました。後部トランクを玄関のほうに向けて。車に乗っていたのは、二〇歳から二五歳くらいの若い男が二人でした」と、ワシリエフは証言した。

ワシリエフが見ると、車の前側のナンバープレートの下二桁には紙が貼り付けてあり、「62」となっていた。リャザンのナンバーだ。しかし、車の後ろの本物のナンバープレートの番号は、モスクワのナンバーだった。不審に思ったワシリエフは、警察に通報した。「ぼくらはエレベーターを待っていたのですが、誰も乗っていませんでした。若い男の一人が車から降りてきて、そこに現れた女に『ぜんぶ済んだのか?』と聞きました。『ええ』『じゃあ、行こう』そう言って二人は車に乗り込んで急いで去っていきました」

ワシリエフは不審なナンバープレートをつけた車に乗っていた三人をよく見ていた。「運転していたのはすごく痩せた男で、口ひげを生やしていて、もう一人の男のほうはもっとがっしりした体格でした。女は髪がブロンドのショートカットで、スポーツウェアにレザージャケットをはおっていました。三人ともロシア人です、ぜったいに。アジア系ではありません」——つまり、チェチェン人ではないということだ。

リャザンの警察官が現場に到着した。アンドレイ・チェルニシェフ警部が最初に地下室に下りていった。のちに、こう語っている。「当直の人間から連絡がはいりました。夜の一〇時ごろでした。ノヴォショロヴォ通り14/16番地の建物の地下から去っていった不審者が数人いる、という目撃情報でした。現場に到着すると、地元の女の子が建物の前に立っていました。地下室から男たちが出てきて、ナンバープレートを紙で隠した車に乗って去っていった、という話でした。私は地下室へ下りていきました。この区画のアパートは地下室が非常に深くて、底は完全に水没していました。見ると、砂糖の袋がいくつか置いてあって、そのあいだに電子装置とコードと時計が見えました。ショックでした。私たちは地下室から飛び出して、私は玄関前で見張りに立ち、仲間の警官たちが住民を退避させました」

孫のいる年齢のクララ・ステパノワは、その夜のことをこう回顧する。「近所の人たちがドアをノックして言ったんです。『逃げて、早く、地下に何か仕掛けられてる、って』私たちは取るものもとりあえず外に飛び出しました。娘はちゃんと服も着ないで。靴下もはかず、タイツもはかず、上着だけはおった格好で。子供たちも、ろくに身じたくもせず飛び出しました。私たちはアパートの建物から遠く離れたところで待たされて、捜査が始まりました。アパートに近づいてはいけないと言われました」

ワシリエフが言う。「広場に集合させられたあとになって、妻がストーブを消すのを忘れたままになっていると言い出したんです。それで、内務省の捜査官のところへそう言いに行きました。私たちはエレベーターで上階に上がりました。捜査官は、起爆装置が見つかったと言っていました」

地元の爆弾処理班の班長ユーリ・トカチェンコが建物の地下へ下りていった。「いつ爆発するかわからない爆弾です。まさに戦闘状態でした」。トカチェンコが地下にあった三個の砂糖袋をＭＯ―2ポータブルガス検知機で調べたところ、ヘキソーゲンの反応があった。モスクワの高層アパート爆破事件に使われたのと同じ爆薬だ。起爆装置のタイマーは午前五時三〇分にセットされていた。爆発すれば、一三階建てのアパートの住人二五〇人の中から多数の死者が出ただろう。袋は午前一時半ごろ地下室から運び出され、ＦＳＢが車に載せて運び去った。しかし、秘密警察は起爆装置を爆弾処理班の手に残していった。爆弾処理班は、その日の後刻《ごこく》に起爆装置を写真に撮った。

住民たちにようやく帰宅の許可が出たのは、午前七時だった。警官の一人がステパノワ夫人に爆薬の置かれていた場所を見せてくれた。「まだ少し残っていました。『あれだよ、あなたたちを吹き飛ばそうとしていた爆薬は』と警官が言いました」とステパノワ夫人は語っている。

ロシア比較政治学会のボリス・カガルリツキーの話では、その夜、地元の警察は二人の人間を逮捕したという。「FSB工作員が現行犯で逮捕されたのです。逮捕された工作員たちは、FSBの身分証を示して逮捕を逃れようとしたそうです」

そのあと、モスクワのFSB本部が介入して、二人の男はひそかに釈放された。

FSBの発表「ただの避難訓練」

翌九月二四日、モスクワのFSBは、実際には爆弾などなかった、ただの避難訓練だった、と発表した。ヘキソーゲンなどなかった、ただの砂糖だった、と。クレムリン寄りの新聞は、リャザンの爆弾処理班が間違えてヘキソーゲンを検出したと思い込んだのだ、と書いた。おそらく検知器をちゃんと洗浄してなかったのだろう、と。これに対して、爆弾処理の専門家であるトカチェンコは、こう言っている。「浣腸器じゃあるまいし。爆弾検知器には二つの検知装置がついているんです。何を訳のわからないことを言っているのか」

FSBリャザン支部長のアレクサンドル・セルゲーエフは、避難訓練についての質問に、次のように答えている。「避難訓練は、FSBリャザン支部が決めたことではありません。避難訓練だったとするならば、ロシア全土の町を対象に戦闘即応態勢をチェックするためにおこなわれたはずです。訓練だという話は、どこからも聞いていません。訓練が終了したという連絡も受けておりません。二日間、昼夜にわたって、訓練が終了したという連絡は文書でも伝令でも受けておりません」

公式には、警察もＦＳＢも、実在しなかった爆弾についてコメントすることは内務相の命令によって禁止されている。しかし、あれが単なる訓練だったというクレムリンのシナリオを信じている人間はほとんどいない。

ワシリエフはこう語っている。「公式見解をラジオで聞きました。ＦＳＢの報道官が、あれは訓練だった、と言うのを。非常に不愉快でした。近所の人たちから『聞いたか？』といっぱい電話がかかってきました。たしかに聞きましたが、私は信じられません」

数ヶ月後、私はチャンネル4の時事ドキュメンタリー番組「ディスパッチズ」の取材のためリャザンにはいった。「大統領のために死ぬ」というタイトルの番組だ。私は住民の一人に、地下室付近をうろついていた人間がチェチェン人だと思うか、と尋ねてみた。答えは、「彼らはロシア人でした。女も、二人の男も。女は髪がブロンドのショートカットだったんです」だった。

ドキュメンタリー番組のために、私はリャザンの爆弾処理班が発見した起爆装置の写真を入手した。

砂糖の爆弾はいったい何だったのか？

「ノーヴァヤ・ガゼータ」紙が空挺部隊員のアレクセイ・ピニャエフ二等兵の奇妙な話を報じてい

る。リャザンの砂糖爆弾事件の前に、ピニャエフ二等兵は軍の倉庫の見張り番をしていたという。そのとき、一緒に見張りに当たっていた同僚と二人で、「砂糖」と書いてある袋の中身を少しばかり失敬したのだという。紅茶に甘みをつけようと思ったのだ。しかし、ひどい味がしたので、二人は紅茶を捨てた。もしかして毒薬を飲んでしまったのではないかと心配になった二人は、「砂糖」を分析器にかけた。すると、ヘキソーゲンだということがわかったという。のちになって、記者会見でピニャエフはこの話を否定した。おそらく、会見は当時のFSBの上司で現在はロシア連邦安全保障会議書記の地位にあるニコライ・パトルシェフがお膳立てしたものだろう。パトルシェフは、プーチンが手術を受けるような事態が生じた場合に代役をつとめる可能性のある人物である。

モスクワの高層アパート爆破事件に関して、ロシア当局を法廷に引っ張り出そうとした人間はいるだろうか？　いる。その弁護士の身に起こったことを聞けば、ウラジーミル・プーチンのロシアにおける法の支配がどういうものか、はっきりとわかるだろう。ミハイル・トレパシュキンは以前はFSBの大佐であり、職務上の功績によって上司のニコライ・パトルシェフから勲章を受けたこともある人物だ。そののち、トレパシュキンは弁護士になり、モスクワの高層アパート爆破事件で母親が犠牲になった娘二人から依頼されて捜査を進めて、爆弾を仕掛けているところを目撃された人物の特徴に一致する容疑者を突き止めた。しかし、その人物の身元は都合よくファイルから削除されたあとだった。それでもトレパシュキンは、容疑者がFSB工作員で一九九五年のモスクワ・ソルジ銀行恐喝事件に絡んでいたウラジーミル・ロマノヴィチであるという証拠をつかんだ。

トレパシュキンは、ロマノヴィチの人相書がモスクワ高層アパート爆破事件の捜査ファイルから故意に削除されていたことを突き止め、国家による不正操作を指摘した。しかし、それが法廷で問われる日はやってこなかった。トレパシュキンは出廷することにはなったが、それは弁護士としてではなかった。二〇〇三年一〇月、FSB工作員がモスクワのアパートの一つに爆弾を仕掛ける現場を目撃されたという証言を聴聞会にかけようというわずか一週間前に、トレパシュキンは違法な武器所有の嫌疑をかけられ逮捕されてしまったのだ。そして軍事法廷（非公開審理）で裁かれ、国家の機密を暴露した罪で四年間の有罪判決を受けた。刑務所で、トレパシュキンは喘息と皮膚病と胸やけを患ったが、凍えるほど寒い懲罰房に入れられ、結核患者と一緒に収監されていた。

モスクワの高層アパート爆破事件の背後に誰がいるのか、私はドナルド・レイフィールド教授に聞いてみた。「KGBだよ。いまはFSBと改称してるけどね。それについては、いっさい何の疑問もない。あらゆる証言から、どう考えてもチェチェン人がやったはずがない。それに、言うまでもないが、連中はリャザンで同じことをやろうとして尻尾をつかまれている。地元の警察が犯行現場をつかまえている。秘密警察の活動にはときどきありがちなことなんだけどね。地元の警官がやってきて『何をやっている?』と職質する。それで工作が失敗する、と。連中はただの砂糖だ、ただの避難訓練だと言っているが、砂糖のはずがない。高性能の爆薬だよ」

ロシアではTNT【トリニトロトルエンの略称。TNTとヘキソーゲンの混合物が火薬】を「リャザンの砂糖」と呼ぶ。笑えないジョークだ。

証拠は明白だ。ロシアの政治家としてウラジーミル・プーチンに箔《はく》をつけた一件――チェチェン人の爆弾工作に毅然として立ち向かった場面――は、実際には秘密警察による秘密工作だったのだ。ウラジーミル・プーチンがロシアを爆弾で吹き飛ばしたことは、疑いがない。

インタビューによる自伝の中で、この件について聞かれたプーチンは、次のように答えている。

「なんだって！　自分たちのアパートを吹き飛ばしたというのか。それは、まったくもって……ナンセンスだ！　非常識きわまりない。ロシアの特殊部隊には、自国民に対してそのような犯罪行為をしうる人間はいない。それは道徳外の問題だ。そんな説は、ロシアに対する情報戦争の一部でしかない。」（『プーチン、自らを語る』、一八二ページ）

一九九九年九月はまさにロシアから民主主義が失われた時期だと、私は考えている。モスクワの高層アパート爆破事件はウラジーミル・プーチンの原罪であり、その件に捜査のメスを入れようとする人間は誰もが命にかかわる危険をおかすことになった。

第5章

残虐な戦争

プーチンにすり寄った西側指導者たち

チェチェン人の女が一人きりでチェチェン共和国とイングーシ共和国の国境に立っている。私たち西側のテレビ・クルーが撮影を始めようとしているのを目にとめる。女は私のところへ近づいてきて、毛布に包んだ何かを広げて見せ、絶叫しはじめた。「ありがとうございます、ミスター・プーチン！」。空気をつんざくような絶叫だ。毛布に包まれた何かは、二つのまっ黒焦げになった頭蓋骨だった。ロシア軍に焼かれて、これだけが残ったのだという。私はショックを受けた。ひどくショックを受けた。

第二次チェチェン戦争がどれほど残虐なものであったか、クレムリンの支配者が送りこんだ殺戮《さつりく》マシーンがどれほど残忍なことをしたか、伝えるのは難しい。ほとんど不可能だ。報道記者として、また人間として、私にとって何より耐えがたかったのは、チェチェンにおける戦争犯罪がこれほど明らかであるにもかかわらず、また、モスクワの高層アパートを爆破したＦＳＢの行為がこれほど人道に反する犯罪であるにもかかわらず、ウラジーミル・プーチンにすり寄った西側の指導者たちのとんでもない誤りをこの目に見せられることだった。ジョージ・Ｗ・ブッシュは、二〇〇一年に初めてプーチンと首脳会談をおこなったあと、こう語った。「私はプーチン氏と真正面から目を合わせた。そして、プーチン氏が非常に正直で信頼に足る人物であるとわかった。たいへんいい会談ができた。プーチン氏の魂が感じられるようだった。自国への忠誠、自国のために最善を尽くす覚悟を持っている人物だと思った」

トニー・ブレアは西側首脳に先駆けてロシアの新しい指導者を祝福すべく、二〇〇〇年春にサンクトペテルブルクまで足を運んだ。そして、プーチン夫妻と一緒にプロコフィエフのオペラ『戦争と平和』を鑑賞した。プーチンがまだ選挙で大統領に選ばれる前であったにもかかわらず、イギリス首相は直々の会談でプーチンを祝福した。ブレア首相はリポーターたちにこう語った。「チェチェン情勢とチェチェンにおける人権侵害問題については、つねづね我々の懸念を明らかにしてきたところでありますが、チェチェンはコソボとは異なるということも理解しておくことが重要であると考えます。ロシア国民は、間違いなく過酷なテロ攻撃にさらされてきたのであります」

あれはテロ攻撃ではない、ＦＳＢの秘密工作だったのだ。ＣＩＡ【米国の中央情報局】も、ＭＩ6

ジョン・ル・カレが生み出したスマイリーは現実の味がする。スパイは新聞を読む。モスクワの高層アパート爆破事件に関して誰が本当の犯人なのか疑問を呈した「ノーヴァヤ・ガゼータ」の記事を読んでいるはずだ。二〇〇〇年三月に、リャザンの砂糖爆弾について私が書いた記事が「オブザーバー」紙に掲載された。二〇〇一年には優秀で勇敢なロシア人ジャーナリストで政治家のユーリ・シェコチーヒンが「ノーヴァヤ・ガゼータ」の特集号を発行し、元KGB大佐アレクサンドル・リトヴィネンコとロシア系アメリカ人ジャーナリスト、ユーリ・フェリシュチンスキーが爆弾事件について書いた記事を掲載した。記事は書籍化され、『Blowing Up Russia: Terror from Within（ロシアを爆破する——内側からのテロ）』というタイトルで二〇〇二年に出版された。タイトルを見ただけで、ラングレー【CIA本部がある】もヴォクソールクロス【MI6の本部がある】も本が何を言わんとしているか、わからなかったはずがない。イギリスとアメリカのスパイたちが手に取りやすいように、『Blowing Up Russia』はロシア当局によって過激派の書籍に指定された。わかりやすく言うと、国家の秘密を暴露する本なので出版禁止になったということだ。アメリカやイギリスの【英国の秘密情報部】も、そのことを知っていたはずだ。ジェイムズ・ボンドは洒落た空想の世界だ。

スパイなら、クレムリンが禁書にした本を読まないはずがない。

二〇〇五年に、私はBBCのドキュメンタリー番組を製作した。イギリス総選挙でクレイグ・マレーが当時外相だったジャック・ストローを落選させようと動いて果たせなかった経緯をまとめた番組だ。在ウズベキスタン大使だったマレーは、モスクワの高層アパート爆破事件はFSBの自作自演であるという証拠をまとめたＭＩ６の報告書を見た、と話した。

二〇〇三年に発表された著書『Darkness at Dawn（夜明け前の闇）』の中で、アメリカ人ジャーナリストのデイヴィッド・サッターはアパート爆破事件について真相を暴き、その後二〇一六年に発表された著書『The Less You Know, The Better You Sleep: Russia's Road to Terror and Dictatorship under Yeltsin and Putin（知れば知るほど眠れなくなる——エリツィンとプーチンの下でロシアがたどるテロと独裁への道）』の中でも重ねて事件の真相に触れている。同じ年、サッターはアメリカ国務省とＦＢＩとＣＩＡに対して情報公開法にもとづく情報開示を請求し、モスクワの高層アパート爆破事件に関して把握している情報を開示するよう求めた。請求は空振りに終わった。ＣＩＡは事件に関連する記録が存在することさえ認めるのを拒んだ。認めてしまえば、「ロシアの爆弾事件に関してＣＩＡの情報収集活動に関する非常に特殊な一面あるいはその欠如」が明らかになってしまうからだ。

骨に食らいついた犬のように追及の手をゆるめないサッターは、リャザンの事件について、モスクワのアメリカ大使館が二〇〇〇年三月二四日に送信した電報まで手に入れて、次のように引用している。「大使館の重要な情報提供者と目されるロシアの元諜報工作員によれば、リャザン事件の真相は絶対に知られてはならない、知られれば『国を崩壊させる』からである、という」

リトヴィネンコやフェリシュチンスキーやサッターや私にモスクワのアパート爆破事件の真相が解明できるならば、ＣＩＡやＭＩ６にもわかっているはずだ。にもかかわらず、西側の外交政策当局は正気とは思えない反応しか示さない。西側の外交当局者たちは、プーチンが民主的な人物であると信じたいのだ。西側の友人だと思いたいのだ。まともに話ができる相手だと思いたいのだ。そして、それに反する証拠を握りつぶそうとしたのだ。

しかし、彼らの計算は間違っていた。一九九〇年代末に、プーチンは共産主義を「行き止まりの袋小路であって、文明の主流からは遠くはずれている」と述べた。プーチンが共産主義を蔑視していることはまちがいない。しかし、だからといって、プーチンが民主主義を奉じていることにはならないし、民主主義と切っても切れない要素、すなわち自由な報道による精査、表現の自由、嘲笑やユーモア精神の許容、といった要素を受け入れたことにもならない。むしろ、プーチンは、白らの政治姿勢の指針となる概念を周到にまとめ、強化してきた。それらは、極端なナショナリズム、他者に対する憎悪、報道の自由や表現の自由に対する蔑視、嘲笑やユーモアに対する非寛容、非常に保守的な価値観、政治権力の介入による自由市場経済の否定、「機関」——すなわちKGB【ソ連時代の国家保安委員会】およびその前身であるCheka【反革命・サボタージュ取締全ロシア非常委員会】、GPU【国家政治保安部】、OGPU【統合国家政治局】、NKGB【国家保安人民委員部】、NKVD【内務人民委員部】、MGB【国家保安省】、そしてKGBの後身であるSVR【対外情報庁】とFSB【ロシア連邦保安庁】——に対する畏敬、である。改めて指摘するまでもなく、プーチンはロシアのファシストなのである。

加えて、プーチン政権の世界観はロシアの昔ながらの専制政治の伝統にぴったり合致する。一八三九年にニコライ一世の支配するロシアに旅をしたキュスティーヌ侯爵アストルフ＝ルイ＝レオノールは、著書『Empire of the Czar（ツァーリの帝国）』で「神秘に包まれた政府は力の源を欺瞞に求め、ありとあらゆるものを恐れている」と、鋭い筆致でニコライ一世の専制政治を描写している。それを引き継いだのがスターリンであり、一九二〇年代末からロシア帝国主義を共産主義の上に重ね、空想的で新奇で根本的に不誠実なレトリックで塗り固めたのである。プーチンの政治手法は、ニコライ一世の帝政とスターリニズムの流れをくむものであり、少し気をつけて観察すれば誰の目にも明々白々の事実である。

ブレアやブッシュがウラジーミル・プーチンの魂を云々する言葉を聞き、私自身がモスクワやリャザンやチェチェンで見てきたことを考えあわせると、頭がおかしくなりそうだった。

チェチェン民間人虐殺、八人の証言

二〇〇〇年、私は内密に二回チェチェン共和国にはいった。怖かった。それより二年前、クレムリンの規制を無視して携帯電話のアンテナ敷設にはいったイギリス人の通信技術者四人が誘拐される事件があった。そのあと、切断された四人の首が道路脇に置かれているのが見つかった。明らかな警告だ。二〇〇〇年一月、チェチェン共和国の首都グロズヌイには民間人は一人も残っていないというロシア当局のバカげた主張に対して、勇敢なロシア人ジャーナリストのアンドレイ・バビツキーがグロズヌイにはいり、ロシア当局の主張が嘘であることを暴いた。命の危険をおかしてのリポートだった。当時、ロシアの砲撃が非常に激しかったからだ。一月中旬、バビツキーはロシア当局の協力者に捕まり、拷問されたうえ、三月になってロシア側に身柄を引き渡された。というわけで、私たち撮影チームがチェチェン共和国にはいった時期は、首をちょん切られるか誘拐される危険の大きいタイミングだった。

二〇〇〇年二月、私はモスクワへ飛び、そこからチェチェンの隣国イングーシ共和国のナズランにはいった。同行したのは、カメラマンのジェイムズ・ミラーと、プロデューサーのカーラ・ガラペディアン。ジェイムズとは一緒にチャンネル4の番組「ディスパッチズ」でドキュメンタリーを撮ったことがあった。一九九九年にコソヴォの小クルサで起こった虐殺事件、セルビアの警察と准軍事警察隊がコソヴォの男性や少年一〇〇人あまりを納屋に押し込めて虐殺した事件を取材したドキュメンタリーだった。番組はロイヤル・テレビジョン・ソサエティー賞に輝き、それ以来私たちは親友だった。ジェイムズは私の子供たちサムとモリーにサーフィンを教えてくれた。カーラは聡明で恐れを知らぬアルメニア系アメリカ人の映画プロデューサーで、わたしたち三人はひそかにチェチェンにはいり、ウラジーミル・プーチンの最初の戦争を取材したのだった。

手始めに、私たちはチェチェンから国境を越えてイングーシ共和国へ逃れてきた人たちを取材した。チェチェンもイングーシも、ロシア連邦のもとで独立した自治共和国【ロシア連邦構成主体として位置づけられる地方自治体】だ。チェチェンがロシア皇帝およびその後継政権と長年にわたって戦争をしてきたのは、チェチェンの人々が侵略者を追い出したかったからだ。それに対するプーチンの答えが、第二次チェチェン戦争（一九九九年〜二〇〇九年）だった。グロズヌイの郊外に布陣したロシア砲兵隊がグロズヌイを木端《こっぱ》みじんに吹き飛ばした。車に白旗を掲げて避難する人々の車列にも、砲弾が降り注いだ。

顔かたちがわからなくなるほどの熱傷を負った少女が病院のベッドにぐったりと横たわり、叔母が看病にあたっている。少女はささやくような小声で、母親と父親と二人の兄たちと妹といとこを含めた三六三人の村人たちが殲滅《せんめつ》された日のことを話してくれた。八歳の少女――仮にカミーサと呼ぼう――は、戦争犯罪の目撃者だ。カティル・ユルトはロシアの占領地域にある村で、前線からも離れていて、「安全」なはずだった。村には多数の避難民が身を寄せており、二〇〇〇年二月四日の朝までは無事だった。しかし、その日、ロシアの飛行機やヘリコプターや燃料気化爆弾やグラート多連装ロケット砲が村を木端みじんに吹き飛ばした。ロシア軍は午後三時に砲撃をいったん中止し、バスを何台か村へ派遣して、白旗を掲げた車列が村から避難することを許した。カミーサの家族が乗った車もその一台だった。

にもかかわらず、ロシア軍は避難民の車列にも砲弾を浴びせ、カミーサの家族を含めて多数を殺戮したのだった。

チェチェン人の勇敢な取材コーディネーター、ナターシャが不良のＦＳＢ工作員を見つけてきた。現金二五〇〇ドルと引き換えに、ジェイムズとカーラと私をカティル・ユルトまで車に乗せて行ってくれるという。私たちはボルガのスモークガラスを閉めた後部座席に身を潜めていくつものロシア軍の検問所を通り抜け、カティル・ユルトの村に着いた。変わり果てた村は、ソンミ村【ベトナム戦争中に米軍兵による住民虐殺が起こった村】を見るような惨状だった。通りには粉々になった木材が散らばり、木々はずたずたに裂け、地下室には血溜まりができ、生き残った人たちは恐怖で狂乱状態だった。村にはロシア軍の「真空爆弾」の残骸があちこちに落ちていた。燃料気化爆弾。肺を裏返しに吸い出すほどの真空状態を作り出す。これを民間人に対して使用することは、ジュネーヴ条約で禁止されている。

ロシア秘密警察すなわち連邦保安庁（ＦＳＢ）の特殊部隊によって東西を囲まれた村の人々は、西洋人の部外者が初めて村にやってきたのに驚き、三六三の遺体が道に二段三段に積み上げられているのを見た、と話してくれた。遺体が多すぎて、車が道を通れないくらいだったという。そのあとロシア軍が遺体の多くを運んでいき、共同墓地に投げ込んだという。

カミーサは顔に重度のやけどを負い、両手もやけどで包帯を巻かれ、骨折した右足はギプスで固められ、スチールのボルトで固定された左膝は内出血で腫れあがり、そんな状態でもなお私たちに何が起こったかを話してくれようとしていた。カミーサの父親マンスール（四五歳）は大工で、母親ハーヴァ（四五歳）は学校の教師、兄マゴメドは一四歳、もう一人の兄ルスランは一二歳、いとこのハーヴァは八歳、妹のマディーナは六歳だという。一家は自家用車の黒いボルガ・サルーンにぎゅうぎゅう詰めで乗り込み、安全な土地へ向かうつもりでカティル・ユルトをあとにする車列に加わった。「うちの車には白旗を上げていました。木の棒にくくりつけて」、カミーサが言う。「そのとき、二機の飛行機が飛んできて、攻撃してきたんです。私たちは爆弾に当たって吹っ飛びました。私は地面の泥の中に落ちました」

目のまわりのやけどの傷を叔母に拭いてもらいながら、カミーサは顔をしかめた。叔母が言う。「夜になると、この子は怖くて目を閉じることができないのです。またあの光景がよみがえるんじゃないか、って」

カミーサの叔母にとって何よりつらいのは、車に乗っていた一家七人の中で生き残ったのはカミーサ一人だけであるという事実をどうしても本人に告げられないことだという。「どう伝えればいいのか、わかりません。いま教えたら、あの子は耐えられないでしょう。それでなくても、夜になると目を閉じることができないのに。きのうの夜は一〇回も目をさましました。どうやっても落ち着かせることができないのです」

ロシアによる虐殺死体隠蔽工作

グロズヌイの西にあるカティル・ユルトは二月三日の夜までは静かで穏やかで戦渦を知らぬ村だった。しかし、グロズヌイが陥落し、ロシア軍の報復を恐れたチェチェン兵士たちが村へ逃げてきた。何人かの兵士はカティル・ユルトを通過していった。その夜、二人のロシア兵が誘拐された、あるいは殺害された、という話が伝わった。二月四日の朝、地獄が始まった。

二〇〇〇年一月、当時イギリスの外相だったロビン・クック——基本的には善人である——がモスクワでプーチンと会談し、一月一日に部下たちに狩猟ナイフをプレゼントした秘密警察工作員をわざわざ賞賛するという大サービスまでしてみせた。そして、クック外相はプーチンについて、「彼のスタイルはなかなか新鮮でオープンで結構だと思う。ロシアに関する優先事項も、われわれが共感できるものだ」と述べた。

私は当時寄稿していた「オブザーバー」紙に、ロシア軍がカティル・ユルトの民間人に対しておこなった戦争犯罪を発表した。それを読めば、クック外相の「優先事項は共感できる」とした発言の妥当性が疑われるべき内容であることは明らかだろう。

ルミッサ・メディドワは二七歳だが、悲嘆と恐怖のせいで三〇歳も老けて見えた。二月四日に、ルミッサは夫を失った。「ロシア兵たちが全員村から出ていったあと、午前一〇時ごろに爆撃が始まりました。ロシア軍はありとあらゆる兵器を使って攻撃してきました。村の中心部では、形の残っている家は一軒もありません。ある家族は、死んだ母親にとりすがるように三人の子供たちが死んでいました。カラシニコフで足を撃たれたのです。ロシア軍は『二時間だけ時間をやる』と言って、白旗を掲げたバスを村に送ってきました」

村の人たちは大慌てで白いシーツでも何でもとにかく車に掲げるために白いものを掻き集めた。「牛が角に白い布を引っかけて歩いていくのを見てみんな笑ってたよ」とジョークを言う余裕さえあった。

避難の車列が出発した。どの車も白旗を掲げていて、中には二つも三つも白旗を掲げている車もあった。どの車も女性や子供がいっぱい乗っていた。できるだけ子供たちを乗せるために男性はあとに残りました、とルミッサが言った。車列は安全な地域をめざして西のアチホイ・マルタンに向かった。「道路に出たところで、ロシア軍が地対空ミサイルを撃ってきました。大きなロケット弾です。車ほど大きくはないけれど。変わった爆弾でした。一度に爆発するんじゃなくて、何回も爆発しました。どの車も白旗を掲げていました。何台くらい車がいたのか、わかりません。もうめちゃくちゃでした、ほとんどの車が。ロシア軍は休みなしに攻撃してきました」

話を聞くかぎりグラート多連装ロケット弾のように思えるが、時間が経ってしまったいまとなっては、はっきりとはわからない。

ロシア軍は白旗を掲げた車列を軍隊と見間違えたのだろうか？「いいえ、間違えるはずはありません。村に避難民がたくさんいることをロシア軍は知っていたはずだからです。村には一万六〇〇〇人の避難民と八〇〇〇人の村民がいました。私たちの前を走っていた大きな車には、子供たちがいっぱい乗っていました。大人ではなくて。それが私の目の前で焼き殺されたんです」

ルミッサの夫は車から外に出たところで爆弾の破片に当たって命を落とした。ルミッサは子供たちを連れて修羅場から走って逃げ、アチホイ・マルタンにたどりついた。「たくさんの死体を見ました。いくつあったか、わかりません。道路に倒れている人たちがたくさんいました。数えませんでした。焼け焦げてばらばらにちぎれたからだの破片がバケツに集められているのも見ました」

そして、隠蔽工作が始まった。「ロシア軍は村人たちが死体を回収することを許しませんでした。五日目になってようやく、死体を回収しに行ってもいいと言いました。現場へ行った村の人たちが『遺体はどこにあるのですか？』と聞くと、ロシア兵は何体かはもう焼却したと言いました。村の人たちの話では、ロシア兵は死体を集めて共同墓地に投げ込んだということです」

もう一人の証人は、負傷したまだ若い男性で、こう話した。「ロシア軍は爆撃を始めました。爆弾や、大砲で。村人たちを次々に殺しました。村の端にある学校にスペツナズ【ロシアの特殊部隊】が来て、『人道回廊を設ける』と言いました。それで、みんなアチホイ・マルタンに向けて逃げ出しました。そこへロシア軍はミサイルを撃ってきたんです。三五〇人の避難民と一七〇人の村人たちが犠牲になったと聞いています」

五九歳のザーラ・アクチミロワは、爆弾の破片が当たって負傷した母親マトゥーサ・バタロワ（八五歳）を介抱していた。「あまりの恐怖で、言葉がありません……私たちは地下室にいました。真空爆弾（燃料気化爆弾）の音が聞こえました。シュー、シューッと。私たちはぎりぎりでこの地下室に逃げましたが、隣の家は跡形もなくなってしまいました。アパートの玄関から走って逃げようとすれば、スナイパーに腕や足を撃たれるのです」

爆撃のあと、母親を連れたザーラは、道路で白旗を掲げた車列の残骸を目にした。「自動車はずたずたに破壊されていました。ひき肉みたいに。車の台数は数えませんでした。母親を連れていたので。破壊された車列は、たぶん三キロくらい続いていたと思います。どの車も爆弾で破壊されていました」

ザーラの母親も死にかけていた。

人道回廊を攻撃

五人目の証人は医師で、目つきがどんよりし、疲れはてたようすだった。爆撃が続くあいだ、何百人もの患者を麻酔も薬も電気もなしで手術しつづけたのだ。「ロシア軍は最初に村を爆撃し、そのあと民間人に人道回廊を与えると言って、こんどはその人たちを攻撃したのです。死んだ人たちは病院まで運んできませんでした。苦しんでいる人たちだけ運んできました。生きているのか死んでいるのかチェックしてくれ、と言って一〇人を運んできました。その中には赤ん坊が一人、あと成人や一〇代の子供もいました。両足のなくなった患者もいたし、頭や腹に外傷を負ったうえにやけどを負っている患者もいました。病院まで運ばれなかった死体も、村じゅうにたくさん転がっていました」

六人目の証人は、カティル・ユルトの廃墟となった自宅の前に、二本の松葉杖をついて立っていた。四七歳のリズワン・ヴァハーエフは、証言する危険を笑いとばした。家の外で真空爆弾が二発炸裂して八人が犠牲になったという。即死が女性六人、男性一人、一一歳の少年一人。さらに一〇人が、そのあと亡くなった。自分の妻と三人の子供たちは重傷を負い、義理の娘は即死だったという。

その男性は、爆弾が炸裂したとき子供たちが寝ていた場所を見せてくれた。地面に人間の腸が飛び出て落ちていた。真空爆弾はパラシュートで落ちてきたという。爆弾は地面に落下しながら気化した液体燃料を噴き出し、それが引火して、空中爆発が起こる。アメリカ国防情報局が一九九三年に発表した報告書によると、燃料気化爆弾は「生きている標的に対する殺傷メカニズムは独特であり、不快である。衝撃波も殺傷力を有するが、それ以上に、圧力波に続く希薄化（真空）が致死的であり、肺を破裂させる」とされている。

七人目の証人は老女で、地面の穴から震えながら出てきた。そして、パンを口へ持っていった。「きのうもきょうも何も食べていません。まるでこの世の終わりが来たようでした。私たちが地下室に避難していたあいだにヘリコプターが飛んできて、飛行機が飛んできて、爆弾が三つ落ちてきたんです。息子が三人と娘が一人、死にました。四人目の息子も病院で死にかかっています」

村から出る途中で、私たちはモスクを見かけて足を止めた。ここで最後の証人の話を聞いた。イマームは、ロシア兵が運び去る前にすべての遺体を数えたという。ロシア軍の車のバンパーにチェーンでつながれて引きずられていった死体もあったという。イマームは遺体を洗い清め、イスラム教の伝統に従って遺体を整えようとしたという。死者の数は？「三六三人」とイマームは答えた。

廃墟となったカティル・ユルトを出る道すがら、白旗を掲げた車列の残骸を目にした。車がひしャげ、ねじれ、金属が黒焦げになり、泥の中に靴が片方だけ転がっていた。そのとき、マシンガンの発砲音が聞こえた。クック外相が「なかなか新鮮でオープンで結構だ」と形容したプーチンからの、これがメッセージである。

語るもおぞましい拷問

二〇二二年二月のロシアによるウクライナ侵攻が始まったあとに公開したポッドキャスト「Taking On Putin（プーチンを糾弾する）」の中で、私は二〇〇〇年に撮影した映像の一部を紹介した。カミーサの言葉がイギリス人少女の声で吹き替えられている。「道路を走っていたとき、二機の飛行機が私たちの車を撃ってきました。お父さんとマメットとお母さんは前の座席に乗っていました。ルシクと私とメディーナとルイーザは後ろの席に乗っていました。お父さんとハーヴァはまだ車の中にいました。ルシクと私とメディーナとルイーザは地面に放り出されました」

私がカミーサに質問する。車は白旗を揚げていた？

「木の棒にくくりつけてありました」カミーサが答える。

この二〇〇〇年当時にカミーサの吹き替えをしたのは、カミーサと同じ八歳だった私の娘モリーだ。

二〇〇〇年の夏、私は「オブザーバー」を辞めて、ＢＢＣで仕事をするようになった。そして、ふたたびチェチェン共和国に足を踏み入れた。今回は、救世軍の会計係になりすましての取材だった。誰にも怪しまれなかったので、うまくいったんだと思う。そして、私はＢＢＣのラジオ・ファイブで放送されたドキュメンタリー番組「Victims of the Torture Train（拷問列車の犠牲者たち）」を製作した。ロシアの兵士たちは長い列車を鉄道の支線に停めて、チェチェン人の囚人たちを座席に手錠で固定し、じりじりと順にいたぶった。列車とは別に、もっと大物の囚人を拷問する基地もあった。拷問の一つは「ゾウ」と呼ばれるもので、ロシア軍兵士に支給されるガスマスクがゾウの長い鼻のように見えることから、この名前がつけられている。囚人は後ろ手に手錠をかけられ、顔に「ゾウ」を装着され、ロシア兵がガスマスクの先端のフィルターをはずして、そこから催涙ガスをマスクの中へ噴射する。囚人は自分の涙と鼻水で溺死しそうになる。残酷な水責めである。

ほかにも拷問の方法は聞いたが、残虐すぎて口には出せないし、まして報道などできない。こうした取材に耐えるために、私はわざとＰ・Ｇ・ウッドハウスのユーモア小説を六冊ほど荷物に入れていた。拷問を受けたチェチェン人たちのインタビューを一日じゅう続けたような日は、ホテルに戻ってウォッカをぐい飲みし、『ウースター家の掟』の世界に逃避する。午前二時ごろになって、アルコールが効きはじめ、バーティーがダリアおばさんの乳牛の形のクリーム入れを取り返すくだりでクスッと笑えると、少しは眠ることができる。それでも、一睡もできない夜も何度かあった。

白旗を掲げた車列を爆撃することは、戦争犯罪だ。民間人に対して真空爆弾を使用することも、戦争犯罪だ。組織的な拷問も、戦争犯罪だ。チェチェン共和国でプーチンがおこなっている戦争で、この三つすべての忌むべき証拠を私は目撃した。人道に反するこうしたロシア軍の犯罪行為をどうして西側が見ないふりをしつづけるのか、私には理解できない。二〇〇〇年にウラジーミル・プーチンが戦争犯罪をおこなったという紛れもない証拠が存在する。「だから何度もそう言っているじゃないか！」と私は叫びたい。

ブレアもブッシュも、イギリス外務省もアメリカ国務省も、MI6もCIAも、なぜこれほどまでにプーチンの正体を見抜けないのか？

見た目は合理的なサイコパス

二〇二二年のウクライナ侵攻が始まる前、私はドナルド・レイフィールド教授とあれこれ話をした。新しく売り出し中だった秘密警察工作員ウラジーミル・プーチンを、西側はなぜあれほど両手《もろて》をあげて歓迎したのか。教授はこう話した。「プーチンは酒びたりじゃないからだよ。エリツィンとフルシチョフのあとじゃ、それだけでありがたい話だったのさ。ソビエトの指導者で何が怖いって、酒びたりの指導者ほど怖いものはない。いつ核のボタンを押すか、わかったものではないからね。プーチンも多少は酒をたしなむが、前後不覚に酔うようなことはない。第二に、プーチンはかなり合理的な人間だという点がある。何をやるにも、リスクや損得をきちんと計算する。その意味では、スターリンに似ているかな。たまにリスク計算でミスをおかしても、非常にうまくカバーする。国際関係であまり冒険しない。ほかの国の国土をちょいとくすねるときは、ややこしいことにならないタイミングをちゃんと見計らってやる。つまり、合理的な、というか少なくとも見た目は合理的なサイコパスを相手にするほうが、何をやるかわからない酔っ払いを相手にするよりましだ、ということかな。プーチンがありとあらゆることを掌握しているという事実は、ロシアにはこれ以上トラブルは起きない、ということだ。独立を目論《もくろ》む領土も出てこないだろうし、暴動も起きないと踏んだんだろうね。ロシア産の石油にしろ、天然ガスにしろ、ニッケルにしろ、ロシアが西側へ供給する資源はきちんきちんと生産され、売却され、分配されるだろう、と。西側はそう計算していたんだろうと思うよ。プーチンはクソ野郎かもしれないが、ロシアという国をちゃんと動かしていくだろう、そしてわれわれはそこから利益を得る、という計算だ」

しかし、トニー・ブレアとその一味が大きな誤りをおかしていたとしたら？　プーチンが安定したサイコパスではなくて不安定なサイコパスだったとしたら？　そうだとしたら、どうなるか。殺戮の代償は誰が払うのか？　とりあえず、払うのは他人だ。たとえば、カミーサみたいな。

病院で顔にひどいやけどを負ったカミーサの姿を目にしてから二一年後、カミーサと再会がかなった。ロンドンに本拠を置くウクライナ人ジャーナリストのジェニー・クロチコが一所懸命に調べてくれたおかげだ。いまカミーサは結婚して二人の女の子の母親となり、もうすぐ三人目が生まれようとしている。カミーサに聞いてみた。ウラジーミル・プーチンがロンドンへ来てイギリスの女王様に拝謁するところを見たら、そしてイギリスの首相と会談するところを見たら、どう思う？

「本当のことを言ってもいいの？　誰がわたしの答えを聞くの？」、カミーサが尋ねる。

「思うところはあるけど、言いたくないんだね？」

「そう」

「わかるよ。ロシアの人たちは話すのが怖いんだよね。そうだろう？」

「息をするのさえ怖いの」

第6章

毒殺の始まり

不審な心臓発作

二〇〇〇年三月、ロシア大統領をめざすプーチンの選挙運動は楽勝だった。プーチンは有権者に大人気だったし、西側指導者たちからも歓迎されていた。なぜなら、ボリス・エリツィンとは正反対の人物（らしい）と見えたからだ。酔っ払いではなく、突飛な行動をせず、首尾一貫していた。チェチェンのテロ脅威に対して大衆向けを狙った強硬な発言もあってプーチン人気はうなぎのぼりだったし、グロズヌイを制圧して勝利宣言をしたときにはさらに一段と人気が上がった。しかし、用心に越したことはない。エリツィンが進めた言論の自由の遺産がまだ世の中にそれなりに残っていて、手ごわいジャーナリズムは追及の手を緩めていなかった。プーチンの正体を知っている人たちもいた。かつての姿を。サンクトペテルブルク時代を。ロシア・マフィアのタンボフと近づきすぎた時期のことを。何より危険なのは、政治の世界でもっとも古い親友アナトリー・サプチャークの存在だった。

一九九九年九月に首相に就任したプーチンが最初にやったのは、サプチャークの汚職に関する調査——かつてサプチャークの部下だった自分にもまずい影響を及ぼすことは明らかだった——を棚上げにすることだった。そのおかげで、保身のためパリに亡命していたサプチャークはロシアに戻ることができた。サプチャークはたいへんな喜びようだった。かつてのナルシシスト市長は往年の輝きを取り戻そうと、以前のリベラルな発言を封印して新しい政治スターを絶賛し、プーチンをスターリンになぞらえた発言をした。必要なのは「新しいスターリンである。本家のスターリンほど血塗られた指導者ではなく、しかしスターリンに劣らぬ情け容赦のない断固とした指導者が必要である。なぜなら、何につけロシア人を動かすにはそうした手法しかありえないからだ」と。

くだらない言葉遊びの陰で、本当のところ、かつての法学教授の頭の中にはどのような目論みがあったのだろうか？　ロシアには新しいスターリンが必要だと本気で思っていたのだろうか？　それとも、クレムリンにそれなりの地位を得たくて、かつて自分の鞄持ちだった男に偽りの忠誠を捧げるふりをして見せただけだったのだろうか？　だとすれば、サプチャークは厄介な存在だった。

二〇〇〇年二月一七日、プーチンはサプチャークにカリーニングラードでの選挙運動を依頼した。カリーニングラードはポーランドとリトアニアにはさまれたロシア領の飛び地で、一九四六年まではプロシアの歴史的首都ケーニヒスベルクと呼ばれた土地だ。サプチャークは言われたとおりに、二人の助手兼ボディーガードを連れてカリーニングラードへ赴いた。三日後、サプチャークは心臓発作を起こして死んだ。それまでは健康体で、まだ六二歳だったし、著書も何冊かあり、新生ロシアにおいて注目すべき存在として国際的にも名声を得ていた。奇妙なのは、同行した二人のボディーガードもまた心臓発作を起こしたらしいという話だった。心筋梗塞は感染症ではない。三人の人間が同時に心臓発作を起こす原因は、一つしかない。毒薬だ。

ロシアの調査ジャーナリストだった故アルカディ・ヴァクスベルクは、レーニンやスターリンの時代からプーチンの時代に至るまで、クレムリンと毒薬の切っても切れない関係について、超一流の背すじが寒くなるような本を書いている。『Toxic Politics: The Secret History of the Kremlin's Poison Laboratory from the Special Cabinet to the Death of Litvinenko（毒薬の政治——特別内閣からリトヴィネンコの死まで、クレムリンによる毒薬使用の秘密の歴史）』である。この本は、リプチャークの件にも触れている。ヴァクスベルクは、ジャーナリストのユーリ・シェコチーヒンから聞いた話として、サプチャークは「ベッドサイド・テーブルに置かれた読書灯にスプレーした物質によって毒殺された」と書いている。「読書灯の電球が発する熱によって毒物が空中に拡散し、付近にいる人間に作用して心臓発作を起こすのだ」と。ヴァクスベルクはさらに、毒殺を命ずる権力を持っているのはプーチンをおいてほかにないだろう、と示唆している。しかし、サプチャークは一九九六年にプーチンがクレムリンに職を得るのを手助けした人物である。それなのに、なぜ？

ヴァクスベルクはこう書いている。「サプチャークがしたことを、プーチンはもっと恩に着てもいいくらいだ。しかし、政治の世界においては、恩義は両刃の剣である。恩義が窮屈になり、借りがあることをつねに意識させられるようになると、そうした状況は我慢できないものになる」。情報源は秘匿しながら、ヴァクスベルクはこうコメントしている。「自分が昔のような立場に戻れると考えたサプチャークの愚かさが招いた結果だった。そんなことになれば、プーチンはサプチャークの野望に弱みを握られる形になる。プーチンにしてみれば、こんなトゲはなるべく早く抜いておかなければならなかった……昔の上司を部下として使うのは、愉快なことではない。しかも、サプチャークのほうがましな大統領になりそうだというのであれば」

サプチャークのほうも、いつまでも昔の部下で現在の上司に対して阿諛追従《あゆついしょう》を続ける気はなかった。国会議員に立候補すると言い出したのである。死の直前、スペインの新聞「エル・パイス」のインタビューに、サプチャークはこう答えている。

質問「プーチンに応援してもらうつもりですか？」
サプチャーク「彼の応援は必要ありません。私は大学の講師だし、私の著書は世界じゅうで読まれている……私は官職に就きたいとは思いません。それより何にも縛られない立場でいたいです」

ヴァクスベルクは書いている。「この答えは本心ではないだろう。この答えからは、二人のあいだに不和があったのではないかと想像できる」

葬儀の席で、目を赤く泣きはらしたプーチンがサプチャークの未亡人リュドミラとその娘クセニアに寄り添う姿が見られた。プーチンが人前で涙を見せるのは、きわめて珍しいことだ。

サプチャークの未亡人は、夫の遺体を自分の信頼できる筋に死体解剖してもらっている。BBCのガブリエル・ゲイトハウス記者は、夫が殺害されたと思うか、とリュドミラ未亡人に質問している。未亡人は長いあいだ黙り込んだあと、「ええ」と一〇回くりかえし、そのあと「わかりません」と言った。未亡人は解剖結果を公表していないが、結果を記した書類はロシア国外の秘密の場所に保管されているという。

ゲイトハウス「ある種の保険をかけているように聞こえますが」

リュドミラ「そう考えていただいて結構です」

ゲイトハウス「あなた自身や娘さんの身の安全に関して不安を感じているのですか？」

リュドミラ「ご存じのように、この国で暮らすというのは恐ろしいことです。とくに、反体制的な考えを持つ人間にとっては。ええ、そうですね、不安を感じています」

毒薬を使えるマフィアを相手にするなら、この種の保険をかけておくことは必要かもしれない。

あるいは、大統領を相手にするなら。
あるいは、その両方が相手ならば。

沈没潜水艦を見殺し

二〇〇〇年の夏、プーチンの本性を露わにする事件が起こった。ロシア海軍の原子力潜水艦〈クルスク〉がバレンツ海で演習中に爆発を起こし、航行不能になったのだ。二三人の乗組員が潜水艦に閉じ込められたまま生き残っていた。ＮＡＴＯは動けなくなった潜水艦を救える装備とノウハウを有していたが、クレムリンはほぼ沈黙を守ったまま何も反応しなかった。そのうちに、残った二三人も酸素不足になって死亡した。黒海沿岸で休暇中だったプーチンは、動かなかった。この悲劇に関してようやくインタビューに応じたプーチンは、インタビュアーを平然と見返したまま「潜水艦は沈没した」と言っただけだった。

潜水艦事故に関して作成された四ページの調査報告書は、政府の対応を痛烈に批判して、「驚くべき規律違反、粗悪で旧式で整備不良の装備」と「職務怠慢と無能と管理の不備」があったことを明らかにした。キーウの戦いにおけるロシア軍の墓碑銘にも使えそうな文言である。

死んだ乗組員たちの家族は激怒した。潜水艦事故の一〇日後、プーチンと海軍トップが〈クルスク〉の犠牲者の家族五〇〇人と対面した。ロシアの国営テレビＲＴＲ一社だけが取材を許されたのだが、取材した素材を通信衛星にアップするのにドイツのテレビ局ＲＴＬの衛星トラックを借りなければならなかったので、内容が筒抜けになってしまった。泣き悲しむ遺族たちを前に、プーチンは、ロシア海軍が西側からの援助の申し出をただちに受諾した、と強弁した。こんなことは嘘に決まっていると、みんなわかっていた。実際には、イギリスとノルウェーの潜水士たちが沈没した潜水艦のハッチをようやく開けたときには、誰一人生き残っている乗組員はいなかった。クレムリンがもっと迅速に動いていたら、救えた命があったかもしれない。確かなのは、プーチンが無情で冷酷で思いやりのない人間であるという印象を与えたことだった。潜水艦に乗り組んでいたセルゲイ・ティリク大尉の母親ナジェージダ・ティリクはプーチンと副首相に食ってかかり、「あんたたちなんて、いまここで自殺したらいいのよ！　あんたたちみたいなろくでなし、生かしておくもんですか！」と罵倒した。

逆上した母親の腕に看護師が注射を打った。母親は意識を失った。妻は「感情が激しやすい性格なので」自分が注射をお願いした、という夫の発言が報道されたが、のちに、妻のほうがそんな発言は嘘だと言った。「注射は私を黙らせるためだったのです」と。

二〇〇〇年の時点で、ロシアの国会「ドゥーマ」はまだ権力者に説明責任を求める程度には機能していた。ヤブロコ（ロシア統一民主党）の勇敢なリベラル民主主義者ユーリ・シェコチーヒン議員はアゼルバイジャン出身で、銀髪にボクシング選手のような歪んだ鼻、明るく茶目っ気のある瞳の持ち主だが、今回の事件はロシアに〈クルスク〉を救助する能力がないという事実を隠蔽したものである、とクレムリンを非難した。イリヤ・クレバノフ副首相は事故中や事故後に政府が嘘をついた事実はないと主張したが、鋭い質問の集中砲火を浴びてたじたじとなり、先の発言は「十分な分析をしないままカッとなって」なされたものであるとしぶしぶ認めた。

二〇〇〇年の〈クルスク〉の事故は、ありとあらゆる点において二〇二二年のウクライナ侵攻を予想させるものだった。国民に対するクレムリンの無関心。粗悪で旧式の装備。適切な監督の軽視。正当な批判に対する抑圧。潜水艦〈クルスク〉の沈没事故からプーチンが学習したのは、もっぱらファシスト的な対応だった。事故に対する緩慢で冷酷な対応がロシアの自由独立系メディアから痛烈な批判を受けたので、プーチンは解決策としてメディアを黙らせる方策を講じた。恐れを知らぬ勇敢さでニュースを流してきたロシアのテレビに対しては、自分の息のかかったオリガルヒにテレビ局を買収させて牙を抜いた。それまではテレビをつければ曲がりなりにもニュースと呼ぶべき情報が得られたが、このときを境に、ニュースはフィクションに成り下がった。かつてプーチンの擁護者であったボリス・ベレゾフスキーはロシア最大のテレビ局ORT【現：第一チャンネル】を含む財産を取り上げられ、権力のピラミッドから追放されて、ロンドンに亡命し、烈火の如く怒り狂った。

プーチンは二度の幸運に恵まれた。最初の大きなチャンスは二〇〇一年九月一一日のアメリカ同時多発テロで、このときにはどの国の政治指導者よりも先に反応してジョージ・W・ブッシュ米大統領に哀悼の意を伝え、アルカイダ撲滅をめざすアメリカの使命にありとあらゆる協力を惜しまない、と表明した。そのとき以来、アフガニスタンにしろ、イラクにしろ、「テロとの戦い」を黙認する姿勢のおかげで、ロシアはある意味で西側の大きな戦略に織り込みずみであるとみなされるようになった。バカげた話であるが。それ以降、ワシントンもロンドンもクレムリンに対して「疑わしきは罰せず」の原則で対応するようになった。イスラム過激派との戦いにおいてプーチンが西側についていたからである。プーチンがロシア正教会の過激派的存在であることは、見逃された。

プーチンにとって二番目の幸運は、中東のイラク戦争によって、それまで長いあいだ一バレル二五ドル前後だった原油価格がどんどん上がり、二〇〇八年には一バレル一四一ドルにまで跳ね上がったことだった。プーチンが大統領の座について最初の八年のあいだに、ロシア経済は年率七パーセントも成長し、原油と天然ガスの価格は五倍にもなった。不安定な中東情勢に比べたらロシアの石油と天然ガスは安価で安定しており、クレムリンは黒い金脈の上にすわっているようなものだった。こうした儲けの大半はうさん臭い人間どもの懐におさまり、オリガルヒはイギリスやフランスやイタリアで自分たちのために、あるいはプーチンの代理として、大邸宅を買いあさった。もちろん、ロシアの原油や天然ガスのブームはプーチン個人にも恩恵をもたらした。ロシア国家とオリガルヒとの申し合わせは明白だった。政治には口をはさむな、権力には手を出すな、金の恩恵だけを浴びていればよい。ただし、よけいな質問を口に出せば、面倒なことになる。こうしてロシアのゾンビ化が進んでいった。

ウラジーミル・プーチンには、ニクソンに一脈通じたところがある。一九七二年、ニクソンは大統領選挙で民主党のジョージ・マクガヴァン候補に対して不正行為など働かなくても地滑り的大勝利が予測されていたにもかかわらず、不正行為を働かずにはいられなかった。それと同じで、プーチンも殺人を働かずにはいられないのだ。

モスクワ劇場占拠事件、四つの疑問

二〇〇二年一〇月、五〇人以上のチェチェン人テロリストたちがモスクワのドゥブロフカ劇場に乱入し、八五〇人の人質をとって立てこもって、チェチェン共和国からのロシア軍撤退を要求した。ロシア側は交渉に応じず、特殊部隊が劇場内に無力化ガスを噴霧し、少なくとも一七〇人の人質が犠牲になった。事件の経緯をきちんと聴取することもせず、ほとんどのチェチェン人テロリストがその場で射殺された。無力化ガスの成分は明らかにされず、人質多数が閉じ込められている閉鎖空間に毒ガスを送り込む重大な決断を誰が下したのかも明らかにされなかった。この占拠事件については、数々の疑問が残る。簡単に言うと、まず第一に、マシンガンと自爆ベストで完全武装した五〇人以上ものチェチェン人がどうやって警察に止められずにモスクワ市内を劇場まで行けたのか？ちなみに、私はモスクワへ行くたびに毎回かならず、短時間ではあっても警察に拘留されずにすんだことはない。当局は私のパスポートを調べ、滞在先の住所を調べ、嫌になるほどのしつこさでじりじりと時間をかけて調べあげる。第二の疑問は、毒ガスに気づいたときになぜテロリストたちは即座に爆弾ベストで自爆しなかったのか？　無力化ガスが完全に効くまでには一〇分ほどかかるのに。第三の疑問は、テロリストたちがなぜほとんど全員その場で射殺されたのか？　第四に、なぜ毒ガスの解毒剤が準備されていなかったのか？

クレムリンに首根っこを押さえられているドゥーマ（ロシア国会）は、リベラル民主派が提出した事件の調査委員会設立の動議を却下した。そこで、心正しき人々が自前で調査に乗り出した。ロシア国内で中心となって動いたのは、反体制派のベテラン議員セルゲイ・コワレフ、同じく議員のセルゲイ・ユシェンコフ、法律家で元ＦＳＢ高官ミハイル・トレパシュキン、ジャーナリストのアンナ・ポリトコフスカヤ、不動の正義漢ユーリ・シェコチーヒン。アメリカ合衆国から力を貸したのは、フーヴァー研究所の学者ジョン・Ｂ・ダンロップ、そしてロンドンからは元ＦＳＢ大佐アレクサンドル・リトヴィネンコ。

セルゲイ・ユシェンコフ議員は、二〇〇三年初頭にロンドンを訪れたとき、リトヴィネンコから劇場を襲撃したテロリストの一人ハンパシ・テルキバエフ（別名アブ・バカール）に関する資料を手渡された。テルキバエフの名は、ロシアの特殊部隊が無力化ガスを使って人質事件を制圧する前日に、ロシアのメディアによって犯人の一人として明らかにされていた【武装勢力は一〇月二三日に立てこもり二六日に制圧された】。だが、不思議なことに、テルキバエフは生き残っていた。いったいどういうことだろう？　リトヴィネンコが手渡したテルキバエフの資料には、驚くべき事実が書かれていた。その内容の多くは、クレムリンに敵対するかつてのチェチェン外相で自由の闘士、現在はロンドンに根拠を置いているアフメド・ザカエフからもたらされたものだった。それによれば、テルキバエフはロシア側に寝返ったチェチェン人で、ロシア秘密警察に使われているらしい、ということだった。二〇〇一年四月と二〇〇二年三月の二回にわたって、テルキバエフはチェチェンでロシア軍に捕まっている。にもかかわらず、二回とも奇跡的に釈放されている。反乱軍側で活動していることが疑われるチェチェン人は例外なく拷問され射殺されていた時代に、である。

モスクワの劇場占拠事件から一ヶ月後、テルキバエフはアゼルバイジャンに現れた。五体満足で。それもそのはずだ。信じられないことに、アンナ・ポリトコフスカヤがテルキバエフの居所をつきとめ、事件後逃げおおせたこのテロリストにインタビューした。ポリトコフスカヤのほうはテルキバエフを非常に警戒して近づいたのだが、会ってみるとテルキバエフはうぬぼれが強く自慢好きの気取り屋で、自分から進んで自分はモスクワの回し者なのだとしゃべった。客観的事実は、わかりやすい話だった。アンナは、劇場の占拠事件が発生してまもない時期に、仲裁人として現場にはいっていた。そのときに劇場でテルキバエフの姿を見ているのだ。にもかかわらず、テルキバエフは事件現場から逃れることができて、ロシア政府と協力して動いていた。つまり、テルキバエフはモスクワの手先だったのだ。

調査に関わった人々の死

劇場占拠事件に関する独自調査の結果わかったのは、チェチェンのテロリストたちはたしかに劇場を攻撃し占拠したが、それはFSBの手先であるテルキバエフに煽動され操作されて起こした事件だった、ということだった。ロンドンでリトヴィネンコから資料を受け取った数日後、モスクワのアパートに戻ってきた玄関先で、ユシェンコフ議員は射殺された。暗殺に関わったとして四人が起訴されたが、最も注目すべき一人はユシェンコフの所属する政党、自由主義ロシアの前議長ミハイル・コダネフだった。コダネフは裁判で容疑を否認した。コダネフの容疑の証拠となったのは、殺害事件のもう一人の容疑者アレクサンドル・ヴィンニクだが、ヴィンニクの証言は矛盾に満ちた愚にもつかない内容だった。

それから数ヶ月後、テルキバエフはチェチェンで「自動車事故」のため死亡した。関係者の死亡案件が増えるにつれて、クレムリンと国会の迎合勢力は、それ以上の追及を受け付けなくなった。しかし、秘密国家ロシアの悪事を示す証拠は積み上がっていった。どうしても解せないのは、毒ガスに気づいたときにテロリストたちが自爆しなかった点だ。なぜか？　爆弾の起爆装置に電池がはいっていなかったのだ。実際、爆弾は、モスクワ検察庁によれば、ロシア国防省が用意した「プラスチック製の模造品」だったのである。

二〇〇二年のモスクワ劇場占拠事件は、一九九九年のモスクワ高層アパート爆破事件と同じように、FSBの秘密工作であったとしか考えようがない。恐怖の構図が確立され、それに対抗しようとする者は誰であろうと無傷ではすまなくなった。

ユーリ・シェコチーヒンは、勇気ある人々の中でもとくに飛び抜けた存在だった。どこまでもエネルギッシュで、ジャーナリストとしての嗅覚が鋭く、聞いた話ではアルメニア産ブランデーに目のない男だった。二〇〇三年一月にシェコチーヒンに会ったときのことを、ジャーナリストのヴァクスベルクは著書の中で触れている。「まったくの偶然だったが、モスクワに近いペレデルキノでユーリに出会った。ユーリはリラックスした笑顔でこんなことを言った。『連中は（ここで連中とは何者をさすのか明らかにする必要もなかろう）わたしを撃ち殺したいんだろうが、どうやらそんな肝っ玉はなさそうだ』と。」しかし、ヴァクスベルクの著書によれば、それからしばらくして、シェコチーヒンは友人にこう言ったそうだ。「生まれて初めて、怖いと感じている」

二〇〇三年初めのインタビューで、シェコチーヒンはプーチンのロシアをこう概説している。「ロシア・マフィアが制服を着た。この国の秘密警察に比べたら、ギャングなんてボーイスカウトのようなものだ。今日では、ほかでもない犯罪と戦わなければならないはずのその当事者が、腐敗している。秘密警察も例外ではない。秘密警察が用心棒役を引き受けるのも、多額の金を受け取るのも、社会に支配力を及ぼすのも、何もかも腐敗している」

このような曇りのない精神の存在が許されるはずもなかった。

リャザンの爆破未遂事件の取材に引き続き走りまわっていたころ、シェコチーヒンはモスクワから南東に約二〇〇キロのリャザンに立ち寄り、そのあとニューヨークへ行ってＦＢＩと話をする予定でいた。ＦＢＩとシェコチーヒンは、モスクワの高層アパート爆弾事件で母親を殺されたロシア系アメリカ人女性の依頼で捜査を進めているところだった。しかし、そのとき、シェコチーヒンは体調を崩した。それでも無理をしてリャザンへ行ったのだが、シェコチーヒンは熱を出し、頭が燃えるように熱くなった。モスクワへ戻ったときにはめまいがして、喉が焼けるように痛んだ。血圧が下がり、皮膚が赤く変色した。翌日、皮膚がはがれはじめ、髪が抜けはじめた。シェコチーヒンは大統領府中央病院へ運ばれた。要人（場合によっては要人に逆らう大物も）を治療することから「ザ・クレムリンカ」の愛称でも呼ばれている病院である。診断は、「原因不明の毒物中毒」だった。

シェコチーヒンの恋人アリョーナ・グロモワがポッドキャスト「Taking On Putin（プーチンを糾弾する）」の中でジャーナリストのジェニー・クロチコにシェコチーヒンの病状を説明している。「病院に運ばれた日、彼はもうぐったりしていました。シャワーを浴びたあと、髪がひどいことになっていました。髪をとかしてあげようと思ったら、私の手の中でごそっと抜け落ちてしまいました。わけのわからない病状でした。初めは風邪みたいだと思ったのですが、顔がまるで日焼けしたみたいに真っ赤になって、そのうちに皮膚が大きなかたまりではがれ落ちはじめたんです」

ヴァクスベルクが瀕死の友人の状態をこう書いている。「ユーリの病状は一時間ごとに悪化していった。体温は上がりつづけた。粘膜は腫れあがって、腎不全が起きて……そのうちに最悪の事態が始まった。ひどいやけどを負ったみたいに、皮膚がはがれ落ちはじめたのだ。シロウト目にも何が起こっているかは明らかだった。放射能か、正体不明の毒物か」

正式な診断名は、ライエル症候群または重篤《じゅうとく》なアレルギー反応、だった。シェコチーヒンは二〇〇三年七月三日に死亡した。死亡時にはほとんど全身の皮膚がなくなっていた。ヴァクスベルクは書いている。「毒薬という言葉はいちども口に出されなかったが、みんなそれだとわかっていた。恐怖で言えなかっただけだ」

シェコチーヒンの友人で詩人のアンドレイ・ヴォズネセンスキーは、シェコチーヒンの死を悼んで詩を書いた。私の語学力でなんとか訳してみよう。

割れた鏡の破片。
粉々に、そして恐怖の七月の空、
帽子と、ベルベットの切り株と、
そして沈黙。
ユーリの魂は止まらない
辱《はずかし》めに屈しない。
だから、ロシア最後の聖人に——
毒薬。

アリョーナは恋人に別れを告げるために遺体安置所へ足を運んだ。「遺体安置所は巨大なホールでした。石の板の上に、遺体がたくさん並んでいました。翌日に埋葬される予定の遺体ばかりです。私はあたりを見回しました。二〇体ほどの遺体が安置してあったけれど、ユーリを見つけられませんでした。私は管理人のところへ行って、場所を間違ったみたい、彼が見つからないんです、と言いました。視界の端に、石の板に横たえられているおばあさんが見えました。奇妙なことに、そのおばあさんを見たとたん、ずっと昔に亡くなった私のおばあちゃんのことを思い出しました。二人が奇妙に似て見えて、変だなと思いました。どんなに恐ろしい悪夢でも想像できないくらい恐ろしいことですが、そのおばあさんはユーリだったのです」

恋人の人相があまりに変わりはてていて、アリョーナは遺体安置所の管理人が遺体に付けられた名札を示してみせるまで、シェコチーヒンを見つけることができなかったのだ。

これは毒殺の、まだほんの始まりだった。

第7章
取るに足らない死

ベスラン学校占拠事件

第二次チェチェン戦争が終結し、暗く残酷な平和が取って代わった。チェチェン共和国はクレムリンの手先アフマド・カディロフが大統領となり、カディロフがイスラム反政府勢力によって爆殺されたあとは息子のラムザン・カディロフが継いだ。チェチェンの民族自決を主張する人間や、普通の人間でも政府の邪魔になる人間は、拷問され殺害された。ロシア軍の責任を追及するロシア人ジャーナリストの数は目に見えて少なくなった。ロシアで最強のジャーナリストは、アンナ・ポリトコフスカヤだった。アンナは細身で肝のすわった女性で、アッシュブロンドの髪をショートカットにし、ワイヤーフレームのメガネをかけていた。

二〇〇一年、アンナはロンドンへやってきた。アムネスティ・インターナショナルの依頼で、私がアンナをインタビューすることになった。私がＢＢＣラジオで製作したドキュメンタリー『Victims of the Torture Train（拷問列車の犠牲者たち）』がアムネスティの賞を取ったので、アンナと私の対談ならうまくいくだろうと考えたらしい。正直なところ、インタビューはあまりうまくいかなかった。公の場でのアンナは近寄りがたい雰囲気で、鋼のように硬くて、私のくだらないくすぐりにはまったく反応しなかった。こういうまずい状況になると、私はついついフランキー・ハワード風にくだらないジョークが次々と口をついて出てしまう。アンナと私はうまくいかなかった。それから数年後、アンナについてまとめたすばらしいドキュメンタリー『A Bitter Taste of Freedom（自由の苦い味）』を見たとき、私は初めて、アンナが不条理を見分ける鋭い目の持ち主であること、笑いだすと止まらなくなる癖があること、人生のブラック・コメディーに腹を抱えて笑う度量があることを知った。

アンナ・ポリトコフスカヤはおそろしく勇気のある女性だった。二〇〇一年初頭、アンナはチェチェンのハットゥーニの山村でロシア当局の残虐行為について何十人もの村人たちから証言を集めていた。トウゼニ村に住むチェチェン人のロジータは孫のいる年齢だが、一二日間にわたって拷問を受けた、と話した。ＦＳＢの将校たちに殴られ、電気ショックを与えられ、凍えそうな外気に晒されながら穴に閉じ込められていた、と。拷問者たちは金を要求し、ロジータは身代金と引き換えに解放された。ほかにも、取材に答えた人々は、組織的なレイプやチェチェン人男性たちが殺害された話を語った。アンナはそれらをすべて報道し、ＦＳＢがやっていることは「強制収容所ビジネス」で、金を搾り取るために拷問を用いている、と批判した。

取材先から戻る道で、アンナはロシアのＦＳＢ部隊につかまり、尋問され、殴られた。「若い将校が私を拷問しました。私の弱いところを巧みに突いてきました。私の子供たちの写真を見せて、子供たちにこんなことやあんなことをしてやるぞ、と脅しました」

そのあと起こったことは、アンナの著書『A Small Corner of Hell（地獄のほんの片隅）』に書かれている。読んでみるといい。

「浅黒い顔で気だるそうな黒目をむいた中佐が平然とした口調で、『行くぞ。お前を射殺する』と言った。そして、私をテントの外に連れ出した。外は真っ暗闇だった。チェチェンの夜は、光がひとつもない闇夜だ。しばらく歩かされたあと、中佐は、『さ、ここだ。覚悟はいいか』と言った。すぐそばで何かが爆発し、火を噴き、金属音が耳をつんざき、地鳴りやうなり声が響いた。恐怖で崩れ落ちた私を見て、中佐は満足そうな顔をした」

ＦＳＢの中佐はアンナを「グラート」多連装ロケット砲が火を噴く瞬間に、その真下に立たせたのだった。処刑のまねごとをしたあと、中佐はアンナに服を脱げと命じた。アンナは拒絶した。ＦＳＢの将官たちはアンナの気迫を恐れ、奇妙な畏怖さえ感じていたようだった。

モスクワの高層アパート爆破事件がＦＳＢの秘密工作であったことも、チェチェンにおける度を越した残虐行為がクレムリンの指示であったことも、二〇〇一年春には誰の目にも明らかになっていた。その夏、ジョージ・W・ブッシュはプーチンをテキサスの農場に招き、魂の底までのぞきこんだと思いこみ、その結果に満足したのである。

ふざけるにもほどがある。

ブッシュだけではない。ドイツ首相だったゲアハルト・シュレーダーもいる。ご心配なく、シュレーダーについては、のちほど取り上げる。

九月の新学期が始まる日、ロシアでは子供たちはいちばん上等な制服を着て登校するのが習慣だ。女の子は髪にリボンを飾って登校する。二〇〇四年、ロシアのはるか南のベスラン市での新学期第一日目は血塗られた虐殺の日となり、ロシア秘密警察とイスラム過激派テロリストとの関係に新たな疑問が付されることとなった。不安定な膠着状態が続くあいだ、チェチェン側は一〇〇〇人を超す生徒や職員を人質にして学校を占拠していた。チェチェンにおけるロシア当局の残虐行為を果敢に報道してきたアンナ・ポリトコフスカヤに対しては、最も好戦的な過激派からさえ信頼が厚かった。学校占拠事件が報じられたと同時に、ポリトコフスカヤはモスクワのヴヌーコヴォ国際空港へ向かった。しかし、南への航空便は軒並み欠航していた。ポリトコフスカヤは携帯電話でチェチェンの仲介者に連絡を取った。電話が盗聴されるのを計算ずみの行動だった。ただちに空港の役員が現れて、ポリトコフスカヤはロストフへ向かう便に乗せてもらえることになった。それでもベスランからは北に七〇〇キロ近くも離れているが、ここがいちばん近いハブ空港だった。

ジャーナリスト、アンナ・ポリトコフスカヤ

そのあとに起こったことは、アンナが日記に書き、「ガーディアン」紙に発表した。「空港のミニバスの中で運転手から聞かされた話では、ＦＳＢ【ロシア連邦保安庁】から指示があって、私をロストフ行きの便に乗せるようにとのことだった、という。飛行機に乗り込むとき、かたまって座っている三人の乗客と目が合った。悪意に満ちた視線、敵対的な目つきだった。しかし、私は気にしない。ＦＳＢの人間は大多数が私をこういう目つきで見る。飛行機が離陸した。私は紅茶を頼んだ。ロストフからベスランまでは陸路でかなりの時間がかかる。戦争の経験から、こういう場合はものを食べないほうがいいとわかっていた。二一時五〇分に、私は紅茶を飲んだ。そして二二時にスチュワーデスを呼ばなくてはならない事態であると気づいた。意識がどんどん薄れていく。ほかの記憶は切れ切れだ。スチュワーデスが泣きながら、大声で私に話しかけるのが聞こえた。『もうすぐ着陸しますからね、がんばって！』と」

仲裁人アンナが意識を取り戻したのは、ロストフの病院だった。看護師が小声で教えてくれた。「あなた、毒殺されかけたのですよ」。空港で行われた医学検査の結果は「上からの」命令ですべて廃棄された、と医師が教えてくれた。毒薬はアンナの健康を長期にわたって痛めつけた。当時、女子学生だったラナ・エステミロワは、アンナのことを叔母のように慕っていた。チェチェンの人権活動家でジャーナリストだった母親ナタリア・エステミロワがアンナと親友だったからだ。ラナは

「Taking On Putin（プーチンを糾弾する）」のポッドキャストでこう話している。「毒殺未遂事件があってから、アンナはうちのお母さんの料理をぜったいに食べなくなりました。正直言って、私はちょっぴり腹が立ちました。お母さんのことを思うと。当時は子供だったし、何が起こったのかちゃんと知らなかったんです。アンナはいつもオートミールの袋を持ってきていて、小さなカップでオートミールを作って食べていました。私はお母さんに、どうしてアンナはうちのごはんを食べないの？と聞きました。母が理由を説明してくれました。そのときの会話は忘れません」

仲裁人が毒殺されかけて入院しているあいだに、プーチンは部隊に攻撃命令を出した。三三三人が死亡した。そのうちテロリストは三〇人ほどだった。死者のうち、一八六人は学校の生徒たちだった。モスクワの高層アパート爆破事件のときや劇場占拠事件のときと同じように、クレムリンの対応についてさまざまな疑問の声が上がったが、まともな回答はなかった。子供を亡くした父親や母親たちは、曲がりなりにも仲裁の努力が継続中だったのになぜロシアの特殊部隊が攻撃をしたのか、なぜ戦車やシュメーリ火炎放射ロケット弾などを使ったのか、なぜロシア側は子供たちのことをまったく考慮しない作戦を取ったのか、と説明を求めた。

ロシアの軍事アナリスト、パーヴェル・フェルゲンハウエルは、ロシア政府がMi－24攻撃ヘリからロケット弾を撃ったことを非難したが、当局はこれを否定した。犠牲者の約八〇パーセント、二五〇人以上の大人や子供が、テロリストではなくロシア軍によって殺された可能性がある、とフェルゲンハウエルは書いている。「あれは人質救出作戦ではなく、テロリスト殲滅《せんめつ》を狙った軍事作戦だった」

ロシアを代表するロケット科学者の一人ユーリ・サヴェリエフは二〇〇六年に二八〇ページにわたる出色《しゅっしょく》の報告書をまとめて国会に提出したが、その中で、大量虐殺は明らかにロシア軍とクレムリンの責任である、と非難している。当局は学校を強襲する決断を下したが、表向きはテロリストの動きに対応しているだけだという印象を与えようと操作したと、サヴェリエフは結論づけている。兵器や爆弾の専門家として、サヴェリエフはロシア特殊部隊が仲裁の動きを無視していきなり対戦車擲弾《てきだん》（RPG）を発射し、それに続けて総攻撃を仕掛けた、と述べている。

ベスランの包囲戦を掘り下げて調べていくと、前提からして怪しいことだらけだ。

デイヴィッド・サッターは二〇〇六年にハドソン研究所から非凡な論文を発表し、学校に対する攻撃は防げた可能性があった、と書いている。「ノーヴァヤ・ガゼータ」紙が入手した警察の内部資料によると、二〇〇四年九月一日にベスランの学校が攻撃されるという情報を警察は四時間前に知っていたという。しかも、テロリストたちは何週間も近くで訓練を重ねており、警察のチェックを受けることもなかったという。通常なら厳重に警戒されているはずの道を、事件当日、テロリストたちは車列を作って学校まで乗り付けることができた。テロリストの大半はそれまで収監されていて、事件の直前になって刑務所から釈放されたばかりの者たちだった。どれひとつ取っても、そのようなことはFSBの指令がなければ不可能だ。

ここでもまた、納得できる説明はただひとつ、ベスランの学校占拠事件はロシア秘密警察がテロ攻撃を演出し、そのあとあらゆる手を使って共犯の証拠を消したとしか考えられない。つまり、恐怖を生み出す機関がおこなった秘密工作は、三件になる。一九九九年のモスクワ高層アパート爆破事件。二〇〇二年のモスクワ劇場占拠事件。二〇〇四年のベスラン大虐殺事件。目的は、恐怖状態を作り出すこと。犠牲者は何百人にものぼる一般のロシア人。これによって利益を得るのはただ一人、クレムリンの支配者だけだ。

ベスランの学校占拠事件から二ヶ月後、人間の遺体やパスポートが地元のゴミ捨て場から見つかったという。秘密国家ロシアが人命をいかに軽視しているかが、わかりすぎるほどわかる結末である。

ふんぞりかえったプーチンがクレムリンの大広間に悠々とはいってくる姿をテレビで見るたびに、帝政ロシア時代のごとき華美な制服に身を固めた兵士たちがアフリカ象のように巨大な扉を左右にさっと開いてプーチンを通す場面を見るたびに、チビのスパイを形なしにこき下ろしていたアンナ・ポリトコフスカヤを思い出す。アンナはプーチンのことを「この偉そうなチェキスト」と呼んだ。KGBの前身が「チェーカー」(Cheka=「反革命・サボタージュ取締全ロシア非常委員会」の略称)と呼ばれていたレーニン時代によく使われた秘密工作員の蔑称だ。

アンナ・ポリトコフスカヤは憤怒を込めて『Putin's Russia(プーチンのロシア)』を書いた。プーチンとFSBがソヴィエト式の独裁政治を復活させるために市民社会を殺そうとしている、と非難した。その一方で、現状を受け入れてしまっている一般のロシア国民に対しても嫌悪を隠さなかった。「チェキストたちが権力を固めていくあいだ、社会はどこまでも無関心だった。われわれは彼らの目に恐れおののく姿を見せてしまった。それによって、われわれを家畜のように扱おうとする彼らの衝動をますます強化しただけだった。KGBは強いものしか尊重しない。弱きものは食い尽くされるだけだ。ほかの誰あろう、われわれこそはこのことを自覚すべきだったのだ……われわれはソヴィエトという闇の底へぐんぐん回帰しようとしている。無知が死という代償を意味する情報の空白地帯へ。われわれに残されているのは、インターネットだけだ。インターネットの世界では、まだ情報が自由に手にはいる。それ以外の場でジャーナリストとして働こうとするならば、プーチンの完全なる奴隷となるだけだ。そうでなければ、死を覚悟するしかない。銃弾で殺されるか、毒薬で殺されるか、裁判で殺されるか。いずれの方法でも、プーチンの番犬のお好みしだいで」

キーウのアパートで腰をおろし、アンナ・ポリトコフスカヤの文章を読みかえす。「われわれはソヴィエトという闇の底へぐんぐん回帰しようとしている。無知が死という代償を意味する情報の空白地帯へ」。首都キーウの中心を走るフレシチャーティク大通りに対戦車障害物が敷設されている。市役所の周囲には土嚢《どのう》が積んである。プーチンの支持率はまだ高い。「特殊軍事作戦」は、それなりにロシア世論の支持を得ている。予言者アンナの力が失われたことを思うと、泣けてくる。

アンナが最後に書いたのは、『Am I Afraid?（私は恐れているか？）』というエッセイだった。「人はよく私を悲観論者だという。私がロシア民族の強さを信じていない、と。プーチンに反対するあまり、その先を見ていない、と……。『楽観的な』見通しから慰めを得られるというのなら、そうすればいい。そのほうがまちがいなく楽だ。しかし、それはわれわれの孫たちへの死刑宣告なのである」

二〇〇六年一〇月、ティーンエージャーになったばかりのラナ・エステミロワは母ナタリアと二人、チェチェンでバスに乗りこみ、バスが出発するのを待っていた。そのとき母親のスマホが鳴った。「母の顔がさっと白くなったのをおぼえています。実際、顔から血の気が引いたのがわかりました。そして、母は言いました。『アンナがモスクワで殺された』と。私たちはバスから転げ落ちそうになりながら降りました。母は『止まって、待って。待って。待って。出発しないで』と言いました。そして私たちはバスを降りました。私は母が泣きだすのではないかとハラハラしました。私にとっては、世界じゅうで何より恐ろしいのは母が泣くことだったのです。母は私の前でたぶん一度しか泣いたことがなかったから。でも、母は泣きませんでした。私の前ではこらえていました。そのあと、私たちは家まで歩きました。五、六キロほどだったでしょうか。黙ったまま歩きました。たぶん母のスマホには次から次へ着信があったはずだと思うのですが、私の頭の中では、黙りこくったまま歩いた記憶しかありません。それで、たしか翌日に、母はモスクワへ向かったのだったと思います。お葬式に。私は家に残りました。言いようもなく暗くて恐ろしい時間でした」

アンナ・ポリトコフスカヤはモスクワのアパートでエレベーターから降りたところを単独犯に銃撃されて殺された。それは一〇月七日、奇しくもウラジーミル・プーチンの誕生日だった。

引き金を引いたと思われる男は訴追された。だが、それを命じたのは何者か？　わからないままだ。後日、プーチンはアンナ・ポリトコフスカヤについて、その影響力は「きわめて取るに足らないもの」であったとコメントした。しかし実際には、アンナはきわめて「取るに足る」影響力の持ち主だった。プーチンの権力保持を脅かす非常に危険な存在だったのだ。アンナのように鋭くプーチンに迫ったジャーナリストは、ほかにいなかった。

そして、彼女の声は抹殺された。

第8章

ありきたりなお茶の席で

「Putin kisses a boy on stomach」

二〇〇六年夏。車列から降りてきたウラジーミル・プーチンが、クレムリンのほうへ歩いていく。ときどき、プーチンは親しみやすい指導者を演じたがる。「ナロード」【ロシア人民】に身近で気安く接する指導者を演じたいのだ。クレムリンへ向かう途中で、プーチンは金髪のロシア人男児に目をとめる。五歳くらいだろうか。そして、男の子の前にひざまずき、男の子のシャツをまくりあげて、お腹にキスをした。ユーチューブで「Putin kisses a boy on stomach」と検索すれば、動画が見られる。

気味の悪い映像だ。ひどく気味が悪い。

私は友人のロシア人女性に感想を聞いてみた。これはロシア的なしぐさなのか、と。ロシア人女性は答える。「私はショックを受けました。これはロシア的なしぐさではありません。まったくちがいます。断じてロシアの慣習などではありません。そうね、ロシア人だったら、ウォッカを一瓶あけたら多少は親しくなるかもしれないけれど、こんなふうにはなりません」

友人のロシア人女性の名前はマリーナ・リトヴィネンコで、彼女の夫はアレクサンドル・〝サーシャ〟・リトヴィネンコ、ＫＧＢ－ＦＳＢの元中佐だ。プーチンがひざまずいて男の子の腹にキスをした動画についてのリトヴィネンコの解釈と、それに対するクレムリンの対応が、世界じゅうでニュースとして報じられた。しかし、何が起こったのかを理解するためには、まず、二人の元ＫＧＢ工作員プーチンとリトヴィネンコの奇妙な関係が形作る背景を知る必要があるだろう。

ＫＧＢのキャリア職員だったリトヴィネンコは、ソ連が崩壊したあともＦＳＢと改名した組織に残り、組織犯罪対策部門に勤務していた。そのあいだ、リトヴィネンコは同僚のＦＳＢ職員たちが犯罪組織のために働いて賄賂を受け取っているケースをいくつも見た。正直で倫理観が強く腐敗を許さないリトヴィネンコは、同僚の見下げはてた汚職に憤慨し、腐敗の実態を詳しく記述した長文の報告書をまとめて上司に提出した。しかし、何度くりかえし訴えても、ＦＳＢの腐敗をただそうとするリトヴィネンコの努力は実を結ばなかった。「仕事のパートナーに騙されたら、借金が返済されなかったら、納入業者からの仕入れが滞ったら、どこに文句を言いますか？　暴力が金で買えるようになれば、需要はいくらでもあります。ビジネスを保護する見返りにみかじめ料を取る連中

――ロシア語で〈屋根〉を意味する〈クルイシャ〉と呼ばれる――があらわれるのです。初めのうち、それは犯罪組織のやる仕事でした。そのうちに、警察がやるようになる。やがてFSBの連中もことの真相に気づいて、ギャングと警察とFSBがマーケット・シェアを奪い合うライバル関係になる。警察とFSBが腕を上げるにつれて、ギャングは市場からはじかれる。とはいえ、多くの場合、競争するより協力したほうが利口だという話になって、FSBがギャングになってしまったのです」

まさしく、皮膚がはがれ落ちる前にユーリ・シェコチーヒンが警告していた事態そのものだ。

一九九四年、ベレゾフスキーは外車を輸入するビジネスで大儲けしていた。ベレゾフスキーはロシアの新興財閥【オリガルヒ】で、のちにプーチンをエリツィンの後任に強く推した人物だ。ロシアの自動車生産者たちは、ベレゾフスキーの存在が面白くない。解決策として、ベレゾフスキーの乗った車が爆破された。その結果、運転手が死亡したが、ベレゾフスキーは生き残った。この暗殺計画を捜査したのがリトヴィネンコだった。リトヴィネンコの正直で粘り強い捜査にベレゾフスキーは感謝し、二人は親しくなった。一九九八年、根っからのパワーブローカーであるベレゾフスキーは、リトヴィネンコをウラジーミル・プーチンに引き合わせた。ちょうどベレゾフスキーの後押しでプーチンが新しくFSBの長官になったタイミングだった。「プーチンに会いに行きなさい。自分を売り込むんだ。きみの力を借りて、われわれがどんなにすばらしい人物を長官の座につけたか、見てみるといい」

リトヴィネンコはプーチンに対して、FSB内部でどれほど腐敗が蔓延しているかについて報告した。当時リトヴィネンコが捜査していたのは、FSB工作員がウズベキスタンの麻薬売買の大物に〈屋根〉を提供しているという案件だった。しかし、それは大理石に小便をかけるようなものだった。プーチンと面会したあと、リトヴィネンコは妻のマリーナにこう話している。「目を見たらわかったよ、あいつは私を嫌っていた」

一九九八年一一月、FSB組織犯罪対策部門のリトヴィネンコと四人の同僚職員たちは記者会見を開き、FSB組織内の腐敗を糾弾し、有力なロシア人数人を誘拐殺害するよう上から命令された、と公表した。エリツィン時代の初めごろだったら、こんなことは新しくエネルギッシュな民主化の時代にはよくあるちょっとした騒ぎ程度のできごとだった。しかし、当時の社会の空気は険悪に傾いており、プーチンは面倒を起こした職員たちをクビにした。のちにプーチンはこう言っている。「リトヴィネンコは解任し、彼の部署は解体しました。FSB職員は記者会見などすべきではないからです。そういうことは彼らの職務ではありません。それに、内部のスキャンダルを公にすることも望ましくありません」

リトヴィネンコのみならず、リトヴィネンコに目をかけていたベレゾフスキーにとっても、これは不吉な前兆だった。二〇〇〇年、リトヴィネンコはトルコに出国し、アメリカ合衆国に政治亡命を求めたが、アメリカはこれを受け容れなかった。リトヴィネンコはさらにロンドンへ飛んだ。イギリスはアメリカよりも常識的だった。事実上、リトヴィネンコはMI6【イギリスの対外諜報機関】

に寝返ったことになる。イギリス秘密情報部は内々にリトヴィネンコの妻と息子をロシアから出国させ、二〇〇六年夏にはリトヴィネンコ一家はロンドン北部のアレクサンドラ・パレスで暮らすようになった。ベレゾフスキーもまたロンドンで亡命生活を送っており、ロシア秘密情報組織の最上部（もちろんプーチン自身も含む）までを蝕《むしば》む腐敗を捜査するリトヴィネンコに資金援助していた。

二〇〇七年に放送されたBBCのドキュメンタリー番組「パノラマ」の中で、リトヴィネンコはFSBから逃げている境遇について次のように語っている。「パラシュートで自由落下するようなものですよ。飛行機から飛び降りるときは、とにかく怖くてどうしようもない。下を見るとね。しかし、飛び降りてしまったら、もうできることはあまりない。落ちていくだけだ。もとに戻ることはできない。落ちていくしかない」

ブログに「プーチンの性的倒錯」

サーシャ・リトヴィネンコは、プーチンから見ればFSBを裏切った男であり、祖国を裏切った人間であり、クレムリンの支配者が大切にしているすべてを裏切った者なのである。プーチンが男の子の腹にキスをしたのを見て、リトヴィネンコはアレクサンドラ・パレスの安全地帯からブログをアップした――プーチンは小児性愛者である、と。

リトヴィネンコのブログは、リトヴィネンコ事件をまとめたサー・ロバート・オーウェンの報告書に全文が転載されている。元KGB大佐のリトヴィネンコは、某アパートで撮影されたプーチンの秘密映像も存在する、と言っている。スクラートフが二人の売春婦と戯れているコンプロマート動画が撮影されたのと同じアパートである。ただし、プーチンの動画で一緒に映っているのは若い少年たちだという。リトヴィネンコの話では、KGBの管理下にあるアンドロポフ対外情報アカデミーの上層部がスキャンダルをもみ消したが、ドイツ語が堪能であったにもかかわらずプーチンを西側へ送り出すことは止めた、という。リトヴィネンコの後年の説明によれば、プーチンは一九九八年にFSB長官に就任したあと、秘密の動画を探しまくったという。リトヴィネンコはブログの中でこう書いている。「若いころ撮られたコンプロマート動画を片っ端から探し出して消す工作に、プーチンは着手した。FSB長官の地位にある人間にとっては、難しいことではなかった。プーチンが探し出した動画の中には、FSBの国内治安局が保有する動画があり、プーチンが未成年の少年たちとセックスしている場面が映っていた」

ウラジーミル・プーチンに関してこれだけのことを言えば、この世に安全な場所はない。ひとつも。

はっきり言って、男の子の腹にキスをする行為はひどく不快であるし、どう見てもふつうではない。しかし、この場面を別にすれば、プーチンを小児性愛者であると断定する明確で実証可能な証拠はない。リトヴィネンコも、ブログの中でそうした証拠を提示していない。この時点で、リトヴィネンコも、リトヴィネンコを経済的・精神的に支援していたベレゾフスキーも、プーチンを憎悪していた。憎悪は情報収集活動にはマイナスだ。情報収集は、一歩引いて見る必要がある。何が確実で、何が確実でないのか、一歩引いて見たうえで評価する必要がある。ジャーナリズムにも同じ手法が求められる。記事が成立するかどうかは、複数の線から裏取りができているか否かにかかっている。この件については、FSBの国内治安局がプーチンに関するコンプロマート動画を握っていた、というリトヴィネンコの言葉しかない。だからといってリトヴィネンコの主張が本質的に真実性を欠くということにはならないが、プーチンの性的嗜好は、プーチンのその他の大半と同じく、不透明なのだ。情報収集においてもジャーナリズムにおいても、信頼性を担保するには記事を裏付ける証拠が必要だ。そうでなければ、相手にされない。リトヴィネンコの身に起こったことは、そういうことだ。リトヴィネンコの主張は十分な裏付けがなかったために、西側ではほとんど話題にされなかった。

しかし、クレムリンはこれを放ってはおかなかった。

アメリカ上院情報特別委員会の治安部長をつとめたこともあるポール・M・ジョヤルは秘密国家ロシアに関するアメリカの専門家で、クレムリンの内情に非常によく通じており、リトヴィネンコと親しかった。また、別の元KGB職員で退役少将のオレグ・カルーギンとも親しい間柄だった。ソヴィエトKGB史上で最も若くして少将となったカルーギンは、外国防諜《ぼうちょう》部門の上層部で世界じゅうの外国諜報《ちょうほう》機関に対する浸透工作の責任者だった。二〇〇六年七月、リトヴィネンコはカルーギンに宛てて、プーチンを小児性愛者だとするブログの下書きをファックス送信した。カルーギンはただちにこの情報をジョヤルに知らせた。二人とも首都ワシントンに住んでいた。

リトヴィネンコのブログの下書きには、ＫＧＢ職員として駆け出しのころに昇進が思わしくなかったプーチンの軌跡についても書かれていた。ジョヤルが内容を簡潔に要約して聞かせてくれた。

「リトヴィネンコのブログによれば、プーチンの伝記を含めて空白の期間をよく見ると、早い時期からあまり華々しいキャリアではなかった原因がわかる。プーチンはＫＧＢの幹部を養成するアンドロポフ対外情報アカデミーを卒業したあと、あまり重要でないＫＧＢのレニングラード支部に配属された。アンドロポフ・アカデミーの卒業生で、しかもドイツ語が堪能なのに、これはかなり異例な人事だ。つまり、卒業の直前に何かがあったのだ。同級生たちの話では、当局がウラジーミル・プーチンの本性に気づいた、小児性愛者だという疑いを抱いたのだ、という。本格的な調査を始めれば、もちろんスキャンダルになるおそれがある。それよりも、プーチンを国外に赴任させない言い訳をひねり出すほうが簡単だ。それから何年もたって、ＦＳＢの長官に就任したあと、プーチンは自分に都合の悪い証拠を探し出して廃棄しようと手を打ちはじめた。ブログに書いてあったのは、そういう内容だった」

リトヴィネンコが送信したファックスには、「プーチンの性的倒錯」をもっと何年も前から追っていた人物がいたと書いてあった。調査ジャーナリストのアルチョム・ボロヴィクで、プーチンが小児性愛者だとする記事を発表したが、一週間後に「謎めいた状況で死亡した」という。

ボロヴィクが死亡したのは二〇〇〇年三月、プーチンがロシア大統領に当選する数週間前のことだった。ボロヴィクはモスクワのシェレメチェボ空港を離陸したプライベートジェット機が墜落して、乗員乗客九人が死亡した事故にまきこまれたのだ。公式にはジェット機の除氷が不十分だったことが事故の原因であると説明されたが、当日はそれほど厳しい寒さではなかった。多くの人が、ボロヴィクは秘密国家に殺されたのではないかと疑ったが、その原因はプーチンの出生の秘密——私生児だったのではないか——を調査していたからだろうとするのが大方の見解で、リトヴィネンコがファックスした書面に書いたように小児性愛の性向を知ったことが原因だろうと考える人は少なかった。理由は定かでないが、リトヴィネンコが最終的に発表したブログの文章からは、ボロヴィクが小児性愛のことを知っていたとする記述は削除されていた。

ジョヤルは次のように述懐している。「たしかに、アレクサンドル・リトヴィネンコとボリス・ベレゾフスキーは、ウラジーミル・プーチンと一種の戦争状態になっていました。アレクサンドルが公表しようとしていたこの文書を見たあと、オレグ・カルーギンも私も公表はやめたほうがいいと、はっきりとアレクサンドルに言いました。あまりにも個人攻撃に過ぎるし、ショッキングな話題であるけれども、小児性愛を裏付ける十分な証拠がないから、と」。ジョヤルもカルーギンも、小児性愛の疑惑を持ち出すことによってリトヴィネンコが被るリスクの大きさを心配していた。

「リトヴィネンコのブログは、きわめて個人的な侮辱であり、個人攻撃でした。ロシアのような国のトップに対してこの種の攻撃をすることは、言うまでもなく、きわめて危険なことです。それに、はっきりと言うなら、この話を本気で受けとめる人間はほとんどいないでしょう」

たしかにそのとおりで、西側世界はリトヴィネンコのブログを無視した。しかし、モスクワはそうではなかった。二〇〇六年の夏、ロシアの国会（ドゥーマ）は、国家は国内外を問わず「テロリスト」と判明した者を殺害してよい、とする新しい法律を通した。ジョヤルは、「極端な手段を正当化する法律です」と言う。わかりやすく言うならば、暗殺を容認する法律だ。

人民に対する支配を行使する権力はプーチンにとって何より重要なことなのだ、とジョヤルは考えている。「ある意味、これは男の子のシャツをまくりあげて腹にキスをした行為と一脈通じているのです。私には許される、だからやるのだ、という――」。諜報アナリストのジョヤルは、自分は心理学の専門家ではないが、人間の行動をよく観察している、と言う。

リトヴィネンコは友人たちの警告に耳を貸さず、ブログを公表した。その年、二〇〇六年の一一月、リトヴィネンコはロンドン・メイフェアのミレニアム・ホテルで二人のロシア人とお茶を飲んだ。ごくありきたりなお茶の席だった。そして、アレクサンドラ・パレスの自宅に戻って数時間後、妻のマリーナに「具合が悪い」と訴えた。

リトヴィネンコは嘔吐しはじめた。いったん嘔吐しはじめたら、止まらなかった。すぐにリトヴィネンコは妻に言った。「毒物中毒だ」と。

マリーナは夫にそんなことをする人間がいるとは信じられなかったが、救急車を呼んだ。救急隊員は、季節性の風邪のようですね、と言った。マリーナが述懐する。「翌日、一一月の初めでしたが、夫はますます具合が悪くなり、血を吐くようになりました」

三日後、リトヴィネンコはバーネット病院に入院したが、医師たちは何が（あるいは何者が）原因なのか、わからなかった。「サーシャが最初に毒物中毒の検査をしてもらえないかと言ったとき、医師は、この患者は頭がおかしいのではないかという顔をして夫を見ました。お見舞いに行った私に、サーシャは『医者は私の言うことを信じてくれないんだ』と言いました」

リトヴィネンコはユニヴァーシティ・カレッジ病院に移されたが、ここでも、ロンドンで最高レベルの医師たちが首をひねるばかりだった。マリーナが話してくれた。「何気なく彼の頭を撫でたときに、髪がおかしいと気づきました。私の手にごっそりと毛が抜けてきたんです。私は『サーシャ、これはいったいどういうことなの？』と聞きました。彼も『わからない』と言うばかりでした。私はまた彼の髪を撫でました。すると、やっぱりまた髪がごっそり抜け落ちてくるんです」

リトヴィネンコの肌は水疱だらけになり、白血球の数値が異常に低くなった。しかし、リトヴィネンコは警察の捜査に協力する覚悟だった。自分に対する殺人事件を捜査する刑事たちの参考になるように、事件直前の自分の行動を伝えた。

死の床で、リトヴィネンコは最後の声明を出した。「あなたは一人の男を黙らせることはできたかもしれない。しかし、世界じゅうから響く抗議の叫び声は、ミスター・プーチン、あなたの耳の奥で生涯鳴り止むことはないだろう」

口をきく力が残っていた最後の日、息子の面倒を見るために自宅に帰ろうとする疲れはてた妻に向かって、サーシャは言った。「とても愛しているよ、マリーナ」。その夜、リトヴィネンコは意識不明に陥り、そのまま回復することはなかった。

医師団が見抜けなかった放射性毒物

最後の写真では、アレクサンドル・リトヴィネンコの髪は完全になくなり、緑色の病衣をはだけた胸にモニター機器の端末が貼り付けられ、それでも不敵な視線でカメラを見つめている。

ポッドキャスト「Taking On Putin（プーチンを糾弾する）」の中で、私は放射性毒物に詳しい人物に話を聞くことにした。疑り深いジャーナリストの性《さが》で、私は情報源の人物にあれこれ尋ねる。

スウィーニー「あなたはOレベル試験【大学入学資格試験】を通っていますか？」

ノーマン・ドンビー「それなりにね。私はサセックス大学の理論物理学名誉教授ですからね」

スウィーニー「その前は、どこで学位を取られました？」

ドンビー「最初の学位はオクスフォードです」

スウィーニー「オクスフォードの学位は簡単にもらえるんでしょう？」

ドンビー「カリフォルニア工科大学の博士号も持っていますよ」

スウィーニー「理論物理学で？」
ドンビー「理論物理学です。指導教官はマレー・ゲル＝マンでした。ノーベル賞の受賞者で、『クォークの父』と呼ばれる学者です」

そこでドンビー教授は音高くスピットファイアー・ビールのプルタブを開けた。

ノーマン・ドンビーは一流だ。専門家としてリトヴィネンコの毒殺に関する公聴会で妻マリーナ・リトヴィネンコの証言に立っている。公聴会はリトヴィネンコの暗殺から九年も経過したのちに開かれた。イギリス国籍の亡命者が大量破壊兵器を使って殺害された事件を調査するよりもクレムリンと良好な関係を保つほうが重要であるとイギリス政府が考慮した結果だ。

最大のミステリーは、リトヴィネンコの身に何が起こっているのかを、なぜ医師団が見抜けなかったのか、という点だ。髪が抜け落ち肌がはがれ落ちる恐ろしい死に方は、放射性毒物に共通の症状なのに。医師団はリトヴィネンコの血液をガイガーカウンターで検査した。それで何がわかったのか、私はドンビー教授に尋ねた。

「何も」

「何も検出されなかった？　放射性物質ではなかったということですか？」

「放射性物質でした。ただ、ガイガーカウンターで検出できる放射性物質ではなかったんです」

ガイガーカウンターは、人間にほぼいつでも影響を及ぼしている放射能を検出する。ガンマ線とベータ線だ。しかし、第三の放射線がある。アルファ線だ。アルファ線はガイガーカウンターでは検出できない。ロシアの毒物工場は悪魔のように巧妙な手口を使ったのだ。アルファ線は、ふつうの人が思い浮かべるような種類の放射線ではない。

しかし、誰か頭のいい人間が見破った。イギリスという国は、いろんな面でクズではある。雨が多すぎるし、食べ物はまずい。欧州連合【ＥＵ】からも離脱してしまった。けれど、イギリス国民は謎解きが好きだ。シャーロック・ホームズはヘンテコな帽子をかぶって、超人的な推理力を発揮した。イギリス的と言えばきわめてイギリス的だ。そして今回も、ベーカー街２２１ｂの住人に似ていなくもない誰かが謎を解き、クレムリンの鼻を明かしたのだ。

リトヴィネンコを殺した毒物をつきとめたのは、バークシャー州にあるイギリスの核兵器工場の立地する村オルダーマストンのチームだった。ドンビー教授によると、ユニヴァーシティ・カレッジ病院の医師たちは「これは奇妙だ。放射能のように見えるのに、放射能が検出できない」と考えたそうだ。そして、彼らはリトヴィネンコの体液サンプルをオルダーマストンに送った。オルダーマストンの研究者たちはいくつか検査をおこない、特徴的な放射線崩壊のパターンを探った。すると、二つの放射線が見えてきた。多量のアルファ線と、きわめて微量のガンマ線。この組み合わせからは、一つの結論しか出ない。研究者たちはアイソトープをポロニウム２１０であるとつきとめた」

「ポロニウム２１０ってのは、店で買えるんですか？」、私は辛抱強い教授に尋ねた。

「ノー」

殺人の道具として毒物を使った場合に言えることが一つある。思った以上に、その毒物から犯人像が見えてしまう、ということだ。ポロニウムは優秀な物理学者マリー・キュリーが初めて発見し、母国ポーランドにちなんで名付けた放射性物質だ。放射性物質は、それぞれに異なるアイソトープ（同位体）を持つ。たとえば、ポロニウム１８８もあれば、ポロニウム２０１もある。アイソトープは、いわばサラダドレッシングのようなものだ。サウザンドアイランド。ハニーマスタード。ガーリック。ポロニウム２１０はガーリック・ドレッシングのようなものだ。とてもはっきりとした特徴がある。しかも、リトヴィネンコを暗殺するのに使われた量は、ありえないほど多量だった。ドンビー教授によると、リトヴィネンコはなんと二六・五マイクログラムのポロニウムを飲み込んだようだという。

ドンビー教授は独自にいろいろ調べた結果、結論として、リトヴィネンコを殺害したポロニウム２１０はモスクワから南東七二〇キロのところにあるサロフ市のアヴァンギャルド原子炉由来の物質でしかありえないと断言した。念のため言っておくが、この話で『指輪物語』を思い出す読者諸氏がおられるとしたら、アヴァンギャルドやサロフは私がでっち上げた名前ではない。要するに、ガーリック風味のポロニウムをそれなりの量、それなりの厳選した純度で作れる施設は、ここ以外にはない、ということだ。

ドンビー教授は、殺人紅茶ができあがるまでの道すじを一つひとつ説明してくれた。まず最初に、ウラル地方のマヤークにある原子炉で、ビスマスに放射線を照射する。ビスマスは古代から知られている金属で、鉛や錫《すず》の仲間だ。放射能をおびたビスマスはサロフのアヴァンギャルド原子炉に運ばれ、ポロニウム２１０に転化される。次に、ロシアのどこかの国営毒薬製造施設で、それを金属から水溶性の物質に変えて、紅茶に混ぜられる物質にする。

「その話、どのくらい確実なんですか？」、私はドンビー教授に聞いた。

「九九・九九パーセントかな？　もっと九を増やしてもいいよ」

教授はスピットファイアー・ビールにふさわしい働きを見せてくれた。控えめで穏やかな口ぶりではあるが、ノーマン・ドンビーはわれらが時代のヒーローだ。

三人の容疑者、ポロニウム２１０の痕跡

秘密国家ロシアは究極のステルス毒物を使ったつもりだったにちがいない。そうはいくものか。イギリスの科学者たちが毒薬をポロニウム２１０と特定したあとは、毒殺者たちの足跡をたどるのは雪の上に残された泥棒の足跡をたどるのと同じくらいに容易なことだった。毒殺事件の容疑者として三人が浮上していた。三人とも、リトヴィネンコが体調を崩した日の午後から夕方にかけて会っていた人間だ。マリオ・スカラメッラ――少々変わったイタリア人で、諜報アナリスト兼陰謀セオリスト。リトヴィネンコとはピカデリーにある寿司バーへよく行く仲だ。あとの二人はロシア人

で、アンドレイ・ルゴヴォイとドミトリー・コフトン。二人はアーセナル対CSKA《チェスカ》モスクワのサッカーの試合を観戦する目的でロンドンに来ていた。二人はジンを飲み、リトヴィネンコは紅茶を飲んだ。

二〇〇七年一月、BBCテレビの時事ドキュメンタリー「パノラマ」向けに製作した「How to Poison a Spy（スパイ毒殺の方法）」という番組で、私はポロニウム210の痕跡を追った。

二〇〇六年一一月一日のお昼どき、リトヴィネンコは134系統のバスに乗って街の中心へ向かった。リトヴィネンコが使った切符にも、バスの座席にも、ポロニウムの痕跡は認められなかった。この時点ではまだ被曝していなかったということだ。ピカデリーのイツ寿司バーは？　ポロニウム210に汚染されていた。しかし、リトヴィネンコとスカラメッラが座っていた席にはポロニウム210の痕跡はなかった。奇妙だ。スカラメッラはハズレか？

こんどは、時間を遡《さかのぼ》ってポロニウム210の痕跡をたどる。

二週間前の一〇月一六日、元KGB職員で現在は大金持ちのルゴヴォイと、その友人でポルノ俳優からKGB工作員になったドミトリー・コフトンは、ナイツブリッジのパークス・ホテルに泊まっていた。ホテルの二つの部屋でポロニウムの検査がおこなわれた。結果は？　汚染あり。たしかにポロニウムの痕跡がある。ピカデリーのイツ寿司バーは、リトヴィネンコの行きつけの店だった。一〇月にロンドンを訪れたときに、ルゴヴォイとコフトンはピカデリーのイツ寿司バーでリトヴィネンコと会っている。寿司バーにはポロニウム汚染が見られたが、それから二週間後にスカラメッラとリトヴィネンコが座った席とはちがう場所だった。スカラメッラはハズレだ。

一〇月二五日、ルゴヴォイはふたたびロンドンにやってきて、シェラトン・パーク・レーン・ホテルにチェックインした。この旅行のあいだ、ルゴヴォイはリトヴィネンコと二、三度会っている。ホテルの一室は、ポロニウムでひどく汚染されていた。二〇〇七年一月の時点でもまだ、パーク・レーン・ホテルは問題の一室だけでなく八階の廊下全面が板で囲われている。二〇〇六年一〇月二八日、ルゴヴォイはブリティッシュ・エアウェイのGBNWX機で空路ロシアに戻った。ご想像どおり、機体の少なくとも一つの座席にポロニウム汚染が見つかった。同じ日にコフトンはハンブルクへ行き、子供たちに会っている。前妻と一緒に暮らしている子供たちで、まだ幼児と乳児だ。この三人とも、ポロニウムに汚染されていた。次にルゴヴォイとコフトンがリトヴィネンコに会ったのは、リトヴィネンコが毒を飲まされた日だ。午後四時半、ミレニアム・ホテルのパイン・バー。リトヴィネンコが寿司バーを訪れてから、ほんの一時間後だ。ここでポロニウムの汚染が急激に濃くなる。ルゴヴォイとコフトンは、もう一人のロシア人ヴャチェスラフ・ソコレンコと酒を飲んでいた。その日のビジネスが終わり、三人はサッカーゲームを控えてリラックスした雰囲気だった。リトヴィネンコはアルコールは嗜まない。いつも紅茶を飲む。

マリーナから話を聞いた。「ミレニアム・ホテルでルゴヴォイと会った、とサーシャは言っていました。このときに紅茶を飲んだ、と。紅茶はもうテーブルに運ばれてきていて、サーシャは紅茶に口をつけましたが、ぜんぶは飲まなかったと言っていました。あとになって、『あのときの紅茶はうまくなかった』と言っていました」

ロンドンじゅうでポロニウムの痕跡を追いかけた結果、リトヴィネンコが飲んだ紅茶にポロニウム210が入れられていたことが明らかになった。ものすごい線量の放射線、われわれの推計では四〇億ベクレルだ。正常な人体から検出されるポロニウムの線量は、二〇ベクレル程度でしかない。パイン・バーの汚染は驚くべき痕跡を残している。紅茶がはいっていたカップ、汚染。カップを下げたり洗ったり拭きあげたり他の客に出したりしたバーの従業員七人、汚染。パイン・バーそのものも汚染されており、事件から二ヶ月半たってもまだ休業中だ。汚染そのものは必ずしも致死的ではない。アルファ粒子はあちこち飛び回る性質ではないからだ。ただ、体内に取り込むと、命にかかわる。とはいえ、長期的なリスクはまだわかっていない。ルゴヴォイとコフトンはサッカーの試合観戦に行った。エミレーツ・スタジアムの座席も汚染されていた。

あらゆる情報から見て、リトヴィネンコを毒殺しようとする試みは一回ではなく複数回おこなわれたと推測できる。ポロニウムの痕跡をたどるかぎり、ルゴヴォイとコフトンがリトヴィネンコ毒殺の最も重要な容疑者だ。二人とも容疑を否認しているが。

ルゴヴォイのような金持ちならば、ポロニウム210を闇ルートから手に入れることも可能なのではないか、という議論もありうるかもしれない。首謀者はオリガルヒなのか、それとも秘密国家ロシアにほかの下手人《げしゅにん》がいるのか、ドナルド・レイフィールド教授に聞いてみた。

レイフィールド教授の答えは、次のようなものだった。「そう考えるには、ロシア国家や独裁政権というものの動き方を頭から否定してかかるしかありません。国際的な結果を招くおそれのある重大事件をロシア国外で起こすことなど、国のトップからの直接の命令や同意なくしては、ぜったいにありえないのです。北朝鮮や中国と同じです。何をやらかすかわからない危ない人間は、ロシアではすでに排除されています。そういうことは起こらないのです。一人のビジネスマンが他のビジネスマンを抹殺したいと思うことはあるかもしれませんが、それなら税務当局に告発して財産を搾り取らせれば済むことです。しかし放射性物質を使った殺人となると、しかも使われる放射性物質が決まった一カ所からしか入手できないものだとするなら、国の力でその物質を分離精製して、運搬して、包装して、実行犯を訓練したりして、と何百万ドルの金がかかるんですよ？ プーチンからの直接の命令がなければ、考えられませんよ」

「パノラマ」の番組取材のために、私はモスクワとサンクトペテルブルクへ足を運び、「ポロニウム210は店で買えますかね？」というキメの質問を会う人ごとに発してみた。当時、私の恋人だったトミコ・ニューソン（その後結婚し、離婚し、いまもいい友人関係だが）がモスクワに立ち寄り、尾行されていないかどうか確かめながらショッピングをし（なかなかの名演技だった）、そのあと密かに撮影した動画をイギリスに持ち帰ってくれた。ある夜、私たちはホテル・ウクライナの部屋で声高らかに「Land of Hope and Glory」【イギリス愛国歌、エルガー作曲「威風堂々」の中間部メロディー】を歌った。ロンドンでは考えもしないことだ。

ロシア大統領府のドミトリー・ペスコフ報道官にインタビュー

「パノラマ」が入札したプロジェクトで、私は泣く子も黙るロシア大統領府のドミトリー・ペスコフ報道官にクレムリンでインタビューする機会を得た。ＢＢＣの時事報道部はいつも資金難で、このときの取材も番組プロデューサーなしでフリーランスのカメラマンだけを連れていった記憶がある。正直言って、クレムリンの巨大な赤い壁の前に立ち、ゲートを通り抜け、背後で静かにドアが閉まったときには、心臓がちょっとバクバクした。ペスコフはボラのような顔にゲジゲジのような口ひげを生やし、どことなく悲しげな雰囲気で、あまりパッとしないサッカーチーム、言うならロザラム・ユナイテッドの肩を落とした監督みたいな風情の男だった。英語は流暢で、穏やかな口ぶりだった。サーベルではなくて、細身の短剣という感じ。そして、じつに見事に嘘をつく。私は、リトヴィネンコがブログでプーチンを小児性愛者だと書いたあとに暗殺されたことを指摘して、ペスコフに迫った。プーチンが男の子の腹にキスをしたのは間違いない。プーチンは小児性愛者なのですか？

「いいえ」ペスコフは言下に否定した。非常におもしろくない質問をされた、という目つきだった。

ＢＢＣはその部分を編集でカットした。たしかに、私はリトヴィネンコがその点を証明できたとは思っていなかったし、当時はカットをめぐってＢＢＣとのあいだでたいした言い合いにはならなかった。いまだったら、抵抗したと思う。私はリトヴィネンコがフェルシチンスキーと共著した

『Blowing Up Russia（ロシアを爆破する）』を引用して、本の中でモスクワ高層アパート爆破事件の背後にはプーチンがいると明白に非難されていること、そのあとで著者の一人がロンドンで毒殺されたこと、を指摘した。その話は真実ですか？　私はペスコフに質問した。

ペスコフはこう答えた。「いいえ、真実ではありません。本の中で彼がロシアのアパート爆破事件はプーチンとＦＳＢのせいであると書いているのは、現実とはいっさい関係がありません。実際、これはまあ私の個人的な意見ですが、これは、そうですね、病気の頭が考えついたこと、と言いますか」

ペスコフは静かに笑った。「英語でどう言えばいいのか、わからないのですが」

スウィーニー「精神異常、とか？」

ペスコフ「そう、精神異常です。精神異常。つまり……」

スウィーニー「精神を病んでいた、と？」

ペスコフ「そうですね、私の理解では、ロシア政府が自国民の住む家を爆弾で吹き飛ばすなどという話は、精神を病んでいる人しか考えないでしょう」

マリーナ・リトヴィネンコは、こう言っていた。「厳密にはプーチンがサーシャを殺したと言い切れるかどうかわかりません。でも、ロシアで起こるすべてのことの背後にプーチンがいるということは言い切れます」
私はその言葉をペスコフに伝えて迫ったが、ペスコフは「はっきりお答えします、ロシアはそのようなことをしていません。考えるだけでも馬鹿げています」と言っただけだった。
スウィーニー「ということは、そう言っているマリーナ・リトヴィネンコが嘘つきだということですか？」
ペスコフ「その発言については、そうです」
スウィーニー「彼女が嘘つきだと？」
ペスコフ「はい。ロシアがサーシャを殺したと言うのなら、その言葉において彼女は嘘つきです」
スウィーニー「彼女の身は安全でしょうね？　彼女の身には何も起こりませんよね？　批判的なことを口にしたからといって」
ペスコフ「イギリス警察にしっかりお願いしたいですね。彼女はロンドンに住んでいるんでしょう？　彼女の身が安全かどうか、イギリス当局に聞けばいいのではありませんか？　彼女はモスクワに住んでいるわけではありません」
「パノラマ」の番組は、最後をマリーナ・リトヴィネンコの言葉で締めくくっている。「もっと悪いことが、また起こる可能性があります。リストに載っている人たちが、まだ残っているから。ポロニウム２１０で殺されたのは、このリストから二人です。ほかの人間を殺すのに、次は何を使うでしょうか？　核爆弾？　次は何なのか、教えてくれませんか？」

彼女の質問に対する答えは、化学物質を使った大量破壊兵器だが、ここでは話を先に進めよう。

リトヴィネンコの毒殺を受けて、ノーマン・ドンビー教授が考えたことがある――ロシアは初めてポロニウム２１０を使うのであれば、標的にイギリス在住の人間を選ぶはずはないだろう、と。最初にロシア国内で試しに使ってみるはずだ、と。教授は、チェチェン兵士レチャ・イスラモフの不審な死に方を調べてみた。イスラモフは九年の懲役刑を受けてモスクワの刑務所で服役中だったのだが、二〇〇四年四月、その身に恐ろしいことが起こった。

以下は自由チェチェンの元外相アフメド・ザカエフから聞いた話だ。「イスラモフがモスクワの刑務所から移送されて残りの刑期を過ごすはずの刑務所に向かうことになっていた前の晩、二人の男が面会に来ました。ＦＳＢの人間です。イスラモフをロシア側に寝返らせようと説得しにきたのですが、イスラモフはロシアの諜報組織の手先になることを拒絶しました。三人は一緒にお茶を飲みました。翌日、次の刑務所へ移送される途中で、イスラモフは非常に体調が悪くなりました。そして、いちばん近いヴォルゴグラードの病院に搬送されました」

イスラモフの弁護士が、そのときの病状をこう説明した。「口をきくことも体を動かすこともできず、頭髪は完全に抜け落ち、ひげも眉も抜けてなくなり、頭や手の皮膚がはがれ落ちていました」

イスラモフの症状はリトヴィネンコの症状と同じだが、もっと急性だった、とザカエフは言った。「レチャは一〇日で死にました。サーシャ［リトヴィネンコ］は二三、四日持ちこたえました。病院で医師団が必死の看護にあたったからです」

ロシアで行われた三人のポロニウム毒殺

ドンビー教授が注目した二件目の毒殺案件は、ロマン・ツェーポフだ。ツェーポフは昔からリンクトペテルブルクに縄張りを持っていたギャングで、一説によれば、盗品のエメラルドをリュドミラ・プーチンにプレゼントしたという男だ。ツェーポフは副市長の秘密を知りつくしている人物だった。ギャングから謝礼として預かった「黒い金」をプーチンに何度も渡したと言われている。アメリカの諜報アナリスト、ポール・ジョヤルによれば、ツェーポフと相棒のヴィクトル・ゾロトフはバルチック・エスコートという警備会社を経営していたという。一九九〇年代にはサンクトペテルブルク市と契約してサプチャーク市長や副市長プーチンの身辺警護を請け負っていた。ゾロトフはボディーガードとしてプーチンについてモスクワへ行き、プーチンの親衛隊すなわちロシア国家親衛隊トップの地位にまで上り詰めた。ロシア連邦安全保障会議のメンバーにもなった。ツェーポフもプーチンの大統領就任式典には同席している。しかし二〇〇四年秋になり、雲行きが怪しくなった。

二〇〇四年九月一一日、ツェーポフは地元のＦＳＢ支部を訪れて同僚たちと会い、お茶を一杯飲んだ。その同じ日に、ツェーポフは体調を崩した。症状は嘔吐、下痢、白血球数の急激な減少だった。頭髪は抜け落ち、皮膚は水膨れになった。そして、死亡した。

ノーマン・ドンビー教授は次のように言う。「放射線中毒で死亡したと思われる三人のロシア人は、ユーリ・シェコチーヒン、レチャ・イスラモフ、ロマン・ツェーポフです。三例とも放射線中毒のように見えますが、放射線は検出されていません。リトヴィネンコのときも、なかなか判明しませんでした。だから、ロシア側の正式な診断名は『原因不明』なのです。リトヴィネンコの場合も、プーチン一味はそれを狙っていたのでしょう。一切の証拠を残さず暗殺できることを示したかったのだと思います。前の三回は、それでうまくいきました。この三人のロシア人については、ポロニウム２１０だったかどうか、百パーセント断言はできません。オルダーマストンがやったような検査をしていませんからね」

しかし、教授の推論は信憑性がある。ロンドン在住のこれだけ目立つ標的を相手に、ロシアが一度も事前テストをおこなわずにポロニウム２１０を使ったとは考えにくい。

イギリスの市民権を取っていたリトヴィネンコが苦悶の中で死んでから一年後、イギリス政府は事件への対応として四人のロシア人外交官を国外追放にした。こんな手ぬるい処置では予想できることだが、その後もクレムリンの手による大量破壊兵器がイギリス国内で暗殺に使われたケースがあとを絶たない。

私はノーマン・ドンビー教授に尋ねた。「イギリス政府は点と点を結ぶ努力が遅すぎたと思いますか?」。ドンビー教授は答えた。「イギリス政府は、はっきり言って、何もしていません。ロンドンで金を使うロシアの富豪がものすごくたくさんいるからでしょう。ほかに理由は考えられません」

アメリカの諜報アナリスト、ポール・ジョヤルは、リトヴィネンコがプーチンを小児性愛者と断じたことが「転換点だった」と確信していると言う。「リトヴィネンコを始末したいと考えている人間は、たくさんいました。しかし、あの殺し方は本当に残酷です。要するに、リトヴィネンコは体の内部からポロニウムによって溶かされて死んだのです。そして、それは原因不明の死で終わるはずでした」

ロシアは惜しいところまで行った。

ジョヤルの事実上の推論は、こうだ。プーチンが国外赴任を待っている時点でセックスライフに関する何らかの問題があったという事実を知っているKGB内部の情報源を、リトヴィネンコはつかんでいた。リトヴィネンコはその問題がプーチンの小児性愛だと考えていたが、ジョヤルはちがう意見で、「プーチンは小児が相手ではなく若い男たちを相手に性的関係を持っていた、という情報だと思います。ゲイとは限りません。それはちょっと強引すぎるでしょう。プーチンの場合は、権力の行使に絡んだ問題なのだろうと思います。ＫＧＢはこのことを知っていたので、プーチンを西側へ出すのをやめて、東ドイツに赴任させたのです。小児性愛が確認された事実かどうかというと、いささか怪しいと思います。もしもプーチンが小児性愛者なら、東ドイツにも派遣されなかったでしょう」

プーチンがゲイだと断言するのは誤りである、誇張しすぎである、とジョヤルは考えている。プーチンがバイセクシャルだと言うのも言いすぎかもしれない、と。「バイセクシュアリティから来る本物の性的関心なのか、それとも、自分より弱い者に対して力を行使したいという動機から来るものなのか、よくわかりません。プーチン自身が幼い頃にこの種の虐待を受けていたかもしれないという指摘もあります。この行動はある種のリベンジなのかもしれません。プーチンを動かしているのは性的嗜好よりむしろ権力欲や支配欲なのではないかと感じるエピソードを聞いたこともあります」。誰でも——ウラジーミル・プーチンでも——自分の性的嗜好を決める自由はある。問題なのは、バイセクシャルではないかと噂のある大統領が、同性愛を実質的に犯罪とみなす国において権力を握っているという点なのである。

ウラジーミル・プーチンの私生活について知ったことを公表した人間が次にどんな目に遭うかを考えると、血の凍る思いがする。ジョヤルがこんなふうに説明してくれた。「自宅でサンクスギビングのディナー・パーティーを開いていたときに、アレクサンドル・リトヴィネンコの死を聞きました。電話がかかってきたのです。サンクスギビングでうちのパーティーに来ていたのは、カルーギン少将夫妻、ソ連時代の外相、それと著名なロシア評論家でした。アレクサンドルの死を知ったあと、何ができるか、皆で話しあいました。そして、ロシア政府が考えうる最も残虐な方法でリトヴィネンコを暗殺したのだという私たちの確信をまとめて形にしよう、と決めました。それがNBCの『デイトライン』につながったのです」

ジョヤルもカルーギン少将もNBCのドキュメンタリーに登場し、その番組は二〇〇七年の初めに放送されたが、この時点ではまだリトヴィネンコの死についてたくさんの陰謀説が流布していた。ジョヤルはこう話してくれた。「ロシア側は彼の死に関してたくさんの偽情報を流しました。リトヴィネンコを殺したのはベレゾフスキーだとか、リトヴィネンコに愛想を尽かしたMI5が始末したのだとか。その結果、誰の犯行だったのか、情報が錯綜していました。ロシア側が流した情報のなかには、リトヴィネンコ本人が間違ってポロニウムを摂取してしまったのだ、とする説までありました」

私自身BBCの「パノラマ」の中でリポートしたから、たしかにこういう状況だったことは承知している。私たちの出した結論は、一点の曇りもない明快なものだった。すなわち、リトヴィネンコはロシア秘密警察の手で放射性毒物によって殺されたのである、と。しかし、ロンドンでもワシントンでも、この結論に懐疑的な手合いは少なくなかった。怖いのか、警戒しすぎなのか、黒い点をつないでみようとしなかった人々だ。私自身は二〇〇〇年にリャザンやチェチェンの現場に足を運び、プーチンの誕生日に暗殺されたアンナ・ポリトコフスカヤの生前の活動を知った以上、これ以上クレムリンに対して見て見ぬふりをする気はない。

暗殺か、自然死か

ＮＢＣの「デイトライン」も私たちと同じ立場を取り、リトヴィネンコは秘密国家ロシアによって殺害されたのだと結論づけた。ここまでに紹介した以外にも、ＮＢＣの「デイトライン」に登場した人物がいた。「タイムズ」紙の記者、ダニエル・マクグローリーだ。私自身は「オブザーバー」紙の取材で戦争記者として走りまわっている時代からダニーと面識があった。ダニーは勇敢で優秀なジャーナリストで、「マクグローリー・ザ・ストーリー」のニックネームで知られていた。ダニーは「デイトライン」のインタビューに答えて、リトヴィネンコは「背後に国家の影がある暗殺事件」で殺された、と語った。そのインタビューを録画した五日後、マクグローリーは遺体で見つかった。ジョヤルがこんな話を聞かせてくれた。「ダニーは番組がアメリカ国内でオンエアされるより前に死んだんだと言ったら、ある友人が『きみもよく気をつけたほうがいいよ』と言った。だから、『何言ってんだ、ぼくには何も起こりゃしないよ』と言い返した」

イギリスでの検死の結果、マクグローリーは脳出血による自然死だったと結論が出た。遺族もそれで納得した。マクグローリー家は「彼が自然死だったとする検視官の評価に完全に満足しています」とする声明を発表した。「私たちの愛する夫であり父であった人が殺人事件の犠牲者でなくてよかったと思います。経験豊富なジャーナリストが自国において敵対的な外国の手によって処刑されたのではないかという申し立ては、非常に重いものです。もしそれが真実だったとしたならば、私たち一家だけでなく、この国の調査ジャーナリズムひいては国際的外交関係にまで甚大な影響を及ぼすことになるでしょう。ダニエル・マクグローリーの家族と友人たちは、誰よりもそのことを懸念しています。ダニエル・マクグローリーがロシアの工作員によって暗殺されたという申し立ての根拠には何の事実もないと、私たちは信じています。メディアや政治あるいはもっと広い世界の方々には、こうした申し立てを事実として喧伝したり十分とは言いがたい証拠にもとづいて調査に乗り出す前に、よくよく慎重に考えていただきたいと思います」

ダニー・マクグローリーは暗殺されたのか、それとも自然死だったのか、と私はポール・ジョヤルに尋ねてみた。ポールの答えは、こうだった。「さあ、わからないな。どちらとも言えない。その疑問に確信をもって答えられるほど厳密な調査がおこなわれたとは思えないからね。もしかしたら、ロシアの諜報機関が、研究所の能力を総動員して、脳出血を起こす毒薬を作るのに成功しているかもしれない。そういう視点から考えはじめないと、彼が毒殺されたのかどうかという微妙な質問には答えが見つからないと思う」

私の個人的な経験からすると、イギリスの検視官のレベルはさほど高くはないと思う。資金力も足りないし、頭が体制寄りすぎて、自分たちの検死結果にあまり自信を持っていないようだ。しかし、私としては、検視官の結論や遺族の心情に異を唱えるだけの具体的証拠を持っているわけではない。彼らは善意の人々であり、聡明な人々だ。十分な証拠もなしに事件を特定の原因に結びつけることには、つねに危険がともなう。哲学で言うならば、それは直接的推論であって、論理的帰結ではない。

ダニー・マクグローリーの身に、ほんとうは何が起こったのか？　正直なところ、私にはわからない。

ポール・ジョヤルは、ＮＢＣ「デイトライン」で収録した長時間にわたるインタビューの中で、「決め手となったポイントは、アレクサンドルがプーチンをクレムリンの小児性愛者であると主張したことだったと思う」という自説を披露した。その部分は、放送ではカットされた。ジョヤルは長尺のインタビューの書き起こし原稿をロシア側が手に入れたのだと考えている。ジョヤル自身、そう考える理由は厳密には説明できないのだが、本人の中では確かな情報にもとづく論理があるらしい。ジョヤルは続けて、こんな話をした。「放送の四日後、ぼくは家に帰ってきて、車寄せに車を入れた。あたりは真っ暗で、雨が降っていた。そのとき、植え込みの陰に隠れていた二人の男が襲いかかってきた。一人目を相手にしているあいだに、後ろからも襲われた。後ろから殴ってきた男をなんとかやっつけたあと、ふりむきざまにもう一人に反撃した。そいつを地面に押し倒したら、そいつが見えないところにいるもう一人に『撃て』と言った」

ジョヤルは九ミリ弾で撃たれ、弾丸は腸と膀胱を貫通した。襲撃者たちはジョヤルの頭を狙ってもう一発撃とうとしたが、拳銃が故障した。そのとき、体重一〇〇キロ近くもあるジョヤルの飼い犬が襲撃者たちに襲いかかり、追い払った。ジョヤルは三〇日間も人工呼吸器につながれ、三年半で七回も手術を受けなければならなかった。

ジョヤルを殺害しようとした男たちは、いまだにつかまっていない。

第9章

ロシア最大のラブ・マシーン

対抗馬にコンプロマートセックス動画

ウラジーミル・プーチンの私生活を調べたりすると、ややこしいことになりかねない。二〇二一年、私はロシアで活動中の最も勇敢なジャーナリストの一人ロマン・バダニンとZｏｏｍ《ズーム》で会談することになっていた。バダニンはロシア独立系報道サイト「プロエクト」(「プロジェクト」のロシア語)ウェブサイトの記者だ。私はバダニンがすっぱ抜いたばかりのプーチンに関するスクープ、プーチンに愛人と隠し子の娘がいたというスクープについて話をしたいと思ったのだ。しかし、バダニンとのズームはつながらなかった。何が起きているのかと思って、私はツイッターに目を通してみた。すると、モスクワ警察がいまバダニンの自宅を手入れ中、というツイートがあがっていた。

だからズームに出ないわけだ。ツイートの続報には、バダニンが尋問のためモスクワ警察に連行された、とあった。これではこの先どれだけ待ってもバダニンとは連絡がつかないかもしれない。

恐怖で吐き気がしそうだった。

ロシア人女性ナタリヤ・ペレヴィナは野党の有力メンバーで、ウラジーミル・プーチンに批判的な存在として知られている。ナタリヤが言った。「あんなことがあったあとでは、いったいどうすれば物事が正常に戻るのか、わからない日々が続きました。あまりにもひどいことで。痛みも、恥も、何もかも果てしない気がしました」

プーチンに勇敢に立ち向かった結果、人間としての尊厳をとことん傷つけられたナタリヤは、自殺まで考えた。二〇一六年、ナタリヤと、プーチン政権の最初の首相だったミハイル・カシヤノフ（大統領選でプーチンの対抗馬と目された）はベッドの中でのことを動画に隠し撮りされた。コンプロマートセックス動画はその晩の全国テレビのトップニュースとして放送され、いまだにインターネットやユーチューブのあちこちに残っている。ナタリヤが言う。「私は完全に徹底的に打ちのめされました。世界が崩れ落ちて、残されたものは何ひとつなくて、私はもう生きているのさえ嫌になりました。大げさに言っているのではありません。私は中傷されただけでなく、裸の姿をさらされたのです。女として耐えがたい姿を暴かれました。あのあと、世界じゅうからメッセージをもらいました。ああいう動画を晒されたあと自殺した友だちがいる、と。ああいうものが晒されたあとには自殺してしまう人だっているということです。しばらくのあいだ、私も生きていたいとは思いませんでした」
ロシアでは、プーチンの敵には私生活というものはない。ベッドルームの秘めごとは、すべて晒されてしまう。しかし、ウラジーミル・プーチンについては、単純な事実さえ誰も知らないのだ。子供は何人いるのか？　誰との子供なのか？　もしかして、その子供たちは途方もない金持ちになっているのではないか？

スウィーニー「ナタリヤ、きみはロシア秘密国家によってセックス・スキャンダルを晒された。ウラジーミル・プーチンの命令だと考えてほぼまちがいないと思う。ウラジーミル・プーチンの性生活について話してくれないか？」
ナタリヤ「ええ、ぜひやりたいわ」

ナタリヤは劇作家で、生まれはロシアだが、幼い頃にイギリスに移り、ロンドンの大学で学んだ。二〇一二年、ナタリヤは母国ロシアに戻った。そしてモスクワ劇場占拠事件を題材に演劇の脚本を書いたが、上演されるとその晩のうちに上演禁止になった。ウエスト・エンドの手厳しい批評家たちも真っ青の即断だ。ナタリヤは堂々と政権批判をしたので、警察は二度もナタリヤの自宅を手入れし、コンピューターやスマホを押収していった。
しかし、コンプロマート動画はそれよりはるかにタチが悪い。「ロシアのプロパガンダ・チャンネルNTVは、カシヤノフと私が当時使っていたアパートのベッドルームを盗撮したんです。カメラは壁に埋めこまれていました。私たちのあられもない姿が映っていました。こんなことになるとは想像してもみませんでした。二〇一二年に、体制と戦うつもりでロシアに戻ってきたときには、ウラジーミル・プーチンがこんな化け物のような存在になろうとは思っていませんでした。結果的に、私は裸でセックスしているところをテレビに映されたんです」

やったのは誰だと思う？　いや、技術者のことではなくて、ロシア政府のトップで、誰が命令をしたんだと思う？　こんな動画をロシアのテレビのプライムタイムに流そうなんて？

「ミスター・カシヤノフと私は、プーチンが許可をしたと思っています。だって、プーチンに黙ってやるなんて、ありえませんから。ミスター・カシヤノフは元首相だっただけでなく、プーチン政権の最初の首相でもあったんですから。仕事の相棒どうしじゃありませんか。だから、FSBがプーチンのOKなしにこういうことをするなんて不可能です。これを考えついたのはプーチンではないかもしれません。でも、このアイデアが出されたとき、プーチンは許可したんです。それを受けてFSBが実行したのだと思います」

私はナタリヤに言った。カップルとしての二人を気の毒に思うし、人間としてナタリヤを気の毒に思う、こんなことをした人間に嫌悪を感じる、と。ナタリヤは答えた。「ありがとう。そう言っていただけて。おっしゃるとおり、私も嫌悪を感じるし、ああいう連中は他人の人生なんてなんとも思っていないのね。まして、人間関係とか人間の尊厳とかは。自分たちもそういうものとは無縁なのだわ。こんなことで潰れたりしたら連中の思うつぼで悔しいから、このおそろしく惨めな現実を耐えぬいて、トンネルの先に光明が見えることを祈るしかないの」

クレムリンの支配者は全面的に否定するが、プーチンに批判的な人たちは、プーチンが他人を潰すために辱めの手法を利用すると主張している。それでいて、プーチン自身の私生活は秘密の壁に隠されたままだ。そのコントラスト、その恥知らずなまでの偽善は声をあげて笑ってやりたいくらいである。被害者たちの身に降りかかる恥辱がこれほどどす黒いものでなければ。

クレムリンのプロパガンダ工場

プーチンは自分のパブリックイメージを徹底的にコントロールする。北朝鮮の太りすぎた独裁君主金正恩《キムジョンウン》の背後からインチキの日光が差しかけている映像など、かわいいものだ。ハリウッドのスターたちがサイエントロジー教会の教祖を崇拝するなんて、無邪気なものだ。世界じゅうでウラジーミル・プーチンの個人崇拝ほど金のかかっているものはない。ただし、大ウソにありがちなことだが、その一部には真実も含まれている。

問題はどんな観衆を狙っているか、だ。クレムリンのプロパガンダ工場が作り出す絵は、私もいやというほど見てきた。上半身裸で馬に乗るプーチン。上半身裸で釣りをするプーチン。潜水艇で波の下へ沈んでいくプーチン。海底の基地へ向かう007の悪役さながらだ。仲良しのセルゲイ・

ショイグ国防相とピックニックを楽しむプーチン。シベリアの凍りそうに冷たい湖でバタフライを泳ぐプーチン。どれを見たって拍手する気にもなれない。私には、この男も不幸で愛情に飢えた生い立ちだったんだろうな、笑いものにされるのが嫌なんだろうな、ありとあらゆる分野を支配したいんだろうな、と見えるだけだ。実際に伝わってくるのは、ガキがリベンジに躍起になっている姿でしかない。とは言っても、私はプーチンが標的にしている観衆ではないのだ。

ときとして、イメージアップの演出家がヘマをやって、仮面の下の本当のプーチンが垣間見えてしまうことがある。二〇一三年、プーチンはセイウチと握手をしイルカに餌をやっている場面を写真に撮らせた。見え見えのパフォーマンスだ。そのあと、プーチンはウラル地方クルガンの中学校を訪れ、生徒たちの前でホワイトボードに何かを描いてみせた。生徒の一人が「何の絵ですか？」と聞くと、プーチンは「猫だ。後ろから見たところ」と答えた。それは猫のケツの穴の絵だった。私の目には、これこそウラジーミル・プーチンの不滅の魂がくっきりと見えた場面だった。

イメージアップをめざす連中は、プーチンを賛美する二〇〇〇年代風のポップソングまで作った。質の悪いＬＳＤでキメそこなったあとにできの悪いアバのリフレインを聞かされている感じを想像していただければ、だいたいの曲想が伝わると思う。歌詞はもっとひどい。

ウラジーミル・プーチンみたいな人が最高よ、炎の男
ウラジーミル・プーチンみたいな人が最高よ、酒を飲まない男

ウラジーミル・プーチンみたいな人が最高よ、安心な男
ウラジーミル・プーチンみたいな人が最高よ、立ち上がって戦う男

サウサンプトン大学の社会学者チャーリー・ウォーカーは、ロシアの庶民をよく知っていて、私のようにプーチンを嫌悪してムカツキ・ゲロゲロスキー的に受け止める見方では、一般のロシア人がプーチンをどう受け止めているかを見誤るおそれがある、と言う。「プーチンが受けを狙っている相手は、昔ながらのロシアの一般大衆なのです。プーチンが演じる異常に男くさいキャラクターは、大統領に就任したときから変わっていません。プーチン崇拝は、第二次チェチェン戦争でプーチンが飛行機やヘリコプターを操縦する姿を見せたところから始まっています。プーチンが大統領になると、クレムリンはまた新たなストーリーを打ち出しました。長きにわたるボリス・エリツィンの支配から脱したいまこそプーチンはロシアが『絶対に必要とする』行動派である、という宣伝文句です。エリツィンは道化だ、西側に寝返った男だ、というわけです。ロシアはコントロール不能に陥っていました。エリツィンは肉体的にも人格的にもコントロール不能になっていました。そこへプーチンが登場したので、人気は急上昇しました。PRチームが打ち出した行動派の男への崇拝もあったと思います。馬にまたがる姿とか、釣りをする場面とかは、いわば意図的に一般大衆に受けようとする狙いです。プーチンが体現してみせる野外を好む男くさいイメージは、大半のロシア人にはよくわかる感覚なのです。とくに兵役を経験したことのある労働者層には。ソヴィエト時

代に育った人間は、ほとんどが兵役を経験していますからね。というわけで、友人と釣りに行き、湖畔のキャンプファイアでケバブを焼いたり魚を焼いたりする場面になるわけです。インタビューで、プーチンは、大自然の中にいると『ロシアの人々を非常に親しく感じる。ふつうの人々を近く感じる。私は自分をエリートだと思ったことはない』と言っています。上半身裸で馬に乗るとか、釣りをするとか、そういう場面は一般大衆に非常にわかりやすいのです」

プーチン崇拝は、どうやって始まったのですか?

チャーリー・ウォーカーの説明は、こうだ。「プーチンが大統領候補になって選挙に勝ったとき、最初にPRを担当したのがグレブ・パヴロフスキーでした。パヴロフスキーは、自らそれをプーチン崇拝と称して、広めるのに尽力しました。パヴロフスキーが対象にしたのは、エリートや知識階級ではありません」

プーチンの妻と娘、愛人

ザリーナ・ザブリスキーはロシア生まれの小説家だが、現在はアメリカに住んでいる。プーチン政権のもとではテロリストと宣言されているので、帰国できないのだ。本人の反応は? 「私は断固としてテロリストなどではありません。でも、私は作家であり、作家はたしかに危険な人種です」。ザリーナはプーチンの私生活を調べている。プーチンの妻だったリュドミラ・プーチナと二人の娘たちから話を始めよう。この三人は並外れて裕福であり、そうなった経緯は合法的に説明がつかない。リュドミラはモスクワにある有名な大邸宅を管理しているという話だ。トルストイ一家が住んでいた大邸宅で、賃貸料だけで毎年何百万ドルという金がはいってくるという。リュドミラはロシア全土にわたって事業を展開し資産を運営していると言われ、その中にはカリーニングラードの貸家も含まれている。

二〇二二年のウクライナ侵攻以前には、プーチンの娘たちマリア・ヴォロンツォワとカテリーナ・チホノワについてはほとんど何も知られていなかった。ザリーナが二〇二一年に聞かせてくれた話を紹介しよう。「まず最初に、私たちが聞いているのは、娘だと言われている人たちについて、だということです。プーチンは公式には彼女たちを娘だと認めていないし、二人とも偽名で暮らしているからです。最近になってようやく、二人はサンクトペテルブルクの経済フォーラムに姿を見せました。二人とも偽名を使っていましたが、超セレブの待遇、まるでツァーリの娘たちのような待遇を受けていました。

ある意味、そのとおりだ。

ふつうでないのは——調査ジャーナリズムにおいては、ふつうでない事例には必ず注目する——この二人の若い女性には働いた経歴がひとつもなく、どうやって大金を手にしたのか根拠もなく、しかも皇族のような待遇を受けている、ということだ。それは、この二人がプーチンの娘だからだ。娘二人も、母親も、三人ともどう見ても眉をひそめざるをえないほど金持ちだ。何百万ドルどころか、何十億ドルに近いレベルだ。ビアリッツ【各国の王族が訪れるフランスの高級海岸リゾート】での休日、イタリアでの結婚式、ロシアの大豪邸。ただし、金は幸せを保証してくれるものではない。

プーチンは娘たちを凶暴なまでの勢いで守ろうとする。長女のマリアは、オランダのビジネスマン、ヨリト・ファーセンと結婚している。二〇一〇年、ファーセンとマリアはあおり運転の事故に巻き込まれた。相手はロシアの銀行家マトヴェイ・ウーリンの車で、銀行家に雇われた四人のボディーガードがファーセンの車をブロックして止め、ファーセンを野球のバットでめった打ちにした。マリアは呆然と見ているばかりだった。ウーリンはトラド銀行の共同所有者で、ブリーズ銀行の元頭取で、ほかにもモスクワの四つの銀行と関係があった。あおり運転の被害から三〇分後、ウーリンは逮捕され、刑務所で八年の刑を科され、財産や保有していた株をすべて奪われ、関係していた銀行六行はすべて破産させられた。

プーチンのコンプロマート動画の犠牲になったナタリヤ・ペレヴィナは、リュドミラには多少の同情も感じると言う。プーチンは三〇年の結婚生活の末にリュドミラと離婚した。「リュドミラは、あまり幸せそうには見えませんでした。ぜんぜん満ち足りた表情ではありません。でも、いまになってみれば理由がわかります。プーチンに複数の愛人がいたという情報が明らかになったからです。最近になって、プーチンが大統領になったあとの最初の愛人スヴェトラーナ・クリヴォノギフの存在が知られるようになりました」

スヴェトラーナの名字は英語だとどういう意味?と、私はナタリヤに聞く。「〈曲がった足〉よ」

ぼくはロシア語の名前の発音がからっきしダメだから、その人のことは「レディ足曲がり」と呼ぶことにするよ、と私は言う。それを聞いて、ナタリヤが笑いだした。私は「笑いすぎだよ、ナタリヤ。恥を知りなさい」と言ってナタリヤをたしなめる。

ナタリヤが答える。「私なら許されるわ」

掃除婦から指折りの資産家に

モスクワ警察がロマン・バダニンを釈放したので、やっとバダニンとズームがつながった。バダニンが面倒なことになったのは、バダニンと同僚たちが調査ジャーナリズムの報道サイト「プロエクト」でプーチンとスヴェトラーナ・〝レディ足曲がり〟・クリヴォノギフの愛人関係を記事にしたからだった。バダニンが説明する。「プーチンの私生活や個人資産のことを記事にするのは、ロシアでは非常に危険です。記事が出たあとで、たとえば、警察が来るというだけではすまない場合もあります。別の展開もありますからね。具体的にどうなるかは知りませんが、とにかく危険な話題であることはまちがいないです」

バダニンが「レディ足曲がり」とプーチンの愛人関係というスクープをつかんだのは、ほかのはるかにつまらない記事を取材しているときだった。そのときに会ったクレムリンの消息通がおしゃべりな男だったのだ。「取材の途中で、その情報源が口を滑らせたのです。『なあ、皆さんよ、X嬢なんかたいした話じゃないんだぜ。おれの知るところじゃ、X嬢には親しい女友だちがいて、その女がプーチンと愛人関係で子供までいるんだ」。その話を漏らした直後、情報源は口を閉ざした。危険なことを口にしてしまったと気づいて、黙り込んだのだ。

バダニンのチームは、プーチンの秘密の愛人と私生児のことを調べはじめた。名前はわからなかったが、手がかりがいくつか見つかった。「プロエクト」チームは、プーチンの愛人がロシア銀行【ロシア中央銀行とは別の銀行】の株式を五パーセント保有しているという話をつかんだ。アメリカの諜報機関によれば、ロシア銀行は時価総額が何千万ドルにものぼるプーチンの貯金箱らしい。「プロエクト」チームは銀行の帳簿を調べ、女性の名前を見つけた。スヴェトラーナ・クリヴォノギフ。保有株式五パーセント。しかし、プーチンとのつながりは見えてこない。「簡単にはいきませんでしたが、われわれは二〇〇〇年代初頭からプーチンの身近に仕えてきた超トップランクの盟友から話を聞けることになりました。もちろん匿名です。それはセンセーショナルな内容でした。最初に話を聞いたときには、あたりさわりのない話題に終始しました。銀行とか、お金とか、そんなような話です。それから、私はこう切り出しました。『ロシア銀行の株主で五パーセントの株を持っているクリヴォノギフという女性を知っていますか?』。相手は『もちろん知っていますが、ぜったいに話すわけにはいきません』と言いました」。

大当たり!

バダニンが含み笑いをしながら言った。「最終的な決め手は、ミス・クリヴォノギフの娘の出生証明書を見つけたことでした。二〇〇〇年代の初めに女の子が生まれていて、名前はエリザベータまたはリーザ・クリヴォノギフです。赤ん坊の父親のファーストネームはウラジーミルですが、出生証明書には父親の名前は書かれていません。空欄でした。われわれはソーシャルメディア上で娘のリーザ・クリヴォノギフを探しはじめました。これはちょっと手強かった。ソーシャルメディア上ではちがう名前を使っていたのでね。ルイーザ・ロゾワという名前です。さんざん探して、やっと彼女の写真が見つかりました。娘はウラジーミル・プーチンそっくりでしたよ。まさに爆弾級でした」

「プロエクト」チームはブラッドフォード大学の顔認識システム専門家ハッサン・ウガイル教授と連絡を取った。教授はリーザの顔には「ロシア大統領と驚異的な類似性が認められる」と結論した。スヴェトラーナ・クリヴォノギフは一九九〇年代後半には掃除婦だったにもかかわらず、その後になってモナコに四〇〇万ドルのアパートを所有することが「パンドラ文書」【国際調査報道ジャーナリスト連合（ＩＣＩＪ）により公開された租税回避行為に関する一連の機密文書】によって明らかにされた。「プロエクト」は、世界じゅうで調査ジャーナリズムが最も難しい場所の一つにおいて、すばらしい成果をあげた。スヴェトラーナと娘の財産は、まったく説明がつかない。証拠にもとづいて言えるのは、ロシア大統領ウラジーミル・プーチンがスヴェトラーナと愛人関係になり、子供をもうけ、母子はいまや想像もできないほど金持ちになっている、ということだ。母子の財産に関して唯一の論理的説明は、ウラジーミル・プーチンの汚職である。

ロマン・バダニンは、プーチンの私生活ではなく、金の流れを追っていた。「私たちはまず最初に、プーチンの非合法的な資産に注目しました。怪しい方法で手に入れた資産です。一九九〇年代のある時点で、スヴェトラーナは掃除婦でした。そのあと、彼女はサンクトペテルブルクでも指折りの女性資産家になったのです」

プーチンの著しい権力濫用を記事にすることは、バダニンとそのチームにとって、非常な危険を伴う。私は自分自身が二〇〇七年に経験したサイエントロジー教会との議論のことをバダニンに話し、カルト批評家のリック・ロスから「派手に調査をすれば、むこうは脅しにかかってきますよ。狙われているぞ、と」と警告されたことを伝えた。秘密国家ロシアでも同じですか？

バダニン「もちろん。相手をビビらせるのは、連中の基本的なやり口ですよ」

スウィーニー「あなたたちは、なぜ怖がらないのですか？　この話は危険だと、あなたがた自身も言っておられるのに。なぜ続けているのですか？」

バダニン「私には強い信念があるのです。われわれのかかわっている調査ジャーナリズムという分野は、ロシア社会をそこに住む人々にとってもっといいものにできるという強い信念があるからです。私はジャーナリズムを信じているし、ジャーナリズムが好きなんです」

スウィーニー「不思議だなと思うのは、ウラジーミル・プーチンにとって邪魔な人間の私生活は丸見えなのに、というところなんです。検事総長のユーリ・スクラートフから始まって、次はミハイル・カシヤノフ、と。みんな寝室をのぞかれています。スクラートフは二人の売春婦と寝ているところを撮ったコンプロマート動画があるという話だし、ミハイル・カシヤノフは愛人とベッドにはいっているところを撮られている。つまり、プーチンの政敵のセックスライフは丸見えだ。ところが、プーチン自身のセックスライフは何ひとつ見えていない」

バダニン「ははは。そこが問題ですよね」

新体操の金メダリストと婚約の記事

愛人は、まだほかにもいる。

ナタリヤ・ペレヴィナが説明してくれた。「プーチンの愛人といわれる女性たちの中でいちばん有名なのは、アリーナ・カバエワです。新体操の女王で、オリンピックの金メダリストです。プーチンとはもう何年も前からの愛人関係です。子供も何人かいるようです。いまの時点では正確に何人かわかりませんが、二〇〇七年ごろに息子が生まれたと聞きました。その時期にインターネットに写真が出ましたから。誰かが愛人のアリーナ・カバエワのスナップ写真を撮ったのですが、妊娠中でした。その後、カバエワはスポットライトの当たる場所から姿を消しました。スパッと消えて、どこにも姿を見せなくなりました」

なるほど、プーチンには息子がいるということか。しかし、まだある。

ナタリヤが続ける。「どうやら、その二年後くらいに、また子供を産んだらしいです。これも男の子でした。そのあと、ごく最近になって双子が生まれたと聞きます。モスクワの病院で双子を産んだ、という記事が出ました。でも、カバエワが出産するときには病院から患者がみな追い出されて、ふつうの人たちの目には触れないようにしたらしいです」

はっきりとわかっているのは、二〇〇八年四月にロシアのタブロイド紙「モスコフスキー・コレスポンデント」（社主は元ＫＧＢ大佐アレクサンドル・レベジェフで、息子のエフゲニーはボリス・ジョンソンによって「シベリア男爵」に叙されている）に、カバエワがプーチンと婚約したという記事が出たことだ。ただし、この時点ではプーチンは公式にはまだリュドミラと婚姻関係にあった。二人が離婚したのは二〇一三年になってからの話だ。婚約の記事は否定され、新聞は発行停止になり、アレクサンドル・レベジェフは何年にもわたって苦汁を飲まされた。レベジェフの銀行は税務当局の捜査を受け、経営権を取り上げると脅され、数十億ドルあった元ＫＧＢ大佐の資産は一〇分の一以下になってしまった。レベジェフがテレビ出演中にほかのゲスト出演者を殴る騒ぎを起こしたときには、ロシア当局がこの喧嘩に異例の関心を示し、アレクサンドル・レベジェフは罰として公共奉仕をさせられることになった。これらはすべて、ロシアメディアが珍しくもプーチンの私生活に踏み込んだ報道をしたことにクレムリンの支配者が気を悪くしたからだろうか？　私はそうだと思う。

この話が公になったあと、プーチンはこう言った。「他人の私生活に汚い鼻を突っ込みエロティックな想像力をめぐらす連中のことを、私は昔から嫌いだった」

どの口で言うか。

二〇一五年三月、カバエワはスイスのティチーノにある超セレブ御用達のセント・アン病院で娘を出産したと伝えられている。そのあと、二〇一九年にはモスクワのクラコフ産院で男の双子を出産したと伝えられている。

というわけで、プーチンの子供はリュドミラとのあいだに娘が二人、「レディ足曲がり」とのあいだに娘が一人、新体操のアリーナ・カバエワとのあいだに三、四人、ぜんぶで七、八人の子供がいることになる。正確なところは誰にもわからない。ちなみに、スヴェトラーナ・クリヴォノギフとアリーナ・カバエワは二人とも、ウラジーミル・プーチンとの関係については噂を肯定も否定もしていないし、プーチンとのあいだに子供がいるかどうかについても肯定も否定もしていないし、説明のつかない資産を保有していることについても肯定も否定もしていない。さらに、新体操選手だったカバエワは運動能力を向上させる薬物を摂取したとして処分されているので、不正に関しては実績がある。二〇二二年四月、「ウォール・ストリート・ジャーナル」紙は、アメリカ財務省がプーチンの縁故者リストにカバエワを加えて経済制裁の対象としたと報じたが、アメリカ国家安全保障会議がこれを取り下げた。プーチンが「攻撃的な対応に出る」可能性を危惧したのではないかと報じられている。ジャーナリストとして、人間がなぜそのような行動に出るのかを理解しようとすること、取材対象の立場に立ってみることも調査ジャーナリストの仕事の一部である、と私は考えているが、ウラジーミル・プーチンのような連続殺人鬼を怒らせるのを恐れて官僚が手ぬるい制裁を選ぶのを見ると、何をか言わんやという気持ちになってしまう。

インターネットにアクセスするロシア人は多くない。まして、「プロエクト」のような危険なサイトにアクセスするロシア人は少ない。自由独立系の大衆メディアを締め上げたのは、ロシアをゾンビ化しようとするプーチンの作戦に大成功をもたらした。プーチンの愛人(女だけでなく、男も含まれるかも)について敢えて質問の声を上げる人間は、ほとんどいない。そういうことを探ろうとする人間は、危険を覚悟しなければならない。

最後に、クレムリンによって恥ずかしいセックス動画を公開されても勇気をふるいおこしてそれに立ち向かっているナタリヤ・ペレヴィナの言葉を紹介しておこう。ロシアのほとんどの人間がツァーリを怒らせないよう頭を低くして息をひそめているという暗い真実を、ナタリヤは知っている。

「みんな、プーチンについて発言することを怖がっています。たとえインターネットの上でも。誰かに襲われると思っているのです。反体制派の人々が投獄されたり毒を盛られたり殺されたりした記事を読んでいるからです。自分はそうなりたくないと思っているのです。政府に刃向かう人間、本当のことを言う人間は潰されることを、人々はわかっているのです。みんな死にたくないし、刑務所に入れられたくないのです。それは理解できるところです」

　問題は、非常に多くのロシア人にとって――ロシア国内に暮らすロシア人にも、外国へ亡命したロシア人にも――ウラジーミル・プーチンに対抗して正しい側に立とうとするとあまりにも高い代償を払わざるをえない、ということなのだ。

第10章 ミスター・プレオネクシア

正義感の代償は一五〇億ドル

プーチノロジー教会の聖典では、ロシア大統領は修道僧であり、国家のために粉骨砕身しているので私生活の時間はない、ということになっている。ロシア大統領はごく普通の人間であり、ごく普通のロシア人を裏切るいかがわしい成金どもを懲らしめているだけだ、と。

そうした暗黒のファンタジーに正面切って異論を唱える者は、災いなるかな。ロシア大統領は普通のロシア人から富を身ぐるみ盗み取ろうとする制度の頂点に君臨しているのだと声を上げる者は、災いなるかな。かつて、ミハイル・ホドルコフスキーはロシア一番の金持ちだった。いち早くメナテップ銀行を立ち上げ、一九九〇年代にシベリアの広大な油田と石油会社ユコスをただ同然の安値で買い上げたおかげだ。こうして富を蓄えたところで、ホドルコフスキーは公正な資本主義という宗教に目覚めた。プーチンが、掌握した権力を強化しようとしていた二〇〇三年二月、ホドルコフスキーはパワーポイントを使った講演でクレムリンの支配者に強烈なパンチをかました。プーチンの貪欲な本性をいち早く見抜いていた聡明な作家マーシャ・ゲッセンが、事件を雑誌「ヴァニティ・フェア」に寄稿している。講演者はこのパワーポイント事件で総資産一五〇億ドル（ホドルコフスキーの最盛期の資産額）の大半を失うことになった。

ゲッセンの記事によれば、スライド・ナンバー6のキャプションは「汚職はロシア経済に年間三〇〇億ドル以上の損失をもたらす」となっていた。スライド・ナンバー8は、ロシアの優秀な学生たちの希望する就職先についての比較。石油産業は求人一に対して希望する学生二人。税務署は求人一に対して希望者四。公務員は求人一に対して希望者一一。ホドルコフスキーの説明によれば、公務員になれば社会からうまい汁が吸える、ということだ。

プーチンは作り笑いを浮かべて聞いていた。良い兆候ではない。ユコスは破産させられ、資産は取り上げられ、幹部は追放された。不自然な事故死をとげた者もいた。ホドルコフスキーはシベリアの刑務所に収監され、一〇年間服役させられた。そこは普通の刑務所ではなく、ウラニウム鉱山で働かされる強制労働収容所だった。かつてロシアで最も裕福だった男は、つまらない規則「違反」に問われてしょっちゅう氷点下の独房に閉じ込められた。言うまでもないが、これには秘密警察が関与していた。二〇〇六年、同じ監房に収容されていたアレクサンドル・クチマが眠っているホドルコフスキーに襲いかかって顔をナイフでめった切りにする事件が起こった。のちにクチマが告白したところによれば、刑務所に自由に出入りできる不審な工作員に殴られ脅されてホドルコフスキーを襲えと言われたのだという。当初、クチマは、切りつけたのはホドルコフスキーが自分にホモセクシュアルな関係を迫ってきたからだと言っていた。誰が脚本を書いたか、想像がつこうというものだ。

プーチン政権の最初の首相でのちにコンプロマートセックス動画の餌食になったミハイル・カシヤノフは、ユコスの解体が転換点となったと言う。「実業界が一方に、大統領が他方に、とはっきり分かれた。あの日が分岐点となった」

ホドルコフスキーがプーチンと対立するようになった瞬間から、ユコス勤務は危険を伴う仕事になった。スティーヴン・カーティスはイギリス人弁護士で、ロシア政府がユコスの資産を搾り上げようとするのに対抗して、できる限りユコスの資産を守ろうと奔走していた。カーティスはユコスを実質的に支配するメナテップ・グループの専務で、イギリスのドーセット州ポートランド島に建つ一九世紀の城を改装したオフィスへ、ロンドンからアグスタ・ヘリコプターを使って通勤していた。アグスタ・ヘリはヘリコプターの中でもとくに安全性の高い機種だ。ある日、カーティスは旧友に言った。「これから二、三週間のあいだにぼくの身に何か起こったら、それは事故ではないと思ってくれ」

そして事故は起こった。少なくとも、それがイギリス当局の見解だった。二〇〇四年三月、カーティスを乗せマックス・ラドフォードが操縦桿を握るヘリコプターが、ボーンマス空港の手前で墜落したのだ。イギリス当局の見解に納得する人ばかりではなかった。ラドフォードの同僚パイロットの一人ジョン・ハックニーが「デイリー・メール」紙に語っている。「事故の朝、おれはマックスに会った。かっこいい新品のヘリでさ、最新式のナビもついてるとびっきり上等の機種だった。ロンドンで客を乗せるんだと言ってた。おれは自分の仕事に出かけて、夕方になって帰ってきて、事故のことを聞いたんだ」

アグスタ・ヘリは新品だった。天気も荒れてはいなかった。マックス・ラドフォードは経験を積んだ腕のいいパイロットだった。ハックニーが疑問を口にする。「みんな、これは殺しだと思った。葬式の日も、おれたちはこの話でもちきりで、みんな同じことを言った。『これは事故ではない』とね。みんなであいつの父さんに言ってやったんだ。『おれたち、生きてるかぎり、ぜったいこんな話は信じないから』って」

ほかのオリガルヒたちは震えあがったことだろう。

クレムリンの残酷劇場

ボスが指をパチンと鳴らしたら、頭を下げろ。深く下げるんだ。大規模なセメント工場を閉鎖して何千人という労働者の首を切ろうとしている経営者たちをプーチンが激しく非難する場面が映像に残っている。部屋に顔をそろえた成金たちの中でいちばんの大物は、億万長者のオレグ・デリパスカだ。デリパスカ自身、それなりのギャングである。過去には組織犯罪にかかわった前歴があり、それを理由にアメリカ合衆国の財務省は二〇一八年にデリパスカのアメリカ入国を禁じている。デリパスカはスーツを着てネクタイを締めている。プーチンは人民の代表だといわんばかりにジーンズにボンバー・ジャケットという服装だ。プーチンは居並ぶオリガルヒを「野心に走り、無能で、強欲しか頭にない」連中で「とうてい認められるものではない」と面罵《めんば》した。この屈辱的な場面を、クレムリンの手先であるテレビカメラが余さず収録した。プーチンは新しい契約書をまとめ、セメント工場を再開させる命令を出した。

「全員サインしたか?」、プーチンが険しい口調で言う。

成金どもが小さな声で「はい」とつぶやく。

「デリパスカ、きみはサインしたのか?」

億万長者は不満そうに肯定の返事をする。プーチンはデリパスカのサインが見当たらないと言って、小さな教室のような部屋の前方へデリパスカに出てこさせ、ペンをデリパスカの前に放り投げた。デリパスカは言われるままにサインをして、足早に自分の席に戻る。そこへプーチンがダメ押しするように言い放つ。「ペンを返していけ」。成金デリパスカの屈辱ここに極まれりの図だ。

こんなものはすべて、言うまでもなく、陰険なパントマイムだ。プーチンが修行僧のような日々を送っているというのと同じく、真っ赤な嘘だ。クレムリンの残酷劇場が大衆ウケを狙って芝居を打っているだけだ。カビくさいパンと虫食いの穴だらけのサーカスから目をそらすために。本当は、この部屋に集まっている連中の中で頭抜けて大金持ちなのはジーンズとボンバージャケット姿の男なのである。ウラジーミル・プーチンは、おそらく世界で一番の金持ちだろう。少なくとも、二〇二二年二月にバカげた戦争を始める前までは。プーチンは、ミスター・プレオネクシアだ。

ところで、私は「プレオネクシア」などという難しい言葉を使うほど学はない。みんなと同じように、調べなければ意味がわからなかった。この言葉を知ったのは、マーシャ・ゲッセンが書いたプーチンの優れた伝記『The Man Without a Face（顔のない男）』に出てきたからだ。ゲッセンは、プーチンの精神状態を「クレプトマニア」（本人にとってほとんど用途のないものを所持したがる病的欲求）であるとする説を一蹴《いっしゅう》し、プーチンは「より奇妙なプレオネクシア、すなわち他人に正当に属するものを奪い取りたいという飽くなき欲望にとりつかれている」と書いた。「プーチンがこの抑制不能な衝動に支配されていると考えれば、一見分裂的に見えるプーチンの人格が理解しやすくなる。こうした衝動強迫を糊塗《こと》するために、プーチンは公正で清廉潔白な公僕を演じてみせている」とゲッセンは主張している。

ゲッセンは著書の中で、プーチンが他者に正当に属するものを奪い取ろうとした奇妙な実例を三つ挙げている。二〇〇〇年、経済の諸悪を正し汚職に終止符を打つときれいごとを口にしておきながら、一方で、プーチンはロシアのアルコール製造業の七〇パーセントをコントロールする会社を設立する命令書にサインして、その経営権をサンクトペテルブルク時代から縁故のある人物に与えた。原油価格がまだ低かった当時、アルコールはロシア経済で最大の市場であり、プーチンはその三分の二以上を自分のものにしたのだ。代理人を使って。代理人を使うのは、プーチンの常套手段だ。

五年後、ゲッセンによれば、プーチンはアメリカの億万長者ロバート・クラフトから一二四粒のダイヤをあしらった「スーパー・ボウル」の優勝記念リングを巻き上げた。プーチンは指輪を見せてくれと言い、自分の指にはめてみて、「人殺しができそうな大きさだな」などと軽口をたたき、指輪をポケットに入れて歩き去ったという。あとで、クラフトは、あれはプレゼントしたのだ、と言いつくろった。もう一つ、やはり二〇〇五年に、プーチンはニューヨークのグッゲンハイム美術館からカラシニコフのガラス製レプリカにウォッカを満たした展示品をかすめ取った。ボディーガードの一人にプーチンが身振りで合図して、そのボディーガードが展示品を取っていったという。ロシア社会も、アメリカの億万長者も、美術館のお偉方も、警察を呼びはしなかった。プーチンはまんまと欲しいものを手に入れた。おそらく、突発的にやったことだろう。プーチンに快感を与えるのはものを盗むことではなく、目の前でものを盗まれても黙ってそれを認める他人の卑屈な態度なのだろう。「私は好きなようにものを盗んでみせる。私が超攻撃的で怖いから、みんな言いなりになるんだ」という心理だ。

そういうことならば、もう少し視野を広げて見れば、ほかの事例、プーチンが物品ではなく他人の心の安寧を奪い取った事例も同じ括《くく》りで解釈できる。他人の心の安寧も、もちろん正当に他人に属するものだ。プーチンは他国の国家元首たちとの会談に遅刻して現れることで悪名が高い。時間厳守が王の礼節であるとするならば、プーチンは意図的に、相手を挑発するように、遅刻を繰り返している。二〇一七年に、「インデペンデント」紙がプーチンの遅刻の記録を一覧にまとめたことがあった。英国女王は、まだましな扱いを受けた。プーチンは二〇〇三年にたったの一四分しか女王陛下をお待たせしなかったのだ。とはいえ、動作の何から何まで何ヶ月も前から予定がきっちり組まれているイギリス王室の世界においては、一四分はものすごい遅刻である。スペイン国王と会見したときは、相手を二〇分待たせた。バラク・オバマとの会談には四〇分遅れ、フランシスコ教皇との会談には五〇分遅れ、国連総会には一時間二〇分遅れ、日本の安倍晋三《あべしんぞう》首相【当時】との会談には三時間遅れ、当時ウクライナの大統領だったヴィクトル・ヤヌコーヴィチとの会談には四時間遅れ、第一位（最下位）のドイツ連邦首相（当時）アンゲラ・メルケルとの会談には四時間二〇分も遅れた。

犬嫌いのメルケルを愚弄

西ドイツのプロテスタント教会牧師の娘として生まれたメルケルは、赤ん坊の頃に家族そろって東ドイツに移り住んだ。東ドイツでキリスト教の炎を絶やさないために、と考えた父親の意志による移住だった。それゆえメルケルはロシア語を流暢に話せるし、おそらくプーチンと会った世界各国の指導者たちの中でプーチンの考え方をいちばんよく理解していたと思われる。そのせいで、誰よりも長い時間プーチンに待たされたのだろうか？　ナチスドイツの過去に苦悶し、ドイツによるソ連侵攻の過去に苦悶するあまり、メルケルはできるかぎりプーチンに寄り添おうとする姿勢を示した。しかしプーチンは、これに感謝するどころか、逆につけこんで、メルケルに屈辱を与えようとした。残酷な仕打ちもした。二〇〇七年、黒海沿岸のソチにあるプーチンの屋敷内で、メルケルとプーチンは報道陣を前に会談をしていた。そこへ、何者かが明らかにわざと大統領が飼っている黒いラブラドールレトリバー「コニ」を放したのだ。「ニューヨーカー」誌の記事によると、近づいてくる犬を見てメルケルは固まり、恐怖の表情を見せたという。メルケルは犬が怖いのだ。プーチンは余裕の態度で怖がるメルケルを眺め、「行儀のいい犬ですから」と言った。メルケルはロシア語で「まあ、ジャーナリストたちには食いつきませんでしたね」と言い返した。

プーチンは犬嫌いのメルケルを愚弄《ぐろう》しても許されるだろうと踏んだのだ。どうやら、その読みどおりになった。

メルケルを怖がらせたのも、アルコール業界を乗っ取ったのも、ダイヤの指輪をポケットに入れたのも、ウォッカを満たしたカラシニコフを持ち帰ったのも、みんな同じだ。女王を待たせたのも、スペイン国王を待たせたのも、教皇を待たせたのも、どれも同じだ。男の子の腹にキスをしたのも同じ、リトヴィネンコを残虐な方法で暗殺したのも同じ。つまり、「私は好きなようにふるまう、誰ひとり私をとがめることなどできまい」と言いたいのだ。そうしているうちに、現実を見失ってしまう。ウラジーミル・プーチンのような男をなだめておとなしくさせられるなどという考えは、はっきり言って、アホだ。

プーチンとリュドミラのハネムーンはウクライナだった。二人はリヴィウを訪ね、キーウを訪ね、クリミアにも足を延ばした。自分に正当に属するものでない対象を奪い取りたいという本性そのままに、プーチンはウクライナを欲しいと思った。そして、誰も自分を止めることはできないだろうと考えた。たびたび西側の出方を探ってみたが、西側は弱腰の対応を見せるばかりだった。しかし今回は、ウクライナの大統領も、国民も、軍隊も、プーチンの思いどおりにはならなかった。今回は、ミスター・プレオネクシアに対して、ウクライナの人々は「ノー、ウクライナはあなたのものではない、私たちのものだ、返してもらいたい」と言ったのだった。ウクライナが強硬に反撃してきたのを見てプーチンが驚いた顔を見せたのも不思議はない。こうなるはずではなかったのだ。

盗みだけに関して言うならば、プーチンがこれだけ周到な手を打ち、代理人を使って自分の病的動機を隠してきたことは驚きに値する。プーチンがロシアの代理人どもを利用し、ロシアの代理人どもは外国の代理人どもを利用する。イギリスの貴族。アメリカのポピュリスト。フランスのファシスト。どれも、それなりの金を使えば動く。ロシアの代理人どもが盗みを担当し、外国の代理人どもは煙をふかすエンジンだ。そして、ウラジーミル・プーチンは？　プーチンはあらぬほうを向いてすましていて、それから後ろをふりむき、ニヤリと笑う。

戦争が始まったばかりの頃、キーウで取材しているイギリスのフリーランス記者はあまり多くなかった。私は「ジューイッシュ・クロニクル」紙【イギリスのユダヤ人の大多数が読んでいるとされる新聞】から電子メールをもらい、在ウクライナ特派員をやってくれないかと頼まれた。自分は堕落したカトリック信者ですけど、と言ったのだが、「クロニクル」紙の副編集長ベン・フェルセンバーグは笑った。「ジューイッシュ・クロニクル」紙は私の書く記事を一語も修正せずそのまま掲載してくれた。「クロニクル」紙のために取材をするたびに、ロシアのファシズムからウクライナの民主主義を守ろうと奮闘しているイスラム教徒の知り合いが増えていった。あるときは、戦うイマム【イスラム教の導師】。またあるときは、一九九一年からロシア軍と戦いつづけている親ウクライナ派のチェチェン軍指揮官。良心的な在キーウ特派員として、私は毎週のようにキーウのセントラル・シナゴーグに顔を出し、ラビと話をして、いろいろなネタを仕入れた。情報源のカイムと知り合ったのは、そんな縁からだった。カイムはサンクトペテルブルク出身で、一九九〇年代に若き起業家として金融会社を設立し、ロシアの新規ビジネスに外国から投資家を集める仕事を始めた。会社の業績がきわめて好調だったおかげで、ギャングに目をつけられた。嫌とは言えない取引を提示された。会社をロシア・マフィアの友人に譲って、ロシアから出て行け。でなければ命はないぞ、と。カイムは会社をギャングに渡し、イスラエルに逃げた。そこで若き新体操の女王アリーナ・カバエワと知り合った。カバエワは「美人で気だてのいい女性」だったという。

ロマン・ツェーポフのことは少し知っている、「頭のいいギャングだ」とカイムは言った。それじゃ、プーチンは？　どう思う？　――昔、ソヴィエトの時代にテレビ番組があってね、とカイムは思い出話を始めた。ちょっと【サミュエル・ベケット『ゴドーを待ちながら』の】ゴドーみたいなキャラクターが出てきて、そこにいるようでいて、いないようでもあって、灰色の幽霊みたいな存在なんだ。わかるでしょ？　でも、みんな知ってるよ、プーチンが後ろめたい金をしこたま懐に入れてることはね。ボリス・ベレゾフスキーみたいな有力者に嚙みつく真面目で清廉潔白な公僕、って顔をしてるけど。

この二〇年あまり権力の座にあったプーチンについて一般に流布しているストーリーは、プーチンがいかに腐敗した社会体制を放置してきたかという内容だ。オリガルヒとのあいだでは、オリガルヒがクレムリンの支配者に礼を尽くし上納金を納めれば財産は取り上げずにおいてやる、ということで話がついている。権力への口出しは許さない。さもなければ……。しかし、これだけでは、本当に起こっていることの説明にはならない。プーチンはロシアの富を盗んでいる。巨額の資金を自分の懐に入れている。しかも、それが表に見えないようにやっているのだ。心理的に、プーチンは自分が不正を働いている事実を見破られることが我慢ならない。だから、代理を使って盗みをやらせる。たしかに、オリガルヒという存在は、ソヴィエトの崩壊とアル中ボリス・エリツィンの無能とが出合いがしらにぶつかって生じたようなものだ。しかし、エリツィンが去り、新しい大統領に代わった時点で、不正にためこんだ財産をオリガルヒに吐き出させ、新しく出直すチャンスはあったはずなのだ。が、プーチンはオリガルヒが幅をきかせる経済体制を固めた。他者に正当に属するものを奪い取りたいというプーチンの秘めた欲望に、オリガルヒの体制がもってこいだったからだ。

死屍累々たる企業抗争の頂点

オレグ・デリパスカは将来を嘱望された理論物理学者だったが、一九九〇年代前半の新生ロシアの大崩壊の中で、クオークよりも食べられる道を選んだ。ほかのオリガルヒたちと同じく、デリパスカも閉鎖的で不正に価格操作されている市場に参入し、何十億ドルという資産を笑ってしまうほど安い価格で買い取り、結果的にロシアの納税者から不当に利益を吸い上げ、大金をロシアから持ち出した。そして、デリパスカはロンドンの高級住宅街に大邸宅を買い、豪華ヨットを買い、ヨーロッパやアメリカの下衆《げす》な金持ち連中やそのご機嫌取りやクズどもが群がるリゾート地に停泊させた。ピーター・マンデルソン男爵やデイヴィッド・キャメロンやジョージ・オズボーンについては、このあとで取り上げる。

デリパスカの場合、初めからロシア・マフィアが絡んでいた。デリパスカ自身も、ある程度はマフィアと手を握る必要性を認めていた。デリパスカは金属産業にどっぷりはまりこみ、業界でのしあがっていく過程にはたくさんの血が流された。一九九〇年代にはシベリアのクラスノヤルスクにある世界最大のアルミニウム製錬所の覇権をめぐって多くの命が失われたため、第二次世界大戦

【ロシア語では大祖国戦争】をもじって大祖国アルミニウム戦争と揶揄されたくらいだった。ライバル企業どうし、というより実質的には組織犯罪シンジケートどうしが製錬所の支配をめぐって争いあい、一〇〇人近い経営者、工場主、ギャングたちが命を落とした。デリパスカのRUSAL《ルサール》グループが死屍累々《ししるいるい》たる抗争の頂点に立ったという事実を見れば、デリパスカがどういう人物か想像がつくだろう。RUSALはその後EN+《エンプラス》傘下となったが、血なまぐさい臭いは消えない。

デリパスカはBBCの取材に対して、組織犯罪と手を握らざるをえなかったのだ、と語った。「非常に難しいことでした。何をしたにせよ、褒められたことではないかもしれませんが、私はするべきことをしたのだと思っています」。デリパスカは二〇一二年にロンドン高裁の法廷においても同じたわごとを並べ、弁護士から言われるままにロシア組織犯罪の人間に用心棒代を支払わざるをえなかったのだ、と供述した。二〇一八年、アメリカ財務省は「デリパスカはマネーロンダリングで捜査対象となっており、ビジネス上のライバルに対する脅迫、政府職員に対する盗聴、強要と強請《ゆすり》への関与の疑いで起訴されている。また、政府職員に対する贈賄、実業家に対する殺人の命令、ロシア組織犯罪グループとの関係についても申し立てがなされている」として、デリパスカのアメリカ入国を禁止した。

デリパスカは犯罪行為にはいっさい手を染めていないと嫌疑を否定し、とくにアメリカ財務省の処分に対しては「汚い嘘だ」と反発している。

二〇〇〇年を迎える頃には、数多くのロシア人実業家が一九九〇年代に殺害されたことは誰もが知る事実となり、最後に頂点に立った数少ない人間たちは途方もない数の死体を踏みつけにしてきたのだろうということも皆の想像するところとなった。そうしてみると、英米の政治家のデリパスカに対する甘い評価は背筋が寒くなるほど深刻であると言わざるをえない。

二〇〇五年、デリパスカはピーター・マンデルソン男爵【イギリス労働党の政治家】とその友人で銀行家のナット・ロスチャイルドを飛行機に乗せてシベリアへ招待し、三人はオリガルヒ・デリパスカが用意したサウナで汗をかいたあと束にした白樺の枝でからだを叩くというロシア式の快楽を堪能した。デリパスカの身辺警護チームは、ロシアのパスポート・コントロールなどスイスイと通過できますよ、とイギリス貴族に保証した。私の個人的な経験からすると、スイスイなどとはとても言えないプロセスなのだが。しかし、デリパスカにはクレムリンに伝手《つて》があるのだ。マンデルソン卿とデリパスカの年来の友情については重大な疑問の声が上がっている。当時、マンデルソン男爵はEUの通商問題担当委員であり、アルミニウム関連の関税を二件ばかり撤廃した。こうした動きはデリパスカにかなりの利益をもたらしたのではないか？　マンデルソン男爵は、何も悪いことはしていない、と否定する。公平のために付け加えておくと、その後、デリパスカは元保守党の下院議員でエネルギー・気候変動担当大臣だったグレッグ・バーカー（現バーカー男爵）をEN＋の会長に起用して、入札に関与させている。

オリガルヒから米英の政党に資金提供

二〇〇八年、大金持ちたちがヨットでギリシアのコルフ島（ケルキラ島）に集まった。この日の主役は、自家用ヨット〈クイーンK〉号でやってきたオレグ・デリパスカだ。ゲストの面々は、マンデルソン男爵、ナット・ロスチャイルド、当時保守党の影の内閣で首相だったジョージ・オズボーン。デイヴィッド・キャメロンも遠くないところで貧相な船に乗って浮かんでいたが、大きなスキャンダルには巻き込まれずにすんだようだ。マンデルソンとオズボーンとロスチャイルドは最後には仲たがいして、ロスチャイルドはオズボーンがロシアのオリガルヒに対して保守党へ五万ポンドの寄付を要請したことを非難した。オズボーンはこれを否定したが、形勢は不利だった。たしかにヘマをした、と、オズボーンはBBCラジオ4の番組「トゥデイ」で認めた。「規則違反はしていませんが、たしかに間違いはしたと思います。政治において問題になるのは、単に何を言ったかとか何をしたかとかだけではなく、どう見えるかも重要です。私が一〇〇パーセント正直であろうとするならば、これはあまりよく見えませんでしたね」

オズボーンの言うとおり、事態は彼にとってもマンデルソンにとってもよくは見えなかった。二人とも悪事には手を染めてないと言い張っているが、肝心なのは、片目を半分でも開けていれば、誰だって、デリパスカがクレムリンの代理人であって、マンデルソンがバーニャ【サウナ】に招待され、オズボーンがデッキシューズを履き片手にキャップを持ってヨットの甲板に足を下ろしてモスクワに資金提供をねだるよりずっと前から悪事を働いていたことくらいわかりそうなものだということだ。オズボーンやマンデルソンがそこまで世間知らずだったとは考えられない。それどころか、二人ともデリパスカの金を嗅ぎつけて寄っていったというところだろう。問題は、オリガルヒの資産は、最後の一コペイカまで、過去においても、現在も、将来にわたっても、クレムリンの支配者の意のままに動くものだという点にある。

その同じ年、二〇〇八年にロシアはジョージアに侵攻し、プーチンの殺戮マシーンはこの小さな国の一部を奪い取った。その二年後、オズボーンは財務大臣になり、キャメロンは首相になった。それを境に、二人の態度は微妙な変化を見せた。保守党はあいかわらずロシアからの資金提供を受けていたが、代理人はデリパスカのような人物よりももう少しクレムリンから遠い人物に変わった。新しい代理人たちはプーチンの人脈の外縁で動いている人物たちで、それくらいなら問題はなかろうということになったのだった。

二〇一七年、ドナルド・トランプの元選挙対策本部長ポール・マナフォートに対してオレグ・デリパスカが簿外資金を提供していたと訴えられたとき、CNNリポーターのマシュー・チャンスはベトナムの会議場に現れたロシアのオリガルヒを追いかけまわし、直撃取材を敢行した。

チャンス「ミスター・デリパスカ、CNNのマット・チャンスと申します。マナフォート氏がトランプの選対本部長だった時期にあなたから何百万ドルも資金提供を受けていたというのは本当ですか？……あなたはトランプの選対にクレムリンから資金提供する秘密の裏ルートだったのですか？　どうなんですか、ミスター・デリパスカ？」

さんざん追いかけまわしたあげく、チャンスはようやくオリガルヒをつかまえたのだった。デリパスカはチャンス記者を睨みつけ、墓の底から響くような低い声で言った。「そんなものはバカども向けのニュースだ。いいかげんにしやがれ、と言っておきます。ありがとう」

マンデルソンやオズボーンを籠絡《ろうらく》したデリパスカの手腕はたしかに利いた――ただし、いつまでもというわけではない。モスクワの代理人のしたたかなところは、『指輪物語』の悪鬼オークと同じで、一匹が死んでもまた新たに一〇匹も現れるというところだ。二〇一〇年、「ロシア保守友の会」がロンドンのロシア大使館でパーティーを開いた。資金集めのくじ引きの商品には、ウォッカやウラジーミル・プーチンの公式の伝記などが用意されていた。パーティーに姿を見せた大物の顔ぶれは、保守党の国会議員でのちにキャメロン内閣で文化・メディア・スポーツ大臣を務めたジョン・ウィッティングデールと特別顧問のキャリー・シモンズ（のちにボリス・ジョンソンの妻になった）、ブレグジットに賛成する団体「Vote Leave（離脱に賛成票を）」の責任者を務めたマシュー・エリオット、そして、ロシア保守友の会との橋渡し役を務めたロシア人外交官セルゲイ・ナロビン。

ナロビンは、言うまでもなくロシアのスパイだ。本人は否定しているが。

「ガーディアン」の記者ルーク・ハーディングは、ナロビンがKGB高官の息子で、どう見てもロシア秘密警察の工作員であると最初に指摘したリポーターだ。ハーディングの記事が出たあと、右翼の小物でウェブサイト「グイド・フォークス」を立ち上げたブロガー、ポール・ステインズが週刊誌「スペクテイター」に面白い記事を書いて、ナロビンに関する情報を公表した。「二〇一二年、ソーホー・ハウスで初めてセルゲイ・ナロビンと知り合った。訛りのある英語で、自分はロシア大使館の職員だと自己紹介してきた。『ロンドンに来る前、外務省のオリエンテーション・コースで、「グイド・フォークス」ブログとニュースマガジンの「プライベート・アイ」を読みなさいと言われました。あなたのブログのほうが面白いです』とお世辞を言った（「グイド・フォークス」を書いてるのはボクだからね）。あるPR会社から断れないほど高額のオファーがあって、企業のマーケティング担当者たちに向けてソーシャルメディアの使い方を教えるマスタークラスの講演をやってもらえないかと言われたので、ソーホー・ハウスに出向いたのだった。そんなわけで、会議室に集まったスーツ姿の聴講者たちを前にして、ぼくはパワーポイントを使って講演をした。で、となりにずんぐりした背の低い短髪のいかにもロシア人っぽい外見の男がすわっていたというわけ。その後、バーガーを食いながら、ぼくらは冗談を言いあった。すぐに、あんたスパイなんだろ、とぼくは言った」

ポール・ステインズにわかるなら、ウィッティングデールやシモンズやエリオットにわからないはずがない。ステインズはナロビンが「とくにデイヴィッド・キャメロンとジョージ・オズボーンに関係のあるゴシップに興味を示した」とも書いている。

そりゃそうだろう。それが仕事なのだから。

ステインズはナロビンを案内してウェストミンスター界隈を歩いた。そして当時の外相ウィリアム・ハーグや売り出し中のボリス・ジョンソンと自撮り写真を撮った。ナロビンのフェイスブックのページには、着飾った参加者たちが集まる仮装パーティーに参加したナロビンの写真がアップされている。ナロビンはロシアの軍服を着て、いかにもKGB風の帽子をかぶり、片手に銃を持ち、もう一方の手で「ストッキングとサスペンダーをつけたセクシーガール」を抱き寄せている。ロシア大使館から講演の依頼を受けたとき、ステインズはロシア大使にクレムリンは反体制派リーダーのアレクセイ・ナワリヌイを釈放すべきだと言った。それが相手の機嫌をそこねて疎遠になったらしい。ナロビンは二〇一四年にハーリントン・クラブで開かれた保守党の夏のパーティーに顔を出したが、数ヶ月後にイギリスから国外追放された。惜しむらくは、追放が四年遅すぎたことだ。

第11章　「それで、大統領、ウクライナでの殺戮をどう思われるんですか？」

マレーシア旅客機撃墜の現場

　夕闇が迫っている。ここは人里離れたウクライナ東部の平原で、トウモロコシ畑がどこまでも広がっている。穏やかな海面のようにうねる大地の上に、旅客機の機首が落ちている。座席も散らばっている。エア・マレーシアのロゴ。黒い遺体袋に収納された遺体が次々と大型トラックの荷台に積み込まれていく。地面にいろいろなものが散らばっている。ペーパーバックの本。座席のかけら。乗客の荷物。乗って引っぱってもらえるように車輪のついているキッズ用トランク。ヒースロー空港やガトウィック空港でこういうキッズ用トランクにまたがっている子供を見るたびに、あの日の光景が思い出されて涙が出る。

私は現場リポートに来ている。相方はカメラマン兼プロデューサーのダリウス・バザルガーン。親友でもある。それまでダリウスと二人でひどい現場をたくさん見てきたが、これは群を抜いてひどい。ふだんならリポーターとしての私はいくらでもスラスラと喋れるのだが、いまは何と言葉をつむげばいいのか途方に暮れている。私たちが現場に到着したのは少し遅かったので、すでに遺体の大半は回収され遺体袋に収納されていた。立ち尽くす私の目の前で、遺体袋が六つ、トラックの荷台に積み込まれていった。日が暮れかけている。早く何かリポートしなければ。ダリウスは資料用の映像を撮っている。黒いリボンを巻いた女性用の赤い帽子。子供用の白黒のサルのぬいぐるみ。機体の破片に文字が読める。「衝撃耐性扉」

そのとき、言葉が口をついて出た。「ＭＨ17便は西から飛んできました。あそこ、陽が沈もうとしている方角です。アムステルダムを離陸して、マレーシアへ向かって東へ飛んで行く途中でした。その飛行機に乗っていた三〇〇人近い人々の命が、ここで失われたのです」

丘を降りていくと、もっと無惨な光景が広がっていた。航空機の巨大なエンジンと車輪が地面に落ち、地面が黒く焼け焦げ、空気が重くよどんでいる。私はカメラに向かって喋る。「画面からはわからないと思いますが、そこらじゅう、ひどい臭いに満ちています。航空機燃料の臭いと、遺体の臭いと。これはとんでもない犯罪です」

ボーイング機は二〇一四年七月一七日、ロシア軍のＢＵＫ《ブーク》地対空ミサイルで撃墜された。ミサイルは時速五六〇〇キロのスピードで飛んでいき、標的と並んだところで爆発し、ゴルフボール大の金属製小型爆弾を何百個も標的の機体に撃ち込む。あとは、時速八〇〇キロで飛行する航空機の運動エネルギーが勝手にかたをつけてくれる。ミサイル発射装置は平床トラックの荷台に載せて運ばれ、トラックは背後に巨大なレーダー装置を牽引しながら走る。事件を起こしたBUKミサイルはロシアからウクライナ東部の親ロシア派勢力へ供給されたもので、途中で浮き桟橋《さんばし》を並べてつないだ舟橋《しゅうきょう》で川を渡らなければならなかった。平床トラックに積んだミサイル発射装置とミサイル本体とレーダーの一式を運ぶには重すぎて舟橋を渡れず、ロシア軍はレーダー部分を東岸に残して川を渡った。そのため、ウクライナ軍の戦闘機と夏休みの客を満載した民間ジェット機を識別するレーダー能力が落ちた。兵士たちは敵の戦闘機を撃墜したと思っていたが、実際に撃墜されたのは二九八人ものオランダ人、マレーシア人、オーストラリア人、イギリス人を乗せた民間機だった。

その後、私はオランダ人、マレーシア人、オーストラリア人、イギリス人を乗せた民間機だった。

その後、私はオランダの極右政治家ヘルト・ウィルダースにインタビューする機会があった。私はウィルダースに、オランダに対する最悪のテロ攻撃は何だったと思いますか、と質問した。ウィルダースは、ありがたいことに一つもない、と答えた。私はマレーシア機の撃墜事件に言及し、あのときは一九三人のオランダ人が犠牲になったと指摘した。しかし、その人々を殺したのはイスラム過激派ではない、とウィルダースは言った。許せない事件ではあるが、けっきょくウィルダースはファシスト寄りの政治家なのだ。私は面と向かってウィルダースにそう指摘した。

マレーシアMH17便がロシア軍によって撃墜されたことは疑いない。反ロシア派のウクライナ勢力がBUKミサイル発射装置の写真を何枚もツイートしている。BUKミサイルを積んだ赤い低床トレーラーが、白地にブルーグレーのストライプがはいったおなじみの大型キャブに引かれて親ロシア派の支配地域を走っていく。一連の写真を見ると、ミサイル発射装置の進路がわかる。ある写真では、背景にアパート棟が写り込み、手前に青い納屋が見える。別の写真では、手前にガソリンスタンドが見え、背景に正面を黄色く塗った店が写っている。ＢＢＣ「パノラマ」の調査取材のために、ダリウスと私はできるだけ写真に写っていたと思われる場所に足を運び、ミサイル発射装置の進路を特定しようとした。

ドネツクの親ロシア派占領地域は険悪な場所だ。反乱軍の兵士たちはゴロツキのような連中で、出来の悪い『パイレーツ・オブ・カリビアン』みたいなドクロの下に交差した骨をあしらったマークのバンダナを巻き、地雷を手に持ち、「ノヴォロシア人民共和国」の旗を検問所で振りまわす。マレーシア機撃墜事件のあと、クレムリンは関与を否定し、代理勢力に対しては外国人ジャーナリストが墜落現場を取材することを許すようにと命令した。日が経つにつれて、反乱軍の対応は緊張を帯びてきた。ある朝、「デイリー・テレグラフ」紙が発射地点の写真を派手に掲載した。ドネツク東方、スニジネの街からさほど遠くない原野だ。ダリウスと私はここ数日使っている取材コーディネーターと三人で現場へ向かった。スニジネの外側の大きな検問所で止められる。このあたりで最悪の検問所だ。何を思ったのかコーディネーターがｉＰａｄ《アイパッド》を出して、マシンガンを構えた屈強な男に向かって、ロシア軍が旅客機に向けてミサイルを発射した正確な場所はどのあたりですか、と聞く。屈強な男は笑って、帰れ、と言う。私たちはＵターンし、検問所から一〇〇メートルほど戻った地点でダリウスも私もコーディネーターにきみはクビだと言い渡した。優秀な取材コーディネーターはほんとうに貴重だ。今回のコーディネーターのおかげで、私たちは三人とも殺されても不思議はなかった。人間としてはいい男だと思うが、おたがい生きていることのほうが先決だ。

私は殺戮の現場をいったん離れ、子供たちと休暇を過ごしたあと、こんどはカメラマン兼プロデューサーのニック・スターディーとドネツクに戻った。スターディーはロシア語が堪能で、曽祖父はサー・フレデリック・ダヴトン・スターディー海軍元帥。一九一四年にフォークランド沖海戦でグラーフ・シュペー元帥が率いる旗艦シャルンホルストを撃沈した軍人だ。

ニックと私はマレーシア航空機が撃墜される前にＢＵＫミサイルを積載した軍用トレーラーを見たという三人の証人を探し出した。証人の二人は軍用車に乗ったロシア軍人に誰何《すいか》されたが、その言葉づかいは地元のロシア語ではなくモスクワ訛りだった、と言った。のちにこの話を撃墜事件を調べているオランダの捜査官に伝えたところ、わざわざスキポール空港まで飛行機便を手配するから詳しい話を聞きたいという依頼があった。私はウクライナ人の情報源に連絡を取った。ウクライナ人情報源は、喜んで何でも知っていることをオランダ側に話す、と言った。ジャーナリズムは美人ばかりを追いかけているわけではない。

オランダをはじめ各国からやってきた鑑識の専門家たちが、撃墜された機体に食い込んだＢＵＫミサイルの弾頭を回収した。爆発しなかったミサイルの破片が地面に落ちたのだ。製造番号が完全に読み取れる破片や部分的に残っている破片も見つかった。調査報道ウェブサイト「ベリングキャット」は、マレーシア航空機の撃墜はロシアの責任であるとする最終的なリポートを出した。それを疑う人間は、バカか、そうでなければクレムリンの犬だ。

二〇一四年春、プーチンはウクライナに代理戦争を仕掛けた。まず最初に正規の軍服を持たずIDのついていない「緑色の兵隊たち」をクリミアに送りこんだ。クリミアは、菱形をした半島がウクライナから黒海に突き出した部分だ。ここは歴史的にイスラム系のタタール人の故郷でありながら、ロシア帝国主義にとってもきわめて魅力的な場所だった。ロシアを相手に戦ったクリミア戦争中、ヴィクトリア朝のイギリス軍のふがいなさを詩に詠んだのが、テニソンの「軽騎兵《けいきへい》の突撃」である。しかし最後には、ツァーリ【ロシア皇帝】のロシア軍はイギリス・フランス・オスマン帝国の連合軍に打ち負かされた。二〇一四年、ツァーリの後継者プーチンは、もう少しマシな戦果をあげた。ほとんど戦闘もなしにクリミアを占領したのだ。他方、プーチンは東方のドネツク州とルハンシク州の大半を占めるロシア語を話す人々のあいだにキーウに対する反感を高めようと画策した。代理を使ったロシアの侵略を歓迎しない人々は多かったが、武力においても戦略においてもロシア秘密国家のほうが上手だった。ロシアの意図を強調するように、クレムリンは二つの傀儡《かいらい》国家を設立した。ドネツク人民共和国とルハンシク人民共和国である。キーウを支持する市民たちは秘密裏に殺され、拷問され、自由ウクライナ地域へ追放された。

ＢＢＣが余剰人員解雇を発表

戦争記者とはいえ、戦争以外の諸事情が戦場にもついて回る。言葉を失うほど邪悪な戦争の風景を目にしている現場にまで故国からうっとうしい業務連絡がはいってこなかった日は記憶にないくらいだ。今回はＢＢＣ経営陣からだった。マレーシア航空機が撃墜された日の朝、ＢＢＣの報道局長（当時）ジェイムズ・ハーディングが四一五人の余剰人員を解雇すると発表したのだ。ロンドンに本拠を置く「パノラマ」の特派員記者たちもその中にはいっていた。特派員記者四人の中で私がいちばん顔が知られていたので、数時間のうちに私の顔写真と解雇必至というニュースがインターネットに上がった。報道記者として、私はオフィスのゴシップに疎いタイプではないので、こういう事態はうすうす覚悟していた。だから、スタッフミーティングの席ではへこんだ顔は見せず、「パノラマ」での仕事は楽しかったと挨拶し、お別れにスタッフ全員に会社のパブで一杯ずつおごるよ、と言った。その日の午後、マレーシア旅客機撃墜のニュースが飛び込んできた。間が悪いとは、こういうことだ。私は自分が現場へ行く、と手を挙げた。そんなわけで、ドネツクに現れた私を見て、ほかの報道各社の記者仲間からは「おまえ、余剰人員じゃなかったのか」という声が飛んだ。いまのところ、まだらしい、と私は答えた。

あるとき、ニックと私がウクライナと親ロシア派占領地域のあいだを移動中に、ハーディングから電話がかかってきた。人影の見あたらない場所に車を止めて話を聞くと、職場が廃止になった職員はＢＢＣ内のほかの部署に転属願いを出すことができる……というような内容だった。「ジェームズ、悪いけど、切るよ」、私は言った。「どうして？」「銃を持った人間が二人近づいてきて、話を聞きたいと言っている」。私たちは両手を上げ、銃を構えた反政府派の兵士に謝り、急いで自由ウクライナの安全地帯に戻った。

あとになって、「パノラマ」の特派員を受け入れる予算と余裕のある部署は「ニュースナイト」と「トゥデイ」の二つだけで、ちょうどいま空きがぜんぶ埋まったところだ、という話が聞こえてきた。マジか。「転職願いは出せるがポストの空きはない」という姑息な対応に腹を立てて、私は自分の立場を主張し、ジャーナリスト全国組合も私を支持してくれた。それから二年のあいだに私は余剰人員解雇通知を七通もらい、無視しつづけた。ＢＢＣの経営陣は私をクビにするのを躊躇していた。そんなことをすれば組合がストライキを打つからだ。しかし、本当のところは、トニー・ホール会長とその一派は私をなんとかして辞めさせたいと考えており、そこから五年のあいだ、私は彼らの考えが間違っていることをはっきりさせようとして必死に頑張った。まるで虐待されているような関係に、私は正直かなり傷ついた。当面のところ、私はまだＢＢＣにつながっていた。もちろん、大きなヘマをやらなければ、の話だ。

昔のドネツクは、いいところだった。二〇一四年にロシアに奪い取られる前の話だ。当時の妻と私は、大晦日をどこか洒落た場所で過ごしたいとは思わなかった。くだらないお祭り騒ぎは何か違う気がして、私たちは思いつきでいろいろな場所へ行った。ある年は、レバノンへ。二〇一二年はドネツクへ。戦争でズタズタにされる二年前のことだ。ドネツク市はウクライナの石炭や鉄鉱石の産地の真上にあり、ロシア皇帝の許可を受けて、ウェールズ出身の採掘技術者ジョン・ヒューズが一八六〇年に創設した街である。ヒューズは並外れた風雲児で、ウェールズの製鉄所から身を起こし、ロンドンでミルウォール製鉄会社を作り、英国海軍の木造の軍艦に鉄装甲をほどこす技術を開発して財を成した。ロシア皇帝はヒューズに使いを送り、ウクライナ東部に工場を中心とした街を建設してほしいと依頼した。新しく発展した町は、ヒューズのロシア語読みにちなんでユゾフカと名付けられた。一八六〇年代に撮られた輝かしい写真が残っている。ヒューズがこれから建設しようとしている鉄鋼と石炭の町に向かって、そりに載せた巨大な円筒形の高炉を六〇頭くらいの雄牛に引かせて雪原を進む写真だ。ヒューズは何百人もの労働者を家族ごとウェールズからユゾフカへ移住させた。西洋式の経済に主導されて発展した町は、一九一七年のボルシェビキ革命を期に衰退しはじめた。一九二四年に、「スターリン」、二九年に「スターリノ」と改名され、怪物スターリンの凋落を受けて一九六一年に「ドネツク」と改名された。

スターリンの大飢饉を暴いた記者たち

ロシア（またはソヴィエト）がウクライナ人を大量虐殺するのは、なにも新しいことではない。一九三三年には、スターリンの一声でロシアとウクライナの農場が強制的に集団化されたために大飢饉が起こり、おそらく七〇〇万人の人々が餓死した。そのうち四〇〇万人はウクライナ人だっただろうと思われる。正確な数字は誰にもわからない。誰も数えなかったからだ。「ニューヨーク・タイムズ」のウォルター・デュランティは大飢饉などなかった、と報告を一蹴した。クレムリン寄りの報道姿勢のおかげでデュランティはスターリンとの単独会見を許され、その「スクープ」のおかげでピュリッツァー賞を受賞した。「ニューヨーク・タイムズ」は今日までそのピュリッツァー賞を返上していない。恥ずべきことだ。

スターリンの大飢饉に関して真実を報じた西側記者が三名いる。フレッド・ビールはアメリカ人のトロツキー主義者で、災厄を目にして警告を発するだけの胆力があった。マルコム・マゲリッジは「マンチェスター・ガーディアン」【のちの「ガーディアン」】紙のモスクワ駐在員をつとめたこともあるジャーナリストだ。ガレス・ジョーンズは、母親がウェールズ人でジョン・ヒューズの子供たちの家庭教師をしていた。ビールの報道は、アメリカの大手新聞からは相手にされなかった。マゲリッジは「ガーディアン」紙をクビになった。ジョーンズはナチス支持者の誤った疑いをかけられて中傷され、一九三五年に中国で射殺された。殺しの犯人はロシアの秘密警察だと私は考えている。二〇一一年に、私はBBCの「ラジオ・ワールド・サービス」でジョーンズについてのドキュメンタリー番組を製作した。それをもとに、一九三三年にロシアとウクライナにおけるフェイクニュースと戦ったジョーンズの足跡をスリラー小説『The Useful Idiot（役に立つバカ）』にまとめた。次に紹介する一節は、史実をフィクション風に書いたものだ。

「三〇メートル先にレーニンが立っていた。片手を伸ばし、鉄の風に上着の裾をはためかせ、上半身は雪をかぶっている。黒い服を着た女が像に向かって歩いていく。黒い服を着て、気の毒なほど痩せ細り、腕に赤ん坊を抱いている。女は像の前まで歩いていって、ひざまずいた……そして赤ん坊をレーニンの鉄の足もとに横たえ、何度も何度も胸の前で十字を切った。広場の反対側にいたG《ゲー》P《ペー》U《ウー》【国家政治保安部】の兵士が女に向かって何か叫びはじめた。声をかぎりに何か叫んでいる。しかし黒装束の女はそんな声を無視して、赤ん坊の服を脱がせはじめた。ジョーンズはようやく気がついた。赤ん坊は死んでいたのだ」

私の小説のこの一節は事実にもとづいている。大飢饉が最もひどかった頃、母親たちはわざと死んだ子供たちをレーニン像の足もとに置き去りにしたのだ。ソヴィエト政権の非情さを嘲笑《あざわら》う暗い行為だ。西側は大飢饉を救うためにほとんど何もしなかったし、スターリンの独裁に立ち向かうこともしなかった。公平のために言うならば、その時期、西側はヒトラーに手を焼いていたのである。

それから一世紀もたっていない現在、ロシアによるクリミアやドネツクやルハンシク侵攻に対して、西側はやはり沈黙したままでいる。いちおう制裁措置は発動されたものの、プーチンの読みどおり、ほんの形だけの軽い制裁でしかなかった。マレーシア旅客機の撃墜事件で各国の見方は多少変わったものの、ひきつづきプーチンのロシアと付き合いを続けなければならないという本質的な計算は変わらなかった。

プーチンへの直撃取材

そろそろ、二九八人の命を奪った張本人に責任を問わなくてはならない。

しかし、その前に結婚式に出なくてはならなかった。姪のローラが故郷のどこか田舎町でティムとやらと結婚したのだ。かなり酒を飲んだ。そのあと一時間半だけ仮眠したのをおぼえている。それからタクシーでガトウィック空港へ行き、朝七時発のモスクワ行きに乗った。そのあと乗り換えて、ヤクーツク行きの飛行機に乗った。ロンドンから東へ、九時間の時差だ。プーチンがヤクーツクのマンモス博物館を視察するという情報をプロデューサーのニック・スターディーがつかんでいた。ニックが言うには、プーチンに直撃取材するのはモスクワでは無理だろう、という話だった。警備が厳重すぎる。だが、辺鄙《へんぴ》な田舎なら、警備のスキも生まれるかもしれない、と。

シベリア行きの便ではほとんど食事らしいものが出なかったので、着陸したあと、目的地に着くまでのあいだに食べられるように何か買っていこう、と提案した。そして、ケバブをガツガツ食った。二日酔いのうえに時差ぼけで、なんとかからだが震えないように踏んばる。隣に並んでいるマンモス学の教授たちは、私よりもっと震えているようだ。私は結婚式に出たままの一丁羅だ。洒落たスーツにグリーンのネクタイ、長く伸ばしたひげ。ロシア大統領がいばりくさった足取りではいってくる。プーチンは私のことをマンモス学の教授とでも思っただろう。私は旧石器時代専門家たちの列から飛び出して、直撃取材する。「大統領、ウクライナでの殺戮についてどう思われますか？」

クレムリンのメディア関係者は形式どおりのバブルの中で生きているので、みんな私の質問は予定どおりだと思っている（らしい）。プーチンが返事をするシーンを撮ろうと、テレビ用の照明が明るくなった。プーチンの広報官ドミトリー・ペスコフはもう少し気がきいていて、カンカンに怒っている。二流サッカーチームの監督のような風貌のペスコフは私を睨みつけ、ニック・スターディーのカメラをさえぎろうとする。

私はもういちどプーチンにたたみかける。「何千人も死んでいるんです、ウクライナ人やロシア人やマレーシア人やイギリス人やオランダ人や。それで、大統領、ウクライナでの殺戮をどう思われるんですか？」

これだけたくさんのカメラに撮られていては、私の質問を避けて通ることはできないだろう。立場上も。ペスコフのブロックにもかかわらず、ニックはカメラを回しつづける。プーチンはロシア語でひどく退屈な返答を長々としゃべり、ペスコフが私を睨み付けながら通訳する。プーチンは英語がしゃべれないふりをしているが、本当はしゃべれる。実際にその場面を見た。ペスコフは私の傍若無人な質問にカンカンに怒って、英語を忘れて言葉につまった。それを見たプーチンが通訳のために通訳してやった。「小さい都市、小さい都市だ」とプーチンは英語で言った。通訳に雇ってやろうか。

間近に見るプーチンはスマートな服装で、非常に背が低く、オートンにそっくりだ。『ドクター・フー』【イギリスのテレビドラマ】に出てくる気味の悪いオートン、キャスター付きの大型ゴミ箱に変身して人を呑み込んでプラスチックにして吐き出す、あのオートンだ。ボトックスの美容整形は成功だったとは言いにくいが、クレムリンの支配者ともなれば、誰も本当のことは言わないのだろう。

生身のプーチンは、鼻持ちならない女みたいだ。ちょっと唇をとがらせたかと思うと、プラスチックみたいな顔でしかめっつらをする。意外なほど女々しい。私に対する反応にはどこか服従的なものさえ感じた。奇妙だ。

プーチンの顔には思わず注目してしまう。プラスチックの皮をかぶったみたいにツヤツヤしているのだ。目の下を除いて。目の下だけはまだボトックスをやっていないらしい。思わず手を伸ばして触りたくなる。「中までぜんぶプラスチックなんですか？」と聞いてみたくなる。しかし、そんなことをしたらタダでは済むまい。わたしはプーチンの顔に触ってみたいという衝動と必死に戦っていた。プーチンが私を見つめ、私もプーチンを見つめる。私のほうがずっと背が高い。プーチンは小男だ。身長は一六五センチくらいしかないだろう。私は身長一八〇センチちょっとだ。だが、別の問題があった。ケバブが腹の中で酔っ払って、「まずいぞ、ウラジーミル・プーチンの頭にゲロを吐きそうだ」と。今ならウクライナ人から大喝采を浴びるだろう。キーウのどこへ行っても酒をおごってもらえるに違いない。しかし、クレムリンの屈強な用心棒がプーチンのすぐ背後を固めている。みんな怒った顔で私を睨みつけている。私は心の中でつぶやく。「頼む、ジョン、ウラジーミル・プーチンにゲロをかけないでくれ」。プーチンは長々としたモノローグをまとめにはいっている。ウクライナの戦争はすべてキーウ政府が悪いのだ、ウクライナ東部の（クレムリンの支援を受けた代理の）人々と話すことを拒んだキーウ政府が悪いのだ、と。

敵もさるもの。長々としゃべって、私の質問に答えるふりをしながら、そのじつ突っ込まれないようにしている。

まだ続きの質問がある。「ウクライナで戦死したロシア兵の墓がこんなに増えているのは、なぜですか？」。しかし、プーチンは黙って踵《きびす》を返し、まるでバレエの群舞のようにボディーガードどもが私の前に筋肉の壁を作った。ペスコフは私とニックをすごい顔で睨みつけ、大男が私たちに「ついて来い」と言う。地下へ案内され、長い廊下を歩き、つきあたりにある部屋に入れられた。すりガラスの窓があり、部屋の中にはコーヒーとクロワッサンが用意してある。なるほど、スターリン時代よりはマシになっているか。しかし、カチリと鍵のかかる音がして、私たちは閉じ込められた形になる。すりガラス越しに大男の影が見える。昔より待遇が良くなったわけでもないらしい。

ロンドンではBBCが心配して大騒ぎになっていた。なぜスウィーニーはこんなことをしたのか？　何が起きたのか？　いまどこにいるのか？　私たちのスマホは通じなくなっていた。地下室だからだ。一時間か二時間ほどたったところで、私たちは解放された。

その同じ日、しばらくあとで、プーチンが中国の副首相とそろって登場し、天然ガスのパイプライン開通式があった。私はステージに近づこうとしたが、五、六〇メートルのところまで行ったとき、ロシア人用心棒が人混みの中を近づいてきて、腹に一発パンチを入れてきた。もちろん、誰にも気づかれないように、そっと。

というわけで、これがプーチン直撃取材の一部始終だ。だが、私はプーチンにゲロを吐きかけなかった。かえすがえすも残念だ。正直、ゲロをかけてやればよかった。

パーソナリティー障害？

ウラジーミル・プーチンにマレーシア旅客機の撃墜事件について私が詰め寄ったとき、ロシア大統領が悲劇をウクライナのせいにして大嘘をついたことは、誰の目にも明らかだった。ジェイムズ・〝ジム〟・ファロンは神経科学者で、殺人者やサイコパスや独裁者を研究している。ファロンはカリフォルニア州立大学の精神医学教授で、プーチンの精神と肉体と魂について研究してきた人物だ。私はファロン教授のインタビューをポッドキャスト「Taking On Putin（プーチンを糾弾する）」のために動画で収録した。教授とは馬が合ったので、ジムと呼ぶことにする。

インタビューの初めに、ジムは、プーチンとは直接対面して診断する機会は得ていない、と断った。しかし、できるだけプーチンと関わった人々と話をする努力はしてきた、と。教授が会った人々は、ウクライナの前大統領、チェチェンの前首相、プーチンと親交のあったベラルーシをはじめとする国々の大物たち、などだ。ジムは情報源の人たちから話を聞き、プーチンの「性格の傾向として皆の意見が一致するもの」を記録に取った。「そうした資料を集積して、遠くからではありますが、特性分析の手法によって、プーチンが破滅的なパーソナリティー障害、とくにサイコパシー（精神病質）や自己愛性パーソナリティー障害に当てはまらないかどうか判断しようと試みました」

ジムが考えている障害の特徴を説明してほしい、と頼んでみた。

「サイコパスは嘘をつくのが非常にうまいです。ほとんどの人は、嘘をつくとき、気配が見えてしまいます。チックのように。見ればわかる気配がいろいろとあります。つまりですね、倫理的な観念がなければ、自分のやっていることが倫理に反することであると思っていなければ、そういう気配のようなものは出ないわけです。彼らは自分のやっていることが倫理にもとるとか悪いとかは思わないのです。だから気配は外に表れない。ペラペラとよどみなく嘘をつきます。それで何の問題もない。嘘発見器にかけても反応しない。警察や周囲の人たちでさえ、あの人は悪いことはしていない、本当のことを言っている、と言います。嘘の気配が見えないからです」

私はジムにマレーシア旅客機撃墜事件についてプーチンに直撃取材したとき、プーチンがいかにするりと嘘を言ってのけたかを話した。

「ええ、その動画は見ましたよ。まさにサイコパスの典型的な反応です。自己愛性パーソナリティー障害にも典型的です。外見的にはよく似ているのです。ペラペラと嘘をしゃべるというのは、彼らが嘘の影響について考えていないからです。自分がしゃべっている嘘のマイナスの影響について。

だから、よどみなくスラスラとしゃべるのです。内心の葛藤がないから。加えて、自分のやっていることが究極の倫理に照らして正しい道だと思い込んでいるとしたら、倫理的優越性も抱くことになります。だからペラペラ嘘が出てくるだけでなく、嘘の気配も見せないのです。気にしていないから。自分が嘘をついていることを他人が見抜けないとなると、それが子供時代からの習いとなってしまいます。百戦錬磨の嘘つきになるわけです。目を凝らしたところで、嘘だとは見抜けません。本人たちはそうだと信じ込んでいるのですから。もうひとつ、これらのパーソナリティー障害に特徴的なのは、非難の外在化です。自分のしたことを必ず誰か他人のせいにするのです。いつも非難する対象を用意しているのです。『あんたがやったんだろう』というように。サイコパスの殺人犯は、『そこに銃があって、自分はその銃を手に持っていただけ。だけどあいつは死んで当然なやつだし、弾丸が飛び出したからしょうがない』というように言います。すごく奇妙です。彼らは自分を犯罪と結びつけて考えないのです。小さい頃からずっとそうやって生きてきたんです。だから、あなたがプーチンを問い詰めた場面でプーチンがそれは基本的にはむこうの責任だとペラペラ答えたのを聞くと、まぎれもなくサイコパスの特徴だと断言できます」

スラスラと嘘を口にしたという点においては、プーチンはサイコパスの特徴にあてはまる。サイコパスかどうか判断するうえで、ほかにはどんな特徴に注目しますか？

「そうですね、自己に関する誇大妄想ですね。自分自身に対してとほうもない自信を抱いている、誇大な自己認識を持っている。彼らは皆そうです。だから説得力があり、自信に満ちていて、自分はすごいと思っている。いわゆる恐れ知らずの優越感です。ものすごく肝っ玉が太い、根性がすわっている、危険をものともしない。サイコパスは平気で冒険するのです」

プーチンの精神に影響を与えている要因がもう一つあるかもしれない、とジム・ファロンは言う。

「何よりも、サイコパスは例外なく、私が研究した独裁者はほとんど例外なく、皆、幼い頃にひどく辛い目に遭っているのです。虐待を受けたり、捨てられたり。とくに二歳から三歳にかけての時期に。例外はポル・ポトだけです。何百人という症例の中で、例外はポル・ポトだけです。プーチンについても同じことが言えます。幼い頃に捨てられ、虐待され、いじめられている。ちょっとした不良だった。だから、育児放棄や虐待のパターンに当てはまります。幼児期に後成的な環境虐待を受けることによって、パーソナリティー障害が終生固定されてしまうのです」

ウラジーミル・プーチンが子供時代に性的虐待を受けていたとする情報もあることを、私はジムに話した。ジムの知っていた話も、私の話と呼応していた。「そういう話を皆から聞きます。プーチンが幼い頃、二、三歳頃まで、虐待され捨てられる経験をした、と」。いまだ議論のあるところだがプーチンは私生児で、ジョージア時代に生みの母に捨てられたという説もあるんです、と私は話を振ってみた。ジムは魅力的だがちょっと別の見方を示した。

「いちばん矛盾がなさそうなのは、捨てられたのも虐待されたのも基本的にレニングラード時代だったのではないか、というところです。ジョージアの話は私も聞いたことがありますが」

となると、プーチンが生みの母親に捨てられたのはジョージア時代ではなくて、レニングラード時代のどこかだった、という可能性が出てくる。ジムが話を続けた。「ほかのサイコパスの症例と似ています。でも、説明のつかない部分がある。答えの出ない部分がある。なぜなら、本当の話を本人が否定する場合もあるし、家族の誰かが否定する場合もあるからです。家族を守るために。法廷に持ち込まれた例においても、あるいはサイコパス殺人鬼の伝記においても、こうした問題が立ちはだかります。みんなきまって秘密を守ろうとするのです。だから、いつも『いいえ、私はちゃんと育てられました』という否定の答えが返ってくる。でも現実には、母親に捨てられたあと虐待される環境で育った場合には、これはサイコパスに共通して見られる特徴なのです。だから、正確に何が起こったのかが問題になるわけです。で、どれがいちばん真実に近いストーリーなのか？私がいちばんよく耳にするのは、非常に幼い頃に捨てられ虐待されたというストーリーです」

すべてがどうだったのかは、わからない。永久にわからないだろう。わかっているのは、ウラジーミル・プーチンにはサイコパスの兆候が複数認められるということだ。チックも見せずにペラペラと嘘をつく、恐れ知らずの優越感を抱く、非難を外在化する、幼い頃の生育事情が定かでない。

二〇一四年七月、ロシアの地対空ミサイルがマレーシア航空MH17便を撃墜したというニュースを耳にしたとき、私はウラジーミル・プーチンがとうとうやったと思った。今回は一線を越した、今回こそは西側もようやくプーチンと対決するだろう、と。

しかし、私の感触は間違っていた。クレムリンに対する西側の宥和《ゆうわ》政策は、依然として継続したのだ。

第12章 野党リーダー射殺さる

「プーチンのオリンピック」

あと少しでプーチンの代わりにクレムリンの支配者になるところだった男、ボリス・ネムツォフ。きらめく知性と豊かな頭髪とユーモア精神あふれる人物で、理論物理学者から民主派の政治家に転身した元気いっぱいの男だった。オリガルヒたちは黒海沿岸の都市ソチから山岳地帯のスキーリゾートまで、五〇億ドルというとほうもない大金を投下して道路を敷設した。プーチンの冬季オリンピックのためだ。二〇一三年一二月、オリンピック開会式の数週間前、私はモスクワでネムツォフに会った。ネムツォフは「あの道路、ルイ・ヴィトンのハンドバッグで舗装したほうが安くあがったくらいさ」とジョークを飛ばしていた。

私はプーチンの息のかかったソチ市長アナトリー・パホモフに会って、ゲイのオリンピック選手の扱いはどうなるのかと追及してみた話をネムツォフにした。パホモフはにこりともせずに「ソチにゲイはいない」と答えた。

パホモフの答えを聞いて、一九七七年にラジオ・スターズが飛ばしたヒット曲「No Russians in Russia（ロシアにロシア人はいない）」のタイトルを思い出した。パホモフの答えがどう見ても真実でないことは、ロシア深南部のビーチリゾートを少しでも知っていれば誰にだってわかる。このバカバカしさがネムツォフに受けたようで、「ソチにゲイはいない？　信じられないね、ありえない」と言って、笑いだした。笑いが止まらないので、「プーチンのオリンピック」を放送した「パノラマ」のスタッフはこの部分を短くカットしなくてはならなかった。笑っている時間が長すぎて。私がジャーナリストとして会ったすべての公人の中で、ネムツォフに比肩《ひけん》するほどバカげたことをおもしろがる余裕のあった人物は、ほかにはダライ・ラマしかいない。ただし、ダライ・ラマは神王である。

「パノラマ」のフリーランス・プロデューサーのニック・スターディーと二人で現地の人たちに取材を進めるにつれて、二〇一四年ソチ冬季オリンピックの金メッキがはがれはじめた。私たちはソチの東方にある村アフシティィリの真ん中にある検問所に着いた。ジョージアとの国境からさほど遠くない場所だ。何の変哲もない場所、何も特別なことのない場所だが、以前はこれほど醜い村ではなかった。高々とそびえる採石場が見える。ソチ・オリンピックに使う石材が切り出された場所だ。

そのあとに残った地面の巨大な穴は、廃棄物で埋め立てられることになっている。一日じゅう、検問所を大型ダンプが轟音《ごうおん》をたてて通り過ぎる。私たちが乗った車の脇を、エンジンを噴かして進んでいく。しかし、私たちは動けない。

検問所に詰めているのはＦＳＢ【ロシア連邦保安庁】の兵士で、リーダーの兵士がロシア語で私にむかってがなりたてる。ここは通れない、と。しかし取材の仕事があるのだ、この先に進めないと困る。村人たちの話では、ソチからスキーリゾートまで敷設された五〇億ドルの立派な道路のせいで、村がソチから切り離されてしまったという。子供たちは、以前なら二〇分あれば学校まで行けたのに、いまでは泥道を一時間も車に揺られないと学校に着けない。約束されていたアクセス道路が造られなかったからだ。

私はＦＳＢ兵士の目をまっすぐ見て、言う。「プーチン大統領は、ソチにジャーナリストを歓迎するとＩＯＣ【国際オリンピック委員会】に約束している」。ニックがこれをロシア語に通訳すると、ＦＳＢ兵士の顔が不安そうに曇った。若い金髪の兵士で、大きな銃を持っている。でも、プーチン大統領の言葉を引用するジャーナリスト相手にもめたくはないのだろう。兵士は私たちのパスポートを取り上げ、身分について尋問を始めた。「あなたがたがジャーナリストだと、どうしてわかるか？」。私たちはロシアの取材許可証を持っていなかった。三週間も前に申請したのに、モスクワの外務省は許可証を印刷できなかったし、その事態を私たちに連絡してもこなかった。

村人が通りかかって、私に何かを手渡した。ＩＯＣの広報担当官ロバート・ロクスバーグの名刺だった。私は名刺に書いてある番号にスマホで電話をかけ、FSBにパスポートを取り上げられたことを伝え、IOCはどうしてくれるつもりなのかと迫った。ロクスバーグは、ロシアの取材許可証を持たずにアフシティリ村へ行った私たちをとがめた。悪いのはロシア側であって私たちではない、と私は説明した。結局FSBは私たちのパスポートを預かったまま、徒歩で検問所を通過して村の取材をするならいいと言った。村人たちは石切場の跡地について不満を訴えた。その土地はロシア鉄道会社が所有していて、その鉄道会社はオリガルヒのウラジーミル・ヤクーニンが所有しているという。サンクトペテルブルク時代からのプーチンの盟友である。

私たちがFSBの検問所に戻ると、先ほどからの兵士が、パスポートを返却するかわりに「私たちは不法に『境界地帯』にはいりました」とする文書にサインしろという。冗談じゃない。私はまたロクスバーグに電話をかけた。ロクスバーグはあれこれ訳のわからない理屈を並べていたが、結局、FSBの一人が書類に「署名を拒否します」とサインすれば許すと言い出し、それで話がついて、私たちは解放された。

労働者たちは労賃をだまされたと不満を言った。カメラの前で証言してくれる村人はほとんどいなかったが、電気技師のマルディオス・デメルチャンだけは例外だった。不満を表明したら、そのあと警察に罪をでっちあげられて逮捕されたという。「警察に殴られました。一人が私のからだを横から殴って、もう一人が反対側から殴りました。私は床に倒れ、失神しかけました。警察は私を引きずり起こして、椅子にすわらせました。警官の一人が『これでわかったか。もっと殴られたいか？』と言いました」

デメルチャンは警察に拷問され、鉄の棒で性的虐待を受けたとして、警察を訴えようとした。警察側はデメルチャンを名誉毀損で訴えた。

FSBの前では、ルンナヤ・ポリャナ（月の空き地、というような意味）には言及しなかった。ここは山岳地帯の上のほうにある秘密の基地で、ヘリコプターでしか行くことができない。ジェームズ・ボンドに出てくる悪役の隠れ家みたいだ。国立公園だった場所に造られたルンナヤ・ポリャナは、表向きは気象観測施設ということになっているが、どうやら大統領の秘密のスキーロッジらしい。環境活動家のエフゲニー・ビチシュコは、ルンナヤ・ポリャナまで岩山を登って行ってみた。ビチシュコが言う。「ウラジーミル・プーチンがこの場所を気に入って、自分用の別荘を建てさせたのです」。一帯が別荘地として開発されそうなのを見て、ビチシュコは反対の声を上げた。「この別荘フィーバーは、なんとしても止めなくてはなりません。それが現在の私たちの活動内容で、そのせいで法廷で有罪を言い渡されているのです」。ビチシュコはフェンスに落書きをしたかどで裁判にかけられている件に言及したのだ。ビチシュコは嫌疑を否認している。「パノラマ」の番組に出演したあと――出演はビチシュコが自分から決めたことであり、活動の一環として覚悟の上での出演だった――ビチシュコは懲役三年の刑に処された。

「パノラマ」のいいところは、取材対象をとことん追い込む姿勢だ。追い詰められた大物が反撃して嫌疑をうやむやにしようとしても、視聴者には少なからず取材の成果が伝わるからだ。「パノラマ」のドキュメンタリー「プーチンのオリンピック」でルンナヤ・ポリャナに触れた部分で、私はジョン・バリーのサウンドトラックを使ったらどうかと提案した。『007は二度死ぬ』でソ連やアメリカのロケットが謎の衛星に次々と呑み込まれる場面に流れた「Capsule in Space（スペース・マーチ）」である。いかにも気味の悪いリフだ。BBCの編集スタッフは番組の残り部分にすっかり気を取られていて、この部分をフェードアウトするのを忘れ、曲はそのまま残った。

どうでもいい話だが。

私の中で「プーチンのオリンピック」とは、FSBによる拘束であり、道を奪われた村人たちの怒りであり、電気技師に対する拷問であり、勇敢な環境活動家の投獄である。当局者たちは笑顔の仮面をかぶっているが、ときどき化けの皮がはがれて、非力な者を虐げ強い者にへつらう警察国家の本性があらわになる。

野党リーダー、ボリス・ネムツォフの射殺

ボリス・ネムツォフはウラジーミル・プーチンがウクライナに戦争をしかけたことを痛烈に批判した。クリミア占領も。東部ドネツク州とルハンシク州を偽装勢力を使って侵略したことも。二〇一四年春、ネムツォフはフェイスブックでクレムリンを名指しで批判した。

「プーチンは兄弟国のウクライナに対して宣戦布告した。KGBの正気を失った男による血塗られ

た愚行は、ロシアとウクライナにとって高くつくだろう。またしても両国が若い男性を失うことになる。愛する者を失った母親や妻が残され、父親のいない子が残される。クリミアは空っぽになり、二度と観光客が戻ることはないだろう。何十億ルーブル、何百億ルーブルという金が老人や子供たちから奪い取られ、戦争の焦熱地獄に投げ込まれ、さらにもっと多くの金がクリミアの盗人政権を支えるために投入される……食屍鬼《しょくしき》は戦争なしでは生きられないのだ。人々の血が流れなくては生きられないのだ。ロシアは国際社会で孤立するだろう。人々は貧困化し、抑圧されるだろう。神よ、なぜ我々はこれほど呪われなければならないのか？　こんなことがいつまで我慢できるだろうか？」

大笑いが止まらなくなったインタビューから一年あまりたった頃、ボリス・ネムツォフは射殺された。二〇一五年二月二七日。モスクワ川にかかる橋の上で。クレムリンからわずか一〇〇メートル足らずの地点で。私は「パノラマ」の製作責任者アンドリュー・ヘッドに電話して泣き崩れたのを覚えている。あれから七年がたつが、殺人を指示した人間は誰も告発されていない。ネムツォフはすばらしい男だった。私がロシアで会った中で誰よりも魅力的で、冗談好きで、人間的な男だった。あんな残酷な死に方をするなんて。私は深い鬱に落ち込んだ。そして、急いで『Cold』というスリラーを書いた。現代のロシアについて書いたこの本を、私は射殺された三人のロシア人の友人に捧げた。ポリトコフスカヤ。エステミロワ。ネムツォフ。

ネムツォフが射殺されたあと、キース・ゲッセンは「ロンドン・レビュー・オブ・ブックス」誌でネムツォフがウクライナの戦争についてフェイスブックに投稿した文章をふりかえり、こう書いている。「彼は戦争に反対したために殺された。開戦当初から、批評家たちはウクライナの戦争は結局モスクワにしっぺ返しがくるだろうと警告していた。橋の上で引き金を引いたのが何者であれ、結果は同じだ」

ネムツォフはバカではなかった。自分の身に何が起ころうとしているのか察知していた。殺害される一ヶ月前、ネムツォフはブログで自分の母親のことに触れ、八七歳になる母親は息子がプーチンに殺されるのではないかと恐ろしがっている、と書いた。あなた自身は怖いと思っていますか、と誰かが尋ねた。「そうですね。母親ほどではないですけど。それでも……」。その先がネムツォフらしいところで、こう言葉を続けた。「なに、ただのジョークですよ。プーチンが怖かったら、こんな仕事はしていません」

ジョークではなかった。射殺される二週間前、ネムツォフは旧友でジャーナリストのエフゲニア・アリバツに、自分は殺されるのではないかと恐れていると話し、それでもそうならないだろうと考える理由をあげた。自分はクレムリンの中枢にいた男だし、副首相までつとめた男だし、自分を殺せば流血の先例になるだろうから、と。

ネムツォフの推論は間違っていた。クレムリンの壁から一〇〇メートルかそこらの地点で、背後から数発の銃弾を撃ち込まれて殺されたのだ。地上でこれほど重点的に監視カメラが見張っている区域はない、という場所で。公式談話では、クレムリンのカメラがゴミ収集車にさえぎられて単独または複数の殺人犯をとらえることができなかった、とされた。勘のいい読者ならすでに察しがついているだろうが、念のために書いておくと、公式談話など嘘っぱちもいいところだ。私は四〇年あまり報道記者をしているが、クレムリンの周辺ほど警察官に頻繁に止められる場所はない。五メートル歩くたびに警察官からパスポートを見せろと言われる。ネムツォフの暗殺現場をクレムリンの多数のカメラが一台も捉えていなかったなどという話など、バカバカしくて信じられるはずもない。プーチンの報道官ドミトリー・ペスコフは、死人にさらに鞭打つような発言をした。「プーチンは、この残酷な殺人はどう見ても殺し屋のしわざである、非常に腹立たしいことだ、と述べています……政治的には、彼は現在のロシア指導部およびウラジーミル・プーチンになんら脅威となるような存在ではありませんでした。プーチンや政府の支持率など人気で比較するならば、総じてボリス・ネムツォフは平均的市民よりわずかに上という程度の存在でした」

ここであらためて念のために言っておくが、ネムツォフはウラジーミル・プーチンにとって厄介な存在だった。ネムツォフの殺人によって利益を得る人物がいるとすれば、それはクレムリンの支配者だ。

ロシア反体制派の事実上のリーダーだった人物の射殺事件に対する警察の捜査は、勘のいい読者が想像するとおりに展開した。つまり、モスクワ市警は見当違いの方向へ突進したのだ。射殺事件の夜、警察はネムツォフのアパートに家宅捜索にはいり、コンピューターのハードディスクを押収した。やりそうなことだ、犠牲者は警察の敵だったのだから。ロシア生まれのアメリカ人記者ジュリア・ヨッフェは、こうなるだろうと予言していた。「捜査がどこにも行きつかないことは、わかりきっています。せいぜい、どこかの気の毒な間抜けが射殺の実行犯に仕立て上げられて判事の前に引き出され、もっとはるかに重要な人物の身代わりにさせられるだけでしょう。あるいは、みんな一所懸命にやっているなどと言い訳しながら何年もずるずると捜査が長引いて、結局だれひとり正義の裁きを受けなかった、とか」。もうすでにクレムリンは「事件を攪乱《かくらん》しようとしている」とヨッフェは書いている。

モスクワの事情通のあいだでは、射殺を命じたのはずばり何者なのか、意見が二つに割れていた。ウラジーミル・プーチンにとって、ネムツォフは長いあいだ厄介な存在だった。しかしネムツォフより前に殺されたアンナ・ポリトコフスカヤと同じく、ネムツォフも頭のおかしいチェチェンの売国奴ラムザン・カディロフを痛烈に批判していた。ロシアの反体制活動家イリヤ・ヤーシンは、カディロフがネムツォフを殺させたのではないかと考えている。ＦＳＢ職員の一部がチェチェン総督が暗殺を指示した確かな証拠をつかんだものの、プーチンが優柔不断のあげくに捜査の終了を命じたため不満を抱いていた、という噂も聞く。

私はウクライナの友人たちに何度も同じことを言っている。ロシアを変えることは可能なのだ、と。問題は、ウラジーミル・プーチンに取って代わることのできる人間が死んでしまっているか死にかけているかなのだ、と。

プーチンのブレーンにインタビュー

二〇一六年一二月、私はモスクワに戻り、ウラジーミル・プーチンのロシアにおける知の巨頭の一人とされる人物と頻繁に会っていた。髪とひげを長く伸ばしたいかにもスラブ的な風貌のアレクサンドル・ドゥーギンは当時五四歳で、「プーチンのブレーン」とか「プーチンのラスプーチン」などと呼ばれていた。その頃ドゥーギンは自分が司会をつとめるクレムリン寄りのテレビ番組を持っていて、ロシア正教会の優越性をさかんに主張していた。「ソングズ・オブ・プレイズ」【諸宗派の讃美歌を紹介するBBCのテレビ宗教番組】にゲッベルス流のレトリックを詰めこんだ番組を想像していただければ、お口あんぐり級の番組に当たらずとも遠からずというところだ。ドゥーギンはユーラシア主義の唱道者だ。ユーラシア主義とは、ロシアはヨーロッパ的要素とアジア的要素をあわせ持つ独自の国家であり、人権だの民主主義だの法の支配だのといった人心を惑わし弱体化させる悪弊のような概念とは一線を画して屹立《きつりつ》すべきである、というイデオロギーだ。突飛で聞こえのいい戯言《たわごと》に包まれたロシア正教会風のファシズムであるが、そうは言っても、ドゥーギンはクレムリンに物申すことのできる存在だと広く信じられていた。私が会いに行ったとき、ドゥーギンはロシアのウクライナ侵攻を支持する極端な言辞とウクライナを国家として認めない発言ゆえに西側諸国の制裁対象となっていた。二〇一六年のその時点で、ドンバス地方におけるプーチンの戦争はほんの一万人程度の犠牲しか出していなかった。

ドゥーギンのお決まりの主張は、西洋文明にとって最大の危険は社会を弱体化させるリベラリズムとイスラム過激主義である、というものだった。ドゥーギンの主張に迎合した一人が、ドナルド・トランプ米大統領のチーフ・ストラテジストをつとめたスティーヴ・バノンだ。二〇一六年、彼らは宇宙の覇者となったかのような勢いだった。バノンは二〇一四年にバチカン市国で開かれた右派のマインド・フェストで、いわゆる「イスラム国」がツイッター・アカウントで「アメリカ合衆国を『血の川』にしてやる」と豪語している、と話した。

「いいですか、聞いてください、これはヨーロッパにもやってきますよ」、バノンは付け加えた。「しかも、われわれはいま、イスラム的ファシズムに対抗する世界大戦の入り口に立っているのです」

危険なのは、クレムリンに同調して、たとえばアレッポにおける「イスラム主義ファシズム」との戦いに加担しているうちに、結果的にロシアのファシズムに同調することになってしまうかもしれないということだ。アレクサンドル・ドゥーギンは、このリスクについては問題にしたくないようだった。モスクワでのドゥーギンへのインタビューは、さんざんな結果に終わった。

第一に、ドゥーギンは二〇一六年のアメリカ大統領選挙においてロシアが民主主義をハッキングしようとした可能性は「まったくゼロだ」と言い切った。

スウィーニー「ウラジーミル・プーチンが民主主義を支持していることについて、疑問の声が上がっていますが？」
ドゥーギン「言葉に気をつけてください。あなたがたには私たちに民主主義を教える資格はない。あなたがたはあらゆる国民、あらゆる国家、あらゆる社会に対して、西洋風の、アメリカ風の、いわゆるアメリカ的価値観を押し付けようとしている。頼まれもしないのに……まったくもって人種差別的です。あなたがたは人種差別主義者だ」
スウィーニー「ウラジーミル・プーチンを批判すると殺されるかもしれない、と、そこが問題なのです」
ドゥーギン「ウィキリークスにかかわったら殺される恐れがある、ということですか？」
スウィーニー「ジュリアン・アサンジは殺されましたか？」
ドゥーギン「いいえ」
スウィーニー「だから、いいですか、ちょっと待ってください。ボリス・ネムツォフのことを教えてください。彼はクレムリンからわずか一〇〇メートル足らずの地点で殺されました」
ドゥーギン「プーチンによって、ですか？　あなたはネムツォフがプーチンに殺されたと考えているのですか？」
スウィーニー「彼はプーチンを批判していました。バラク・オバマの政権を批判して殺されたジャーナリストの人数をあげてもらえますか？　そんなことはできないでしょう？」

ドゥーギン「こんな会話はバカげている。まったくバカげている。もう結構だ、これ以上続けたくはない」

ドゥーギンはマイクを引きちぎって、インタビューの部屋から出ていった。

それまでは、けっこう仲良くやっていたのだが。

その後、ドゥーギンは二万人のフォロワーを持つブログに記事をアップした。私の顔写真をのせて、私が「フェイク・ニュース」を流していると非難する記事だ。「ＢＢＣの特派員を追い返してやった。悪臭芬々《ふんぷん》たる野郎だ！　救いようのない馬鹿者……その名はジョン・スウィーニー。名前からして想像がつくというものだ。スウィーニー（Sweeney）は世界的干渉主義のブタ野郎（swine）だ。彼らはロシア人がトランプを大統領に当選させるのにいかに手を貸したかというフェイク・ニュース・ドキュメンタリーを作っている。連中が主張する唯一の証拠は、プーチンがＫＧＢで働いていたという事実のみである。救いようのない愚か者どもだ。ジャーナリストの才能のかけらもない！　ナチ・スタイルのプロパガンダ首謀者だ。やつらに近寄るな！」

というような言葉づかいが、新たなる世界秩序の共通語らしい。

以来、ロシアではどこへ行っても私は尾行されるようになった。

第13章 「プーチンを糾弾する」

決して捕まらない暴漢たち

銃で撃たれる。
ナイフで刺される。
スタンガンでの制圧。
無言の暴漢らに殴られる。
頭を鉄の棒で殴られる。
目をつぶされる。

これらは、ウラジーミル・プーチンを糾弾する行為がどんな代償を伴うか、ロシアで民主主義のために立ち上がることがどんな代償を伴うか、を物語っている。あっぱれなのは、クレムリンに対抗する勢力が品位と貫禄とブラック・ユーモアを備えているところだ。そして、信じがたいほどの勇気も。

射殺されたのは？

刺されたのは？　スタンガンで撃たれたのは？　ネムツォフ。

二〇一八年春、クレムリンの支配者は、再びロシア大統領の座を狙って選挙に出馬した。ナワリヌイのチームは、選挙が陰謀に満ちた茶番であることを示そうと活動していた。それはチームにとって、ひいてはチームのリーダーにとって、大きな代償をともなう活動だった。

嘲笑的な行為さえ、危険だった。たとえば、反対派のデモにプーチンのマスクをかぶって参加した道路清掃員の例がある。清掃員は、サンクトペテルブルクのウラジーミル・イワニュテンコ。デモに参加したイワニュテンコはプーチンのマスクをかぶり、胸に下品な文句を書いたTシャツを着ていた。上品な英語に訳すなら、「アホのプーチン」といったような文句だ。二〇一七年一二月、イワニュテンコは朝六時に歩いて仕事場へ向かっていた。そこへ二人の男たちが襲いかかった。一人がスタンガンでイワニュテンコを動けなくして、もう一人がナイフで二度刺した。そして雪の上に倒れた瀕死のイワニュテンコを残して、走り去った。だが、イワニュテンコは生きのびた。襲撃の背後にはロシア国家がいるに違いないとイワニュテンコは確信している。こう話してくれた。

「反対デモしか理由が思いつかないです。ぼくはプーチン政権に批判的な勢力を支持しているし、プーチンは国の金を横領していると思います。あんなのは本当の大統領じゃない」

イワニュテンコ襲撃の罪に問われた人間はいなかった。もちろん、そうにちがいない。

無言の暴漢に殴られたのは？　二〇一八年一月、ディナル・イドリソフはロシア警察がナワリヌイの政治集会を妨害する様子をライヴ・ストリーミングしていた。だが、こんなことをすれば、居場所があっという間に特定されてしまう。そして、イドリソフは三人の暴漢に襲われた。暴漢たちはイドリソフを地面に殴り倒し、顔、頭、胴体に次々と蹴りを入れた。始終、黙りこくったままの凶行だった。イドリソフは肋骨と腕と頬骨を骨折し、顔をボコボコにされた。襲ってきたのはロシアの公安警察だとイドリソフは確信している。ふつうの暴漢なら殴りながら罵倒しまくるだろうが、このときの三人は一言も言葉を発しなかったのだ。「まるで感情がないかのような連中でした」

イドリソフを襲った連中は一人も告発されなかった。もちろん、そうにちがいない。

頭を鉄の棒で殴られたのは？　ニコライ・リャスキンは、アレクセイ・ナワリヌイの側近だった。二〇一七年九月、リャスキンは地面に倒れた。「はじめ、何かが屋根の上から落ちてきたんだと思いました。建物が倒壊してきたのかな、と。で、ふりむいたら、男が鉄の棒で、また頭をめがけて殴りかかってくるところでした」。襲撃のあと、リャスキンのもとに奇妙なメールがはいった。「完了」と。ロシア警察は、鉄棒で殴られたという話は自作自演である、暴漢に金を払って自分を襲わせたのだ、とリャスキンを告発した。襲撃から数日後、警察はリャスキンの仕事場に家宅捜索をかけた。つまり、チーム・ナワリヌイの本部にガサ入れをかけたのだ。「まったくバカげています。鉄棒で頭を殴られた被害者は私なのに、警察はナワリヌイの名前のついたチラシやシールや何やかや事務所から押収していったのです」

リャスキンを襲撃した人間は一人も告発されなかった。もちろん、そうにちがいない。

目をつぶされかけたのは？　私が初めてナワリヌイに会ったのは、アレクセイ・ナワリヌイその人だ。私が初めてナワリヌイに会ったのはズームを通じた面会で、二〇一六年だった。友人でロンドンに亡命中のロシア人ロマン・ボリソヴィチが、チーム・ナワリヌイの反汚職基金（ロシア語でFBK）につないでくれたのだ。チーム・ナワリヌイは、ロシアの検事総長（当時）ユーリ・チャイカとその息子たちについて、四〇分にわたる滑稽だが笑えないビデオを製作したところだった。ビデオの内容は、ロシアの法執行の頂点にあるはずの官僚とその息子たちが組織犯罪と手を結んで不正を働いている、というものだった。ふつうのロシア人が反撃しようとするならば、殺されるのがオチだ。ニック・スターディーと私はBBCの「ニュースナイト」で放送された短い動画の中で、「チャイカ」という名前がロシア語でカモメを意味することを使ってちょっとふざけたイントロにした。動画の冒頭で凍りついた荒野と寒々とした水面を映し、私が高く差し上げたポテトチップを急降下してきたカモメがくわえて飛び去る、という場面だ。BGMはスターリン時代のソヴィエト国歌。私がカメラに向かってしゃべる。「バイカル湖へ、ようこそ」。音声が乱れ、私がほんとうのことをバラす。「あ、いや、サウスエンド・オン・シー【テムズ河口の港町】へ、ようこそ」。チャイカも息子たちもFBKの告発を否定し、当時の検事総長みずからがビデオカメラの前に立って、動画は「悪意に満ちた批評」であり、「提示されている情報は故意に歪曲されたものだ」と述べた。

ズームの画面で、ナワリヌイが話してくれた。ウラジーミル・プーチンはロシア腐敗の頂点に鎮座しているのだ、と。「プーチンは汚職のツァーリです」。インタビューを終えたあと、私はナリリヌイの勇気に感銘した。私たちが安全なロンドンにいてプーチンを告発するのとは大違いで、ナワリヌイと彼のチームがロシア国内にいてプーチンを告発するのは信じられないほどの勇気が必要な行為なのだ。

二〇一八年のロシア大統領選挙では、誰が当選するか、みんなわかっていた。ウラジーミル・プーチンを打ち負かせる可能性のある人間は、一人も立候補できなかった。ネムツォフは射殺されてしまったし、カシヤノフはセックス・スキャンダルを暴露されたし、ナワリヌイは国家によってバカげた証拠にもとづいたバカげた裁判にかけられ、判事はクレムリンから指示されたとおりの判決文をそのまま読み上げたのだった。

しかし、チーム・ナワリヌイはクレムリンにとって間違いなく悩みの種だった。ナワリヌイの得意技は絶妙で風変わりな作戦で、ロシアを民主主義の機能している国家であると想定して、そのように行動する、というやり方だった。二〇一七年四月、ナワリヌイはモスクワの事務所を出た直後に何者かに緑色の液体をかけられた。顔にかかった液体は緑色の医療用染色液で、ロシア語では

「ゼリョンカ」と呼ばれる。ゼリョンカはふつうに消毒薬として使われる液剤だ。たとえば肌をすりむいた時などに塗る薬で、毒性はない。しかし、この襲撃に使われたゼリョンカには焼灼《しょうしゃく》性の何らかの化学物質が混ぜてあり、それがナワリヌイの右目に焼けつくような痛みをもたらした。ナワリヌイは治療のためスペインまで行かなければならなかった。近くで見ると、いまだにゼリョンカをかけられた方の目は完治しているようには見えず、左目に比べると動きが悪いようだ。

ロシア警察は、襲撃者を特定することができなかった。これは奇妙だ。なぜなら、チーム・ナワリヌイは犯人を特定できたからだ。現場から走り去る犯人の姿が監視カメラに映っていた。警察もその映像を入手したが、何者かの手で顔の部分がぼかされていた。服やからだの部分はぼかされていなかった。二人目の襲撃者もぼかされていた。こちらは周囲の注目をひかないようにゆっくりと歩いて離れていく。手にスマホを持っている。ナワリヌイの支持者の一人がインターネット上で二人目の男の顔が一コマか二コマだけぼかされていない映像を見つけた。そこから、その人物がアレクセイ・クラコフと判明した。クラコフはモスクワ警察の元警視で、クレムリン寄りの残忍な集団SERB（南東地域ブロック）に属する活動家だ。SERBはロシアが占領しているウクライナ南東部出身者の集団で、プーチンが喧伝する戦争の大義を奉じ、自分たちは自由の戦士であってキーウの政府は不法なナチ政権であると主張している。クラコフと判明した人物からたどって、チーム・ナワリヌイは緑色の染料をかけた男がアレクサンドル・ペトルンコであることを割り出した。二人とも容疑を否認しており、起訴もされていない。

「伝統的ロシア家庭の価値観のカルトを堅持」

SERBが表明している目標は、「伝統的ロシア家庭の価値観のカルトを堅持し、西欧やアメリカから押しつけられた社会倫理の崩壊に終止符を打つ」ことだ。そうした倫理の崩壊に対抗するために彼らは緑色の染料や糞尿を投げつけ、反対勢力に徹底的ないやがらせを実行してきたが、警察はそうした行為をやめさせようとする動きをいっさい見せない。SERBはロシア国家のお墨付きを得ていて、クレムリンに異を唱える輩に残忍な行為を働いてもお咎めなしで済むのだ。そのことを、私もまもなく知ることとなる。

プロデューサーのニック・スターディーと取材コーディネーターと私は、クレムリンのすぐ北側にある第二次世界大戦のソヴィエトの英雄ジューコフ元帥の銅像前でSERBの活動家たちと会うことになった。SERBのリーダーはイーゴリ・ベケトフという役者くずれの男で、ものすごく背が高く、舞台度胸があり、白文字で「SERB」と縫い取りをした赤い毛糸の帽子をかぶっていた。早口の大声でくだらないことをべらべらとしゃべる男だった。会った日は雪が降っていて、私たちはみな分厚いコートやジャンパーを着ていたが、その上からでもベケトフが防刃ベストを着けているのがわかった。SERBからやってきたのは四人だけだった。ベケトフと、フェルトの中折れ帽をかぶった気難しそうな男と、ティーポットの保温カバーのような毛糸帽をかぶった男と、そして元警視のクラコフ――ナワリヌイが緑の液体をかけられた事件で現場からゆっくりと歩き去る姿が監視カメラに撮られていた第二の人物だ。クラコフは細身のひきしまった体格で、口数少なく、外斜視だった。面会のあいだじゅう、クラコフは自撮り棒の先につけたスマホで私たちの姿を撮影していた。当時は気づかなかったが、どうやら私たちの姿は遠くからもビデオ撮影されていたらしい。SERBの一行と私たちが話をしている姿を引きで撮ったビデオ映像が、のちになってロシア国営放送で流れたからだ。映像資料にはもってこいの素材というわけか。

ベケトフの案内で最初に足を運んだのは、ネムツォフがモスクワ川にかかる橋の上で射殺された現場だった。石を投げればクレムリンの赤い壁に当たるくらい近くだ。ものすごく寒い日だったが、それでも一人の老人が殺害された政治家の聖地を守っていた。どんなにロシアを愛していても、問題はクレムリンの男一人ではないと思い知らされる場面がかならずある。一部の人々が言うように、ロシア人全体として何か腐敗したものがあるのだ。それは怪物ではなく、沼地のようなものだ。そうした紋切り型の思考に抗うために、私はいつもネムツォフの聖地を守っている人たちのことを思うようにしている。ありあわせの物でろうそくを立て、ネムツォフのブロマイドのような写真を額縁に入れて飾り、花や花輪を立てかけて。クレムリンは、こうした聖地を一掃すべく道路清掃業者を派遣した。しかし、撤去されるたびに、聖地は魔法のようにまたもとどおりになる。その心意気をクレムリンに思い知らせるために、ネムツォフの支持者たちは週七日二四時間体制で見張りをしている。一年じゅう、日が照ろうと、雨が降ろうと、どんなに大雪が積もろうと、守り人たちは聖地が崇められるよう見張っている。その日、ＳＥＲＢの連中は聖地を守っていた老人にケンカを吹っかけた。老人は老いぼれ扱いされるつもりなどさらさらないといった気迫だった。「わしが投票したいと思った指導者たちは、みんな殺されちまったじゃないか」と言って、老人は政治家たちの名前を列挙した。最初は、ガリーナ・スタロヴォイトワ。リベラル派の国会議員で、第一次チェチェン戦争を始めたエリツィンを「血まみれボリス」と呼んで糾弾したが、一九九八年に射殺された。そして最後はネムツォフ。二〇一五年に射殺された。

老人の勢いに面食らったベケトフは、老人がこの橋を正式名称ではなくネムツォフ橋と呼んでいることをあげつらって、わめき散らした。殺害された民主派政治家の聖地を守っている老人相手に論争を挑むなど、お門違いもいいところだ。私はベケトフに、ＳＥＲＢは実質的にセンターＥ（ロシア警察のテロリスト・過激派対策部門）から資金提供されて活動しているのではないかという質問を浴びせた。ベケトフはそれを否定した。私たちは南にむかって歩き、かつてネムツォフが住んでいた界隈にやってきた。ネムツォフが住んでいた建物のオーナーは壁にネムツォフの写真を掲げることを許可しなかったが、隣の建物のオーナーは構わないと言った。そんなわけで、ネムツォフの旧居から一・五メートル離れたところに射殺事件の犠牲となった政治家を弔うささやかな聖所が設けられ、壁に額装された写真が飾られ、花輪が下げてあった。ベケトフは本来の場所とは違う建物に聖所が設けられていることに難癖をつけ、ネムツォフの写真のところへつかつかと歩いていって写真と花輪を壁から引きちぎった。そして写真はそのまま持っていたものの、花輪のほうは近くのプラスチック便所に投げ捨てた。写真や花輪を引きちぎろうとしているベケトフに、私は大声の英語ではっきりと言ってやった。「あなたは聖廟《せいびょう》を冒瀆《ぼうとく》しているのではないか？」と。私の言葉はロシア語に通訳されたので、ベケトフも、一部始終を動画撮影していた元警視も、私が彼らの蛮行をどう思っているかははっきりとわかったはずだ。

晒されたパスポート

今回のロケでは、私たち「パノラマ」の取材チームは、モスクワでもサンクトペテルブルクでもどこへ行っても覆面パトカーに尾行された。ものすごい寒さの中で、彼らの存在は笑えるほど目立っていた。暗闇に車を止め、車内灯は必ず消して、でもエンジンは噴かしているのだ。

ＳＥＲＢがネムツォフの聖所を冒瀆した翌日、私たちは窓に黒いスモークフィルムを貼ったバンの中でアンドレイ・ソルダトフにインタビューをした。ソルダトフはＦＳＢ【ロシア連邦保安庁】に詳しい調査ジャーナリストだ。例によって、私たちは覆面パトに尾行されていた。この車はＸ３６９で始まるナンバーをつけていた。こんなにあからさまに尾行されたのは、私の人生で初めてだった。ロシアの首都中心部にあるルビャンカ広場に面してくすんだ黄色いヒキガエルのようにつくばっているＦＳＢ本部の脇を通過しながら、ここの地下で何人が処刑されたんだろう、と私はソルダトフに尋ねた。「何千人も。ある意味、逃れがたい罪だね。恐怖が記憶に刻み込まれている。自由になんて思いを馳せている余裕はないんだ、過去にこれだけ重い災いを抱えて、誰もそれについて口を開こうとしないんだから。いまだにスターリン時代の秘密警察の恐怖におびえて生きているようなものだ」

「パノラマ」のプロデューサー、ジョン・コフィーはホテルに残って、それまでに撮影したラッシュをインターネットの暗号化システムを使ってロンドンの編集スタッフに送信する作業をしていた。そのコフィーから電話がかかってきて、ロシア警察の警官四人が訪ねてきてカメラ担当のシェイマス・マクラッケンと私に話を聞きたいと言っている、という。何の用件か、見当がつかなかった。シェイマスと私はソルダトフを車から下ろしたものの、その日のラッシュを持ったまま警官と会うのは気が進まなかった。身体検査をされてSDカードを没収されるかもしれない。そうしたら、ソルダトフの未編集のインタビューが見つかってしまう。私たちはBBCのモスクワ支局に向かった。SDカードをモスクワ支局に預けて、それから警官たちに会おうという心づもりだった。

ところがBBCモスクワ支局の考えはちがった。私はソルダトフとのインタビューを収録したこと、ソルダトフを守るためにそのラッシュを安全な場所に預けたいこと、を説明した。しかし、BBC側の返答は、「モスクワ支局を離れるんだ、ラッシュは自分たちで持っていけ」というものだった。

BBCの立場もわかるが、私たちもBBCファミリーの一員だ。私の考えでは、BBCのこの対応は私たちを危険にさらし、そればかりか情報源アンドレイ・ソルダトフの身まで危険にさらしたと思う。

あわてふためいて、私はロシア人の友人に助けを求めた。BBCのモスクワ支局に雇われているのではないロシア人だ。その友人が私たちのラッシュを預かってくれて、シェイマスと私はロシア警察との約束に間に合った。警察はシェイマスと取材コーディネーターの二人を先に尋問して、私は別室でひとり待たされることになった。ひとりでじっくりと罪を反省しなさい、というわけか。まあ、ロシアの警察署としては、まずまずの部屋だったが。窓から中庭が見下ろせた。三人の警官が雪の中でタバコを吹かして休憩していた。しかし、私は部屋に閉じ込められたままだ。

スマホにニュースフラッシュが流れた。ＦＳＢ（ＫＧＢ）に近いロシアのテレビ局の報道で、私がネムツォフの聖所を冒瀆した罪で告訴されることになるだろう、という。この先どうなるのか？なんとか気持ちを落ち着かせようとしたが、正直、怖かった。今回こそは、ロシアを支配する秘密警察を挑発しすぎたのか、と。その瞬間に私が感じた不安、そしてロシアの反体制派や民主派がつねに意識している不安は、秘密警察の警官たちがどこまで何をやるか限度がわからないということだ。限度があるとして、それがどのあたりなのか、誰にもわからない。

それは怖い。

警察署にいるあいだにパスポートを取り上げられ、コピーを取られた。パスポートは返してもらえたが、私たちが釈放される直前に何者かが匿名でロシアのオンラインチャネル「テレグラム」に投稿して、シェイマスと私のパスポートの写真ページをアップした。顔写真、生年月日、パスポート番号。すべて晒されてしまった。すぐにパスポートを無効にしなくてはならない。

警察署を出て、雪の中を歩きはじめたところへ、ロシアのテレビクルーが撮影用照明やら何やら一式準備して直撃取材してきた。シェイマスは小心者ではないので、さっとスマホを出してカメラ機能で相手を撮影しはじめた。私は気の毒なリポーターに向かって、きつい言葉で言ってやった。「そちらさんは警察国家の手先ですか?」。リポーターは私を見て、金魚鉢の金魚のようにごくりと息をのんだ。私はシェイマスのカメラのほうを向いて、しゃべった。「この人たちはロシアの国営テレビの取材チームで、われわれに直撃取材をかけてきましたが、下手くそで歯が立たないので、すごすごと逃げていくところです」。そのカットは、「パノラマ」の番組「Taking On Putin(プーチンを糾弾する)」に入れられ、三〇〇万人の視聴者が見た。

私たち「パノラマ」のチームは、モスクワでもサンクトペテルブルクでも秘密警察に尾行されまくった。私自身、破壊行為を働いたと濡れ衣を着せられたこともあった。午後のあいだじゅうモスクワの警察署に留め置かれたこともあった。パスポートは使い物にならなくなった。取材コーディネーターは過激派のレッテルを貼られ、永久にロシアを離れなければならなくなった。プーチンが政権の座にあるあいだ、私もロシアに戻ることはできない。ロンドンにもどって、私はBBCモスクワ支局が私たちチームに十分な保護を与えてくれなかったことに対して抗議した——が、相手にしてもらえなかった。こうなることは予測しておくべきだった。経営側は私のようなトラブルだらけのリポーターなどクビにしたかったのだ。

私はいまだにＢＢＣは立派な放送局だと思っている。ＢＢＣを悪く言うつもりはない。しかし、ジャーナリストの上に官僚を配置するのは間違っている。

ナワリヌイのカリスマ

ひとつだけ実現できなかったのは、ロシア国内でアレクセイ・ナワリヌイにインタビューすることだった。クレムリンとの対決に全力を傾けているナワリヌイは、欧米における自分のイメージにはあまり関心がない。シェイマスと私は、前に一度だけナワリヌイに会ったことがある。ほんの短い時間だったが。二〇一七年末、ストラスブールでナワリヌイが欧州人権裁判所に出廷したときのことだった。法廷はナワリヌイに有利な、ロシア側に不利な判断を示した。だからどうというものでもないのだが。ナワリヌイはモスクワに飛行機で戻る直前に一〇分だけ時間をくれた。モスクワへ戻ればふたたび逮捕される危険もあるのに。

実際に会ってみると、ナワリヌイは背が高く、痩身で、カリスマを発散させ、灰色の瞳で相手をじっと見つめる人物だった。救世主《メシア》の威信――そこには暗い影もある――からナワリヌイを救っているのは、ユーモアのセンスとバカバカしいことを笑いとばせる余裕だった。シェイマスがアレクセイの上着の襟にサウンド・マイクをつけようとしているところへ、私がシェイマスは「北アイルランド」の出身なんですと説明した。シェイマスの手が止まった。ナワリヌイはにやりと笑いかけた。私がひやひやしつつもなんとかサウンドバイトを取らせてもらおうと躍起になっているのが面白い、というように。その瞬間、ナワリヌイと私は政治家と記者ではなく、たがいのケツを嗅ぎ合う大きな二頭の犬になっていた。私は甲高い笑い声をあげ、「シェイマスはアイルランド島の出身で、ぼくらイギリス人はいまだに帝国主義のレガシーの扱い方を練習中なんです」と説明した。それを聞いてシェイマスは仕事を再開し、アレクセイは笑いころげた。

ナワリヌイは初めは弁護士だったが、自分で始めた反汚職を訴えるブログが大成功して、何十万人ものフォロワーを得た。たしかに途中でミスもあった。二〇〇〇年代の初めごろ、ナワリヌイは外国人排斥を訴える極右と近づいたことがあったが、そのあとは中道路線に戻った。二〇一〇年には、数ヶ月のあいだ、アメリカ・コネチカット州のイェール大学でリーダー育成コースで教壇に立ったこともあった。そのときの同僚講師はブリストルの黒人市長マーヴィン・リーズで、リーズの話では二人は仲が良かったという。ナワリヌイは車を持っていて、リーズは持っていなかったので、ナワリヌイが車でリーズをスーパーマーケットに買い物に連れていってくれたりしたという。妻や子供たちがアメリカへ遊びにきたときには、二人は家族ぐるみでリンゴ狩りに行ったという。「アレクセイからぞんざいな扱いをされたことは一度たりともありませんでした」

勇気と言葉の力で、ナワリヌイは大きく人気を伸ばした。二〇一一年、ウラジーミル・プーチンとドミトリー・メドヴェージェフがまた首相と大統領を交代することが明らかになって、ロシア国民は激怒していた。プーチンは大統領に当選して二〇〇〇年から二〇〇八年まで二期八年間にわたってロシア大統領をつとめたのだが、当時のロシア憲法では三期目に立候補することは禁じられていた。そこで、なんとまあ恥知らずなことに、当時自分の下で第一副首相をつとめていたメドヴェージェフ——ロシアの政治家の中では極めて珍しくプーチンよりも背の低い人物、そのおかげで重用されたふしもある——が大統領に立候補すると表明したのだ。そして、首相にプーチンを指名する、という仕掛けである。オバマ大統領をはじめとして、欧米の政治家たちはすっかり騙され、メドヴェージェフの大統領就任をまじめに受け止めたが、こんなものはただの傀儡《かいらい》だったのだ。メドヴェージェフをどう思いますか、という私の質問に、ドナルド・レイフィールド教授がずばり答えている。「アル・カポネの弁護士さ」

二〇一一年、プーチンは自分よりもっとチビの男とふたたび交代してそれぞれ大統領と首相になると表明し、怒ったロシア国民が街頭に出てデモ行進をした。エリツィン時代の権力や混乱の汚点にまみれていないナワリヌイが一躍表舞台に引き出された。ナワリヌイはプーチンとメドヴェージェフの「統一ロシア党」を「詐欺師と盗人の党」だと批判した。この攻撃は痛烈に効いた。真実だからだ。ネムツォフが二〇一五年に射殺され、翌年にカシヤノフがコンプロマートのセックス動画で失脚したあと、ナワリヌイが反体制勢力の実質的リーダーとなった。当然ながら、クレムリンは法の力を使って、というより法律を濫用して、ナワリヌイが大統領選挙に出馬できないようにした。苦労の末にナワリヌイとモスクワの事務所で会ったとき、ナワリヌイはクレムリンを強烈に批判した。「こんなものは選挙ではない。参加することさえ認められない。恥ずべき選挙だからだ。倫理に反する選挙だからだ。最悪の選挙、みっともない選挙だからだ。こんなものを選挙と呼ぶことはできない」

「ロシアは警察国家ですか?」私はナワリヌイに尋ねた。

「完全に。百パーセント」

第14章 尖塔からの眺め

イギリスに寝返ったスパイ

二〇一八年三月、イングランド南部に珍しく降った雪が積もったものの、例によって、すぐに解けてぬかるみになった。まさに、二人のロシア人スポーツ栄養士がモスクワから飛来してソールズベリー大聖堂の尖塔を見学するにはもってこいの日和かもしれない。二日続けて、二回も足を運んでいる。

プーチンのお気に入りの愛玩犬《あいがんけん》、じゃなくてジャーナリストのマルガリータ・シモニャンが一人の行楽客にインタビューする。シモニャンはロシアテレビチャンネルRT（旧 Russia Today）の記者で、RTもほかのテレビ局と同じくクレムリンにコントロールされている放送局だ。

マルガリータ・シモニャン「ソールズベリーへ？」
ルスラン・ボシロフ「そうです」
シモニャン「どんなところが素敵ですか？」
ボシロフ「友だちにずっと前から言われていたんです、この素晴らしい町にぜひ行ってみるべきだと。有名なソールズベリー大聖堂がありますよね。ヨーロッパだけでなく、世界じゅうで有名です。一二三メートルの尖塔が」

このインタビューでどうにも奇妙なのが、二人のスポーツ栄養士と称する男たちがどう見ても中世建築の愛好家には見えないことだ。二人ともずんぐりした体格で、険しい表情で、冷酷な目つきをしている。はっきり言って、二人とも殺人犯みたいな外見なのだ。ところで、二人は実際にソールズベリー大聖堂の尖塔に登ったのだろうか？　いい質問だ。そう、あの尖塔は中から登ることができる。階段は三三二段。私は登ったことがあるから知っている。尖塔のてっぺんからの眺めは――てっぺん近くまで上昇したドローンからの眺めという意味だが――すばらしい景色だ。緑色のパッチワークのようなイングランドの豊かな土地が雄大に広がり、青い空に映えている。

二人のロシア人は、尖塔には近寄りさえしなかった。多数の監視カメラの映像によれば、二人は尖塔とは反対の方角、セルゲイ・スクリパリの自宅の方角へ歩み去ったのだ。

名前を聞いて、そう言えば、と思う人もいるかもしれない。セルゲイ・スクリパリはGRU（ロシア軍参謀本部情報総局）出身、GRUは屈強な犯罪集団の中の犯罪集団だ。秘密国家ロシアの中でもGRUといえば最も恐れられている部門だ。スクリパリはGRUのロシア人スパイとして最初はマルタ、続いてスペインで活動していた。しかし一九九〇年代のどこかでイギリスの諜報機関MI6から接触され、イギリス側のスパイに寝返った。その後、二〇〇〇年代のはじめにロシアに召喚され、最後には正体がばれて、二〇〇六年にイギリスのスパイとして懲役一三年の判決を受けた。

二〇一〇年、FBIはスパイの一斉手入れをおこない、アメリカ市民と偽って潜伏していた九人のスパイを検挙した。ドナルド・ヒースフィールドと妻のトレイシー・リー・アン・フォーリー。リチャード・マーフィーとシンシア・マーフィー。ファン・ラザロとヴィッキー・ペラエス。マイケル・ゾットーリとパトリシア・ミルズ。そして、アンナ・チャップマン。彼らは郊外の家の芝生に星条旗を掲げ、アッパー・イーストサイドでカクテルをたしなみながら、深い偽りの生活を営んでいたのである。この九人はロシアの冬眠スパイで、いちばん有名なのがチャップマンだ。アンナ・チャップマンは現在の自由ウクライナの都市ハルキウでアンナ・クシチェンコとして生まれた。モデル並みの美人スパイで、父親はソヴィエト時代のKGB職員としてケニヤのソヴィエト大使館に勤務していた。アンナはイギリスに渡り、ドックランズの乱痴気パーティーでアレックス・チャップマンというイギリス人男性と知り合い、結婚してチャップマン姓を名乗るようになった。結婚生活が破綻したあと、アンナはニューヨークに移り、新しい生活を始めた。そこへFBIが踏み込んだ、というわけだ。

スパイ交換はウィーンの空港でおこなわれた。ロシア航空機にＣＩＡの飛行機が横付けされ、目隠しカバーが張りめぐらされた通路を通って、誰と誰が交換されたのか写真に撮られないよう配慮されたうえでスパイ交換が実行された。ロシア人冬眠スパイと交換されたのはアメリカとイギリスのスパイだった四人のロシア人で、その中にスクリパリも含まれていた。

スパイ・ゲームのルールでは、交換されたセルゲイ・スクリパリは、もはやスパイとしては使い物にならない。チェスならば、スクリパリは相手に取られたナイトの駒であり、もうゲームからは外れる。ＭＩ６はスクリパリのために一階と二階に二部屋ずつの小さな目立たぬ家をソールズベリーに買ってやり、ささやかな年金を支給し、ときどき過去についてあたりさわりのない話を聞くだけだった。スクリパリはひっそりと暮らしていたが、隠れて暮らしていたわけではない。ＭＩ６と同じく、スクリパリも自分の身は安全だと考えていた。しかしロシアの秘密警察、とりわけＧＲＵは、ルールどおりにはゲームを運ばない。

スクリパリは安全ではなかった。家族も含めて安全ではなかった。スクリパリの妻は、二〇一二年に癌で死去していた。息子は二〇一七年にサンクトペテルブルクへ旅行した際に、原因不明の病気で亡くなった。まだ四三歳だった。注意深い読者ならば、こうした状況において原因不明の死に方をすれば何かが怪しいと感じるだろう。スクリパリの家は、ソールズベリー大聖堂の尖塔から歩いて三〇分ほどのところにあった。私がそれを知っているのは、二人のロシア人が歩いたルートをたどって実際に歩いてみたからだ。三月四日、監視カメラの映像に、靴に泥よごれのついた男二人がソールズベリー駅から出てくるところが映っている。一一時四六分。途中、二人はエイボン川を渡るところで足を止め、写真を撮った。一一時五八分、二人の姿がウィルトン道路沿いのシェル・ガソリンスタンドの監視カメラに映っていた。スクリパリの自宅まで五分のところだ。

監視カメラの映像にはガソリンスタンドそのものは映っていない。カメラが外向きに設置されているからだ。しかし、特徴的な鉄格子の排水溝と二本の黄線が映っている。二人のロシア人は鉄格子と二本の黄色い線を超えて歩いていく。大聖堂の方向へではない。セルゲイ・スクリパリの自宅の方向へ。

ロシア人たちはスクリパリの自宅のドアノブに毒薬を塗りつけた。毒薬は液体ではなく、ゲル状になっていた。目に見えないし、臭いもしない。毒薬はノビチョク。神経剤であり、大量殺戮兵器として使われる。秘密国家ロシアによって開発され、ロシア国内においてのみ製造されている。二人のロシア人スポーツ栄養士の正体は、GRUの指令を受けた毒殺犯だったのである。

襲撃は成功しなかった。

白目をむき、口から泡

その日、セルゲイ・スクリパリとロシアから訪ねてきていた娘のユリアは、近所のチェーン・レストラン「ジジ」でピザとビールの昼食を取り、そのあとエイボン川を見下ろす小さな公園にやってきた。昼食の残りのパンがあったので、近くで遊んでいた三人の男の子たちに分けてやり、男の子たちはパンをちぎってアヒルに餌《えさ》をやった。スクリパリと娘は公園のベンチに腰を下ろし、そのまま失神した。ちょうどそこへ非番の看護師が通りかかり、最初にユリアに気づいた。ユリアは白目をむき、口から泡を吹いていた。看護師が救急に電話をかけ、スクリパリと娘は考えうる最適な応急手当を受けることができた。アトロピンが注射された。アトロピンは猛毒のベラドンナという植物から抽出される解毒剤で、神経系の暴走を抑え、神経のダメージを止める。麻薬中毒患者によく使われる解毒剤である。イギリス特有の気候もスクリパリ親子には幸運だった。その日はとても湿度が高く、濃い霧が出ていた。神経剤には悪条件である。

スクリパリ親子が神経剤で襲撃されたニュースが伝わると、アヒルに餌をやった男の子たち三人の家族が当局に連絡してきた。この三人も病院へ救急搬送されたが、検査の結果、問題はないことがわかった。言うまでもないが、他人の命など、ウラジーミル・プーチンとロシア秘密警察にとってはどうでもいいことだ。

犠牲者はスクリパリ親子だけではなかった。ウィルトシャー警察は優秀な警官ニック・ベイリー部長刑事を現場へ向かわせ、セルゲイ・スクリパリの自宅を現場検証させた。その結果、ベイリー部長刑事もノビチョクに汚染されてしまい、回復に長い時間がかかった。結局、ベイリーは警察官を辞めざるをえなかった。

スクリパリの毒殺未遂事件のあと、ソールズベリーの町の中心部は立ち入り禁止になり、化学防護服を着た専門家たちが細部まで徹底的な調査をおこなった。ノビチョクに汚染されているものは、すべて廃棄された。しかし、殺人犯たちはウィルトシャーにもう一つ置き土産をしていった。二〇二二年末に予定されている死因査問でドーン・スタージェス毒殺事件に関する詳細がさらに明らかになると思うが、要するに、毒殺犯たちはノビチョクをニナリッチの偽物の香水びんに入れて運び、使ったあとの容器をソールズベリーの公園に捨てたのだ。それから四ヶ月後、チャーリー・ロウリーがこの香水びんを見つけ、恋人のドーン・スタージェスにプレゼントするのにちょうどいいと思った。それがどこから来たものなのか、知らなかったのだ。

ロシアより愛を込めて、どころではない。

ドーン・スタージェスは香水を手首にすりこみ、すぐに失神した。救急隊員はいったい何が起こっているのかわからず、ドーンはアトロピンの注射を受けられなかった。ノビチョクの量は致死量を超えており、ドーン・スタージェスは病院で死亡した。ドーンもまたロシアの製造した毒薬の犠牲となったのである。

ここではっきりさせておこう。ノビチョクのような毒薬を調査するために設立された化学兵器禁止機関は、このときに使われた毒薬を「高純度の」神経剤であると報告している。その年の後半、スイスの諜報機関は、スイスの町シュピーツにある研究所に忍び込もうとした二人のロシア人スパイの身元が判明したと発表した。この研究所は化学兵器禁止機関からの委託を受けて、ソールズベリーで使われた毒薬が本当にノビチョクであるかどうかを同定しようとしていた。忍びこもうとした二人はオランダに本拠を置くスパイで、国外追放になった。

ロシアの大統領は遺憾の意を表明したか？　毒殺未遂事件から六ヶ月後、モスクワで開かれたある記者会見の席で、プーチンはそのことについて問われた。「なるほど、あなた方の中にはスクリパリ氏が何か人権活動家でもあったかのような理屈を押し通そうとしている人がいるが、彼はただのスパイだ。祖国を裏切った人間だ。そういう概念があることを忘れないでいただきたい——祖国に対する裏切り者なのだ。彼はその一人だった」

「大統領、ドーン・スタージェスも母国に対する裏切り者だったのですか？」という追加質問は発せれることがなかった。ウラジーミル・プーチンのロシアでは、追加質問は許されないのだ。

ロシアのチャンネル・ワンで、司会者のキリル・クレイミョノフは裏切り者に対して次のように警告した。「イギリスへ移住するのはやめたほうがいいですよ……あそこは何かおかしい。おそらく気候のせいでしょうが、最近は物騒な出来事が続いています。首つり、毒殺、ヘリコプターの墜落事故、窓からの転落事故、と数えたらきりがありません」

テレビ司会者は、「バズフィード」で報告された数々の不審死に言及したのだ。首つり（二〇一三年）は、ボリス・ベレゾフスキー。毒殺（二〇〇六年）は、アレクサンドル・リトヴィネンコ。ヘリコプターの墜落事故（二〇〇四年）は、億万長者スティーヴン・カーティス。イギリス人カーティスは、かつてロシア一の富豪だったホドルコフスキーが所有していたユコスの経理担当役員だった。ホドルコフスキーはプーチンに刃向かったために、懲役一〇年の刑を食らった。窓からの転落（二〇一四年）は、ベレゾフスキーの側近でイギリス人のスコット・ヤング。ヤングは自殺したのかもしれない。あるいは、突き落とされたのかも。要するに、クレムリンの太鼓持ちメディアは視聴者を馬鹿にしてみただけだ。

ロシアの情報工作

ロシア秘密警察の得意技だが、事件が起こるたびに、荒唐無稽な陰謀説が次々と無数にでっちあげられる。キングス・カレッジ・ロンドンの二人の研究者、ゴードン・ラムゼイ博士とサム・ロバート ショー博士がロシアの情報工作によって流された偽情報二〇件を検証した。

1）使用されたノビチョクはポートンダウン由来のものであるか、その可能性がある（ポートンダウンはイギリス軍化学兵器研究所の所在地で、ソールズベリーから一三キロ）。
2）使われたノビチョクはロシアで作られたものではない。
3）使われたノビチョクはロシア製かもしれないが、ロシア国家によって作られたものではない。
4）ロシアにおけるノビチョクの備蓄は事件前にすべて廃棄されていた。

5）ノビチョクはソヴィエトから分離独立した別の国の由来であるかもしれない。
6）使われた神経剤が実際にノビチョクであったという証明はない。
7）ノビチョクは盗品の可能性がある。
8）ノビチョクは西側由来の可能性がある。
9）使用された神経剤は明らかにノビチョクではなかった。
10）ノビチョクはセルゲイ・スクリパリの所有物だった可能性がある。
11）ノビチョクを使う計画はそもそも存在しなかった。
12）ノビチョクはどこの実験室でも作ることができる。
13）ポートンダウンは神経剤がノビチョクであるか、ロシア製であるか、同定できない。
14）ノビチョクはロシアではなくイギリスとアメリカで作られたと断定できる。
15）イギリスはノビチョクを所有していないから、同定は不可能である。
16）ポートンダウンはイギリス政府に対して、ノビチョクがロシアで作られたという証拠はない、と断定する報告をおこなった。
17）ノビチョクはイラン由来かもしれない。
18）イギリスはノビチョクの標本を意図的に隠している。
19）ポートンダウンは所有しているノビチョクの在庫を廃棄しようとしている。
20）ノビチョクは間違いなくアメリカで開発されたものである。

これらの主張は、ひとつとして証拠が示されていない。どれもナンセンスだ。このリストの一、二点についてコメントするにあたって、私は米国シークレット・サービスでジョージ・W・ブッシュ大統領の毒殺を防ぐために働いていたダン・カゼタに話を聞いた。カゼタは現在イギリス在住で、コロナウイルス対策のワクチン接種に尽力しており、ロンドンのトラファルガー広場脇にそびえる大きな英国国教会セント・マーチン・イン・ザ・フィールズの教会世話役を務めている。カゼタはまず最初にアメリカのシークレット・サービスでの任務について話しはじめた。「私たちの最大の任務は、化学テロを防ぐことでした。誰かが大統領の食べ物や飲み物に何か入れるんじゃないか、というようなことではなくて。アメリカ大統領の安全がどういうふうに守られているかについて、詳細なことを明かすつもりはありませんが、とにかく、私は化学爆弾のようなものが投げ込まれることをいちばん警戒していました。誰かがリムジンに怪しい液体を投げつけるとか、大統領に怪しい液体をかけるとか。液体が気化して部屋に充満して全員が意識を失う、とか。そういうシナリオを警戒していたわけです。化学剤による攻撃、テロ、暗殺計画、の三つが重なりあう集合におけるベン図の中心部分——そこを警戒していたわけです」

ダン・カゼタの著書『Toxic: A History of Nerve Agent from Nazi Germany to Putin's Russia（毒物——ナチスドイツからプーチンのロシアに至る神経剤の歴史）』は、陰惨だが読む者を惹きつける本だ。ノビチョクがポートンダウン由来ではないかという説はナンセンスだ。ノビチョクがエーテルにふわふわと運ばれて直線距離で八キロも漂ってきて、ソールズベリーに住む一二万人（誰一人としてロシア秘密国家を裏切った汚名を着る者はいない）の中でよりにもよって元GRU大佐の自宅のドアノブだけに凝集したなどという理屈がありうるものか。

ダン・カゼタの説によれば、スクリパリやナワリヌイのような人物に対するロシア国家による暗殺または暗殺の脅しは、いろいろなレベルで利いてくるという。それを理解するには、クレムリンのバブルの内側にいる連中の意識にはいりこまなければならない。「もしターゲットが死亡すれば、それでよし。悪くはない。だが、もしターゲットが生きのびて、こちらを怖がるか、あるいはほかの人間たちがこちらを怖がるようになれば、ターゲットが死ぬよりもっと効果がある。スクリパリの毒殺未遂事件を見てみましょう。スクリパリと娘が生きのびたのは、何より運が良かっただけの話です。もし二人が家にいたなら、外出するかわりにテレビを見てワインでも開けていたら、たぶん二人ともソファの上で死んでいたでしょう」。発見されたときには、ノビチョクの形跡は消えてしまっているかもしれない。「発見までに何日もかかるかもしれない。たしかに怪しいことは怪しい。一人ではなく二人の人間がソファの上で死んでいた、となったら。でも、それ以上の追及は免れたでしょう」

実行犯二人の性的指向

クレムリンは、これでもかという証拠を突きつけられながらも、なんとか言い逃れようとした。しかし、その言い逃れ自体が、毒物そのものと同じく、思いのほか真実を暴露してしまうものだ。ソールズベリー大聖堂の尖塔を愛でる二人の姿をとらえた監視カメラ映像が明らかになったとき、マルガリータ・シモニャンは問題の二人を「ロシア・トゥデイ」でインタビューした。クレムリンのバカげた暗黒劇場の出し物は、底知れぬ闇だった。画面からはクレムリンのパワーゲームの頂点にある残酷物語を垣間見ることができる。下っ端のプレーヤーの場合、失敗を犯せば、かなりまずいことになる。二人のGRU将校は公衆の面前で赤っ恥をかかされた。シモニャンは二人が一つのベッドで一緒に寝ているという話を聞き出した。言葉にはっきりと出しては言わないものの、二人がゲイである可能性を示唆したわけだ。ロンドンだったら誰もそんなことは気にかけもしないのだが、この二人はロンドン市民ではない。メディアではっきりと言及されたわけではないが、この二人は秘密警察の将校たちなのだ。ロシアの秘密警察において、ゲイはまずい。はっきり言って、ゲイの生活や文化に対するロシア秘密警察の態度は旧石器時代なみだ。したがって、この二人がゲイかもしれないと示唆された瞬間、ロシア秘密警察を知る人間のあいだでは、二人がスパイとしては使えないという了解が成り立つ。

ラジオ・フリー・ヨーロッパ／ラジオ・リバティ（RFERL）は、オンラインで「ノビチョクの容疑者は、ゲイなのかゲイでないのか、それが問題だ――ロシア国営メディア」と題した記事を掲載した。記事では、シモニャンがいかにも思わせぶりな含み笑いを浮かべながら「お二人をいわゆる結びつけているのは何なのでしょう?」と質問した、と報じている。

プライベートに関する細かいことは取り上げないでほしいと二人が言ったあと、シモニャンはこう付け加えた。「弁解なさる必要はないのですよ。あなたがたがシングルベッドで寝たのか、ダブルベッドで寝たのか、そんなことは世の中にとっては何の関心事でもありませんからね」。RFERLの記事によれば、この発言がきっかけとなって「ロシア国営メディアはいっせいに二人の性的嗜好について、あることないことをばらまきはじめた。二人がGRUの将校かもしれないという推測を否定するためだ」。アレクサンドル・ドゥーギンおよびロシア秘密警察にきわめて近い立場の「ライフ・ニュース」は、「LGBTコミュニティがペトロフとボシロフの擁護に立ち上がった」と報じている。国粋的オンライン新聞『ザーフトラ【ロシア語で「明日」の意味】』のコラムニストは、「危険な殺し屋どころか、気弱なゲイどもではないか」と書いている。その日の夜、人気の番組「ロシア24」はソールズベリーに見る「現代ヨーロッパの寛容」精神を皮肉るリポートを放送し、ソールズベリーはゲイのクラブやパレードだらけだと描写した。シモニャンはツイッターに投稿し、二人の男たちは「私に言い寄ったりはしませんでした……二人がゲイなのかゲイでないのかは、わからないけれど、私が見るかぎり、おしゃれな服装でした。ちょっとひげを伸ばして、カッコよく決めたヘアスタイルで、ぴっちりしたパンツをはいて、もりあがった腕の力こぶにピタッと吸いつくようなジャンパーを着て」というコメントを上げた。

これは奇妙だ。なぜなら、二人が断じてゲイなどではないとする証拠もあるからだ。「サン」紙は、「襲撃犯の娼婦――ロシア人襲撃犯はドラッグでキメて売春婦とヤッた」と題する記事を掲載した。記事によると、二人のロシア人はロンドンのイーストエンドにある二つ星のシティ・ステイ・ホテルにチェックインした。ほかの客がロシア人二人連れの一方の顔をおぼえていて、こう証言している。「二人の部屋からはマリファナのにおいがしました。そのあと、女を連れ込みました。売春婦だろうと思います。セックスしていました。間違いないです。ずいぶん大きな声をあげていましたから。長い時間。あれはぜったいに女です。男二人でセックスしていたとは思えません。いまでもまだマリファナの臭いがしますよ」

イギリスの誇るオープン・ソース調査報道ウェブサイト「ベリングキャット」がラトヴィアでウェブサイト「インサイダー」を運営しているロシア人ジャーナリストと協力して捜査を進めた結果、二人連れの正体が判明した。ソールズベリーの高さ一二三メートルの尖塔についてべらべらと喋っていた男は、GRU大佐のアナトリー・チェピガ。連れはアレクサンドル・ミシュキン博士で、同じくGRUの人間だが、医者である。主犯と思われるチェピガが誤って毒薬を浴びて死なないように同行していたようだ。「ベリングキャット」は、さらに、三人目のGRU将校の身元もつきとめた。「セルゲイ・フェドフ」のカバーネームで活動していたデニス・セルゲーエフ少将だ。この人物も、二人のロシア人と同じ時期にイギリスに入国していた。「ベリングキャット」がセルゲーエフの足取りをさかのぼって調べたところ、二〇一五年にクレムリンに敵対する人物の毒殺未遂事件を起こしていたことが判明した。そのときの標的はエミリアン・ゲブレフ、ブルガリアの武器商人で、ウクライナに武器を輸出している人物だった。

ソールズベリーの毒殺未遂事件で異様なのは、あまりにバカげたやり口という特徴だ。なぜ、こんなお粗末なことになったのか？　ノビチョクは、ポロニウム210と同じく、非常に高価な毒薬だ。二人の殺人犯は毒の入ったびんを携帯してソールズベリーに派遣されたのだが、現代イギリス社会のあたりまえの事実、すなわちイギリス国内には六〇〇万台もの監視カメラが稼働しているという単純な事実を考慮に入れていなかったのだ。中国を別にすれば、人口あたりの監視カメラの台数はイギリスが群を抜いている。こんなところへGRU将校を送り込んだ人間はバカだ。何百万ドルもする秘密の毒薬を監視カメラだらけの町でバラまく——この異様さを考えてみると、二一世紀の秘密国家ロシアについて、厳しくも意外な結論を導かざるをえない。キム・フィルビーはイギリス社会の中をのぼりつめ、ついには英国シークレットサービスのトップに近いところまで食い込んだ。フィルビーが活動を始めたのは、スターリンの大飢饉が起こった年、一九三三年だ。フィルビーのようなソ連のスパイは西側の核の秘密を入手し、何百人あるいはおそらく何千人もの西側スパイを密告したにちがいない。以前、「オブザーバー」紙の記事を書くためにジョン・ル・カレ（故人）にインタビューしたことがあるが、カレの口から、また傑作『寒い国から帰ってきたスパイ』や『ティンカー、テイラー、ソルジャー、スパイ』といった作品から、カレがソ連側の大物スパイ「カーラ」にプロとして多大なる敬意を抱いていることがわかる。「カーラ」は小説家の想像の産物だが、ル・カレは現実のKGBに対しても敬意を抱いていた。

西側諸国はそうした真実を部屋に入れて鍵をかけ、歩み去った。そのことについて、イギリスを裏切った最大のスパイについてのすばらしい作品『Philby, KGB Master Spy（ＫＧＢの大物スパイ、フィルビー）』の著者フィリップ・ナイトリー（故人）と論争したことを覚えている。しかし、世の中は当時とは大きく異なるものになってしまった。フィルビーのような人物にとって、共産主義のイデオロギーは、とうの昔に魅力を失ってしまった。最大の敵ヒトラーも、死んでしまった。そして、ＫＧＢを作った国家も消滅してしまった。その代わりに、ロシア連邦が生まれた。異様に長いテーブルをはさんで会談するプレオネクシア指導者の率いる民族主義的泥棒国家が。二一世紀における秘密国家ロシアの公僕の質が落ちたとしても、さほど驚くべきことではないのだろう。

ウラジーミル・プーチンはウクライナに対する大きな戦争に細々と指示をさしはさんでいる。四月半ばには、ショイグ国防相に対して、マウリポリの製鉄所を「封鎖せよ」と指示した。実際には、全世界が見守る中で、ロシア軍は五月にはいっても製鉄所の制圧に手を焼いているありさまだ。プーチンは何事につけてもいちいち口を出さずにはいられないのだ。それを根拠に仮説を立てるとすると、プーチンは秘密国家が人類に対して犯している大胆不敵な――というより嫌悪を催させる――犯罪行為を背後から黙って眺めているタイプではなさそうだ。一九九九年のモスクワ高層アパート爆破事件も、二〇〇二年のモスクワ劇場占拠事件も、二〇〇四年のベスラン学校占拠事件も、もちろんシェコチーヒンやツェーポフやリトヴィネンコの毒殺事件も、すべてプーチンの指紋が透けて見える。カリフォルニア州立大学のジム・ファロン教授がサイコパスの習性について「非難の外在化」を挙げていたことを思い出してほしい――「自分のしたことを必ず誰か他人のせいにするのです」、と。だから、チェチェンのテロリストがモスクワのアパートを爆破し、劇場を占拠し、学校を占拠したという理屈になるのだ。だから、ＭＩ６がリトヴィネンコを毒殺したという理屈になるのだ。クレムリンからは、スクリパリ親子を毒殺しようとしたのはＭＩ６だという説さえ流れてくる。

クレムリンの支配者が書いた脚本？

これだけの証拠があり、常識的にも火を見るより明らかであるにもかかわらず、「ロシア・トゥデイ」はソールズベリーの二人の毒殺犯がゲイであるかのようなインタビューを垂れ流す。

私はこの話を公開するかどうか、かなり迷った。記事にするには少なくとも二つの情報源から裏を取らなければならないという調査ジャーナリズムのルール一丁目一番地を破ることになるからだ。私には一つの情報源しかなく、それも決定的なものではない。しかし、話を聞けば、なぜそうなのかをわかってもらえるだろう。話とはこういうことなのだ。情報源Ｘによれば、情報源Ｙから聞いた話ではサンクトペテルブルク出身のカップルに会った、そのカップルは一九九〇年代初めにサプチャーク市長の鞄持ちをしていたプーチンと会ったことがあると話した。プーチンはカップルの女性のほうに色目を使ってきたが、カップルにはそれはフェイントだとわかった、と。プーチンは男のほうに興味があったのだ。大人がどんなセックスをしようと、私としてはとやかく言うつもりはない。私はピューリタンではないから。しかし、もしこの話が本当だとするならば、プーチンはバイセクシャルで、しかもその性向を否定していることになる。そうだとすれば、私のプーチンに対する仮説はもう一段広がることになる。クレムリンの支配者はロシア国民に秘密工作の見せ物を用意しただけでなく、シモニャンのインタビューの脚本まで書いていたのではないか、と。ソールズベリー事件の犯人たちがゲイではないのに、ゲイに仕立てようとしたのではないか、と。

言っておくが、これは証拠のはっきりした事実ではない。しかし、雪の上に残された足跡をあらためて見てほしい。非常に高価な毒薬が、監視カメラの網の目の中で使われているのだ。高価な毒薬の使用命令は、ウラジーミル・プーチンにしか出せない。ロシア対外情報庁（ＳＶＲ）の将校ならば、二つの目もついているし、新聞くらい読むだろうし、イギリスが監視カメラだらけの場所であることも知っているだろう。そうした常識に逆らってまで毒薬の使用を強行できるのは、プーチンしかいない。プーチンの強大な権力の前に、秘密国家ロシアの指揮命令系統で下に位置する者たちは、こんな計画のバカバカしさをあえて口にしなかったのだろう。

秘密国家ロシアの内部では、ボスに逆らうことはできないのだ。

しかし、話はそこで終わりではない。スクリパリ毒殺未遂事件のあと、イギリス政府は二三人のロシア外交官を国外追放した。世界の同盟国たちも、一〇〇人以上の外交官を国外追放にした。これで毒殺犯ウラジーミルも少しは懲りただろうか？　そうでもないか？

ロシア東部の未開の地が脚光を浴びるようになった時代、ビル・ブラウダーは一〇億ドルもの値打ちのある老朽化したソ連北極海トロール船団をわずか一億ドルで買い取って、ぼろ儲けした。しかし、二〇〇九年に、ブラウダーの弁護士でモスクワで活動していたセルゲイ・マグニツキーが、ロシア警察の拘置所で暴行を受け、事実上、ロシア国家によって殺された。マグニツキーは、腐敗したロシア高官が多額の詐欺事件を働いた件を調査中だった。それを機に、ブラウダーはクレムリン高官に真実を訴えるべく力を尽くすようになった。そして三五カ国で法案を通して【アメリカでは「マグニツキー法」と呼ばれている】、プーチンの殺し屋たちがサントロペに豪華ヨットを停泊させたりロンドンのシティーに私財をためこんだりする行為を、非力ながらも食い止めようと奔走した。ウクライナ侵攻前の話だ。おかげで、ブラウダーは何年も前からクレムリンの指名手配リストに載っている。ウクライナ侵攻が始まる前、私はブラウダーに会い、西側諸国が本気でプーチンに「いいかげんにしろ」というメッセージを送っていると思うか、と尋ねてみた。

ブラウダーはこう答えた。「ぜんぜんそうは思いませんね。最も劇的ではっきりしている例は、ソールズベリーの毒殺未遂事件です。プーチンの指令を受けた実行犯がロシアからイギリスへやってきた。軍用レベルの神経剤を持って。そして、イギリスの町に重篤《じゅうとく》な公衆衛生被害をもたらした。ひとつも罪のない傍観者が命を奪われ、警官が人生を台無しにされた。その結果、どうなりました？　政府は何人かの外交官を国外追放した。誰も話題にしませんが、外交官なんて、国外追放になればまた別の新しい外交官を補充するだけの話です。痛くも痒《かゆ》くもない。なぜ、こうなのか？深いところで、イギリス政府も、諸外国の政府も、プーチンを恐れているからです。プーチンと対決したくないからです。だから、見てくれだけは然るべき対応をしているように見せておいて、実際には何ひとつまともな対処をしていないのです。結果、プーチンはいつでも世界じゅうで殺人をやりたい放題なわけです」

外交官の国外追放処分を受けて、ロシアのスパイ人事は二週間ばかり仕事が増えたかもしれない。いわば、ポーカーの勝負をするのに、こちら側はゲンナマを賭け、相手はモノポリーゲームの紙の札を賭けているようなものだ。というか、このケースでは、イギリスは市民の命がかかっているが、ウラジーミル・プーチンは外交パスポートを賭けてるだけ、というべきか。

第15章

戦争は知らないうちに始まっていた

「われわれはロシアと戦争をしている」

イギリスの傑出した外交官の一人は、元モスクワ駐在イギリス大使で優れた歴史学者でもあるサー・ロディー・ブレイスウエイトだ。そのブレイスウエイトが、四代にわたるNATO事務総長の下で首席クレムリン担当顧問を務め、イギリス国防省でも上級公務員を務めたクリス・ドネリーについて、次のように語っている。「この前クリスを見たとき、彼はシベリアのどこかの川で氷にあけた穴の前に座りこんで釣りをしていた。ロシア将校たちに囲まれてね。将校たちはみんなウォッカを飲んでいた。これぞまさにプロという姿だったね」

クリス・ドネリーはぶっきらぼうなランカスター人で、マンチェスター大学でロシア研究を学び、ロシア国歌（スターリン時代の）を歌うことができて、自宅にはイギリス随一と言ってもいい小さな博物館なみのロシアのアルコール・コレクションを持っている。私が知るかぎり、クリスはほかの誰よりも心と肉体と魂を傾けて、クレムリンおよびそれを動かしているロシア秘密国家の内部事情を理解しようと努力してきた人物だ。ロシアの核兵器の脅威を気に病んでたまに夜半に目覚める人はいるかもしれないが、クリスはまさにその悪夢の中で生き、呼吸している。精神を病むロシア帝国の心臓の鼓動を聞きながら生きている。クレムリンのパラノイアの怨嗟《えんさ》が響く大広間を歩いているのだ。現在、クリスは第一線から退いて、二〇〇九年にシンクタンク、インスティチュート・フォー・ステイトクラフトを設立して、モスクワの中で何が起こっているかを観察し解説している。インスティチュートは一時ロシア秘密国家にハッキングされる事件もあったが、ドネリーの業績は、フランスの外交官アストルフ・ド・キュスティーヌの言葉を借りるならば「神秘に包まれた政府」に光を当てる役割を続けている。

二〇二二年二月のウクライナ侵攻より前のことだが、私は、西側とロシアのあいだに起こっている事態をどう見るか、とクリス・ドネリーに尋ねた。

クリスの答えは、ゾッとする内容だった。「われわれはロシアと戦争をしている。そして、ロシア側はそのことを理解している。したがって、ロシア側から見れば、西側はロシアと戦争をしているということになる。イギリスをはじめとする西側から見れば、そんな意識は毛頭ない。それが双方の姿勢や関係の行き違いを生じさせる原因となっている」

「知らないうちに始まっていた戦争で、われわれはどのくらいの戦果をあげていますか？」と私は尋ねた。

「われわれは負けかけています」

「なぜですか？」

「第一に、戦争になっているという現実にわれわれが気づいていないからです。自分が戦争していることを知らなければ、初めから不利に決まっています。第二に、いやしくも戦争をしようというのなら、戦時メンタリティーが必要です。平時とは違う姿勢、違う手順、違う優先順位が必要です。したがって、戦時にもかかわらず平時のメンタリティーのままでいるならば、結果はあまりよろしくない。相手は完全に戦時メンタリティーで向かってきているのに、したがってこの戦争においてより優位に武器を使えるのに、です。戦闘の道具だけが問題ではないのです。戦車とか、戦艦とか、爆撃機とか銃弾とか、そういうものだけでなく、国家としての蓄えのすべて――情報、経済、サイバー能力、賄賂、腐敗、政策、そう、ありとあらゆる手段のことを言っているのです」

「暗殺は？」

「そうですね。ロシア的な表現をすれば、『積極的手段』ということになります。その中に、「濡れ仕事【隠語で殺人】」も含まれるわけです」

ターゲットを毒殺する試みに関して、プーチン一味がなぜこれほど攻撃的で無謀なのか疑問に思っていた私は、なぜ彼らがこのようなリスクを冒すのか聞いてみた。

「第一に、敵が――というか、相手が、と言っておきましょうか、攻撃の対象にされていることを自覚していなければ、リスクはさほど高くはありません。なぜなら、一般的に言って、人間というものは自分が見ようとしているものしか見ないからです。だから、攻撃を受けるという事態を予見していなければ、あるいは、それは攻撃ではないと認識していれば、あるいは政治的観点からして自分に攻撃が仕掛けられていることを認めるのが非常に不都合な状況であるとするならば、リスクはぜんぜん高くありません。リトヴィネンコの殺人やスクリパリの殺人未遂を理解するうえで、これを犯罪と見るのは間違っています。犯罪ではなく、戦争行為なのです。現実の戦争として見なければ、理屈が通らない。なぜなら、戦時はリスクを冒すのがあたりまえだからです。ロシア側にはリスク・マネジメントという概念が皆無です。リスク・マネジメントが病気のように蔓延しているイギリスとはまるで違う。ロシアはリスクとアドバンテージを天秤にかけて動きます。戦時にはそうしなければならないのです。死傷者を出さずに戦争はできません。せいぜい死傷者の数が少なくなるよう工夫するだけです。何事もうまく運ばない場合はあります。人間のやることに失敗はつきものです。完璧ということはない。民間人の巻き添えも避けられません。ドーン・スタージェスのように」

知らないうちに戦争が始まっていたという考え方――二〇二二年二月より前のことだ――はあまりに思いがけなく突拍子もない話だったので、頭が追いつくのに苦労した。私はクリスに尋ねた。もちろん、GRU（ロシア軍参謀本部情報総局）がスクリパリ暗殺にノビチョクを使ったのは正気の沙汰ではないですよね？　だって、露見するにきまっているから。そうでしょう？

「そうとは限りません。ロシア情報機関の伝統的なやり口を見れば、彼らの仕事の多くが効果を上げているのは脅しとして効いてるからです。このケースで言えば、彼らの目的が個人を懲らしめることだけではなくて他の者たちに教訓を与えるためであるとすれば、目につく必要があるわけです。目に見えなくてはならないのです。ロシアがやったのだ、と。奇妙ではありますが、ロシアはこれまでいつも人を殺すのに不可解で劇的で目立つやり方を選んできました。ノビチョクも一例ですし、毒薬として使われたポロニウムも同じです。どれもパターンに合致しています。自分たちがやったと知らしめたいのです。現行犯で捕まってみっともない思いをするのは避けたい。捕まりたくはない。けれども、作戦そのものに関してある程度の秘密が守られれば、それでいい。作戦完了まで、ある程度の秘密が守られれば。この場合、あえて言うならば、スクリパリが死ぬ必要さえなかった。肝心なのは、狙った相手に見せることです。この場合、第一に見せたい相手は、自国民です。第二に、自国の情報工作員に。第三に、海外に亡命したロシア人に。誰であろうと、狙ったら命を取りに行くぞ、と」

「怖がらせたい、ということですか？」

「そうです。ラテン語で何と言いましたっけね、Oderint dum metuant. 恐れるあいだ憎むがよし、と。ロシアにぴったりの表現です」

クリスに言われて、思いつくままにプーチン政権やロシア国民にとって批判的な人物や危険な人物を列挙してみた。厄介者と見られ、排除されたか排除されかけた人物たちを。この本を書くにあたって、そのときのリストを更新し、分類してみた。第一に、ロシアかイギリスかその他の場所で毒殺されたか、毒殺されかけた人物。生きのびた例もあるし、死亡した例もある。アナトリー・サプチャーク。ユーリ・シェコチーヒン。レチャ・イスラモフ。ロマン・ツェーポフ。アンナ・ポリトコフスカヤ。アレクサンドル・リトヴィネンコ。バドリ・パタルカチシヴィリ。ウラジーミル・カラ＝ムルザ。エミリアン・ゲブレフ。セルゲイ・スクリパリ。ユリア・スクリパリ。ニック・ベイリー刑事部長。ドーン・スタージェス。チャーリー・ロウリー。アレクセイ・ナワリヌイ。ロマン・アブラモヴィチ。

二番目のリストは、プーチンに対する批判勢力で射殺された人物。セルゲイ・ユシェンコフ。アンナ・ポリトコフスカヤ。ナタリア・エステミロワ。スタニスラフ・マルケロフ。アナスタシア・バブロワ。ボリス・ネムツォフ。アンナ・ポリトコフスカヤが毒殺されかけたうえに射殺されたことに気づいた読者もおられよう。

自動車、ヘリコプター、飛行機は危険な移動手段だ。三番目のリストは、プーチンの批判勢力で不可解な事故で命を落とした人物。アルチョム・ボロヴィクはロシアのジャーナリストで、プーチンが私生児として生まれてジョージアで幼少期を過ごしたのではないか、プーチンは小児性愛者なのではないか、という話を追っていたロシア人だ。二〇〇〇年三月、ロシア大統領選挙前に、モスクワ空港を飛び立ったプライベートジェット機が墜落し、ボロヴィクを含む乗客乗員九名全員が死亡した。アレクサンドル・レベジ中将はアフガン戦争の英雄で、プーチンのライバルと目された人物だったが、二〇〇二年にシベリアで乗っていたヘリコプターが墜落して死亡した。ハンパシ・テルキバエフは二〇〇二年のモスクワ劇場占拠事件の現場から脱出できた運のいいチェチェン人テロリストだが、ポリトコフスカヤによってロシアの工作員であることが暴かれたあと、不運にも「自動車事故」で死亡した。スティーヴン・カーティスはユコスの顧問弁護士だったが、二〇〇四年、新品で非常に安全性が高いとされる機種のヘリコプターがボーンマス空港に着陸する寸前に墜落して死亡した。

四番目のリストは、プーチンやその側近に対する批判勢力で、不審な死を遂げた人物たち。アントニオ・ルッソはイタリア人ジャーナリストで、プーチンの私生児説を追っていた人物だが、それとは別にチェチェンにおけるロシア軍の戦争犯罪行為を取材していた。二〇〇〇年、ルッソはロシア軍事基地から遠くない地点で死体となって路肩に放置されているのが見つかった。拷問を受けた痕跡があり、持っていたビデオテープが何本か紛失していた。ボリス・ベレゾフスキーは、二〇一三年にイギリスのバークシャー州アスコットにある自宅で首を吊って死んでいるのが見つかった。自殺とされているが、ベレゾフスキーをよく知る人々は誰もそれを信じていない。二〇一七年、ロシア人ジャーナリスト、ニコライ・アンドルシチェンコはサンクトペテルブルクで何者かに殴打されたあと、病院で死亡した。アンドルシチェンコはサンクトペテルブルク時代に副市長だったプーチンと政治家として知り合い、以来長年にわたってクレムリンの支配者を批判しつづけてきた人物だ。アンドルシチェンコはプーチンの政治はカネに尽きると批判していた。二〇一八年には、中央アフリカ共和国で傭兵組織ワグネル・グループ【ロシアの民間軍事会社】について取材していた三人のロシア人ジャーナリスト、キリル・ラドチェンコ、アレクサンドル・ラストルグエフ、オルハン・ジェマリが殺害された。犯行は強盗目的とされたが、三人の乗っていた車からは貴重品は何ひとつ盗られていなかった。同じ年、GRU（ロシア軍参謀本部情報総局）のイーゴリ・コロボフ総局長が死亡した。ソールズベリーの毒殺未遂事件の実行犯二人の上司である。長い病気を患ったあと六二歳で死去したとされたが、モスクワでは、ソールズベリー事件の大失態によりプーチンの怒りに触れたのではないかという噂がささやかれた。

五番目のリストは、建物の窓から転落死した人物。ロシア人ジャーナリストのイワン・サフロノフ（五一歳）は、二〇〇七年にモスクワのアパートの五階から落ちて死亡した。サフロノフはロシアがベラルーシを通じてイランやシリアにひそかに武器を売却している問題を調査していた。ロシアのビジネス紙「コメルサント」の担当編集者は言う。「憶測に油を注ぐようなことはしたくないのですが、私は彼をよく知っていました。彼が自殺するようなそぶりをまったく見せていなかったことは断言できます」。オリガ・コトフスカヤはロシア人ジャーナリストで、二〇〇九年にカリーニングラードの高層アパート一四階から転落死した。イギリスでベレゾフスキーのフィクサーをしていたスコット・ヤングは、二〇一四年にロンドンのメリルボーンにあるアパートの四階から転落した。ロシア人ジャーナリストのマキシム・ボロディンは、二〇一八年にエカテリンブルクのアパート五階から転落死した。ボロディンの転落事故については、一七章で触れることにする。

目をそむけてきた指導者

もちろん、これらの死亡事故は、どれも偶然であったかもしれない。あるいは、そうでなかったかも。

この中で、イギリスのパスポートを持つ人物の毒物事件だけを取り上げてみよう。アレクサンドル・リトヴィネンコ、セルゲイ・スクリパリ、ニック・ベイリー刑事部長、ドーン・スタージェスとチャーリー・ロウリー。なぜイギリス当局はこれらの事件を関連づけて捜査しようとしないのでしょうか、と私はクリス・ドネリーに尋ねた。

「本当のところ、私にもわかりません。推測するに、そうするとこの問題に直面せざるをえなくなるからでしょう。この問題に直面するとなると、みっともないし、危なっかしいし、おそらくロンドン市にとって財政的にも不都合な事態になるからでしょう。そうなると、イギリス政府にも大きな影響が及ぶ。イギリスにはロシアの金が非常にたくさん流入してきていますからね」

ロシアがウクライナに侵攻しキーウを狙っているいまとなっては、西側がクレムリンと戦争状態にあるという事実は火を見るより明らかだ。しかし、クリス・ドネリーの言うとおりだろうと思う。ここ二〇年ほどのあいだ、われわれはロシアと戦争状態にあったにもかかわらず、それを自覚していなかったのだ。あるいは、もっと悪いことに、われわれの指導者たちはそのことをわかっていたのに、目をそむけていたのか。ウラジーミル・プーチンが冷たく光るどす黒いものを出してみせるから。

モスクワの金を。

当時のテリーザ・メイ首相がソールズベリー毒殺未遂事件をロシアの秘密工作員によるものだと非難した数日後、ロシアの巨大ガス会社ガスプロムはロンドンのシティー（金融街）で私募債を発行し、大成功をおさめた。ロシア大使館は債権が「売り出し価格の七億五〇〇〇万ユーロを三倍も上回る価格で引き合いがあった。ビジネスには影響なし、というところか」とツイートし、イギリスを嘲笑した。

ロンドンにおけるクレムリンの出先機関としては、珍しく本音をポロリと見せた瞬間だった。

ルーブル強し。

第16章

クレムリンの息がかかった候補者？

「役に立つバカ」

さあ行ってみよう、ファッツ。

心がときめいたよ
ブルーベリー・ヒル
ブルーベリー・ヒル
きみを見つけた日

ファッツ・ドミノの歌ではない。ボソボソした歌声で「ブルーベリー・ヒル」を殺した――音楽的に、という意味――のは、ウラジーミル・ウラジミロヴィチ・プーチンだ。

二〇一〇年のクリスマス直前、サンクトペテルブルクでチャリティー・ジャムセッションがおこなわれたときの一場面だ。アメリカのナショナル・パブリック・ラジオが編集したビデオは、サーチエンジンで「Putin sings Blueberry Hill」と検索すれば、見つかるだろう。名歌を台無しにしたプーチンのひどい芸にブーイング殺到かと思いきや、動物園でエサをもらうためにに拍手をやってみせるアシカよろしく、ハリウッドの落ち目の――失礼、ハリウッドの大スターたちが揃って盛大な拍手を送っている。シャロン・ストーン、ケヴィン・コスナー、ミッキー・ローク、ゴールディ・ホーン、カート・ラッセル、ジェラール・ドパルデュー、ヴァンサン・カッセル、モニカ・ベルッチ。残念な話だが、本書で「役に立つバカ」として紹介するのは、シャロン・ストーン御一行様だけではない。

アメリカでは、最初にジョージ・W・ブッシュが、続いてバラク・オバマが、ウラジーミル・プーチンをバカみたいに持ち上げた。ブッシュ二世がプーチンにつけたあだ名は「プーティー・プーツ」だそうだが、ブッシュはプーチンの読みを誤った。オバマはプーチンの代役ドミトリー・メドヴェージェフを高く買いすぎた。ドナルド・レイフィールド教授が「アル・カポネの弁護士」と形容した（一三章）この男の正体を見抜けなかったのだ。西側の政治家たちが「クレムリンの殺人者」とイチャつくのを、クリス・ドネリーは絶望的な眼差しで見つめていた。「西側の政治家たちはお人好しに過ぎるケースがあまりに多いです。他人を善人だと思いすぎる。私のような人間が、あなたがたは実際には攻撃を受けているのですよ、と警告しても、そんなのは大げさだと言って取り合わない。そうしているうちに、いいように操られてしまう。騙されているんです」

私はクリスに反論してみる。西側がロシアと戦争状態にあるというのは極論ではないか、と。クリスはこう答えた。「たくさんの人たちがそう考えます。それは、戦争というものをわかっていないからです。彼らは戦争と戦闘を混同しているのです。西側の政治家たち、とりわけアメリカ大統領たちがロシアと何度でも関係をリセットしてきたのは信じがたいくらいです。会談で、面と向き合ってプーチンの目をのぞきこんで。性懲《しょうこ》りも無く同じ間違いを犯す。自分がどういう国を相手にしているか、わかっていないのです。まったく状況が理解できていないんです」

ドナルド・トランプはクレムリンの魚網にかかった獲物の中でも群を抜いて大物だと言って間違いない。トランプがマスだとして、クレムリンが魚網を持っているとして、の話だが。私はトランプに三回会ったことがある。会うたびに、お互い相手のことをますます嫌悪するようになる仲だ。初めてトランプに会ったのは、二〇一二年。ミット・ロムニーの大統領選出馬を取材していたときだった。見栄えのする映像を撮ろうと、カメラマン兼プロデューサーのジェイムズ・ジョーンズと私はトランプタワーでロムニーについてトランプにインタビューすることにした。トランプタワーはじつにけばけばしい建物で、いかにも貧乏人が考えつきそうな金持ちの邸宅、といった風情だった。一九八〇年代の金ピカ志向は輝きを失っていた。トランプ本人はヘラヘラとすぐに迎合してくる男で、ロムニーのことについては通りいっぺんの返答しか返ってこなくて、私たちはさっさとインタビューを切り上げて、収録した映像をボツにした。

その一年後、私はまたトランプを取材することになった。イギリスの映画監督アンソニー・バクスターの傑作ドキュメンタリー「You've Been Trumped（奥の手でやられましたね）」の続編を作る仕事だった。バクスターのドキュメンタリーには、トランプがスコットランドの自然美豊かな土地を買って醜悪なゴルフコースを作ったこと、スコットランド国民党の党首（当時）アレックス・サモンドを籠絡しようとしたこと、トランプがスコットランドの隣人たちをバカにしていること、などのエピソードが盛り込まれている。チーム・トランプが地元の人々に嫌がらせをしている様子を取材していたとき、バクスターは警察にパクられた。ドキュメンタリーで最高だったのは、自宅の納屋の屋根にトランプを痛烈に中傷するメッセージを書いたスコットランドの小作農で、辛辣な語り口が傑作だった。私たちの「パノラマ」取材チームはバクスターのドキュメンタリーの続編を作ろうとして、その小作農の男性にインタビューをした。私自身は他人のジャーナリズムを模倣するのはあまり好きではないので、トランプとニューヨークのチンピラたちとの接点を探る取材を始めた。そして、ニューヨークのコミュニティー紙「Village Voice（ビレッジ・ヴォイス）」の伝説的リポーター、ウエイン・バレットに興味をそそられた。バレットはチーム・トランプとイタリア系ギャング・ファミリーとの関係について取材していた。ファミリーの主役アンソニー・〝ファット・トニー〟・サレルノは、ウエイン・バレットのリポートによれば、トランプ・タワーの建設にあたってギャングが買い占めて価格をつりあげたコンクリートを売りつけたという。それだけではない。トランプとサレルノは同じ弁護士を使っていたという証拠もあった。ロイ・コーンだ。コーンは口のうまい悪党で、一九五〇年代にはジョゼフ・マッカーシー上院議員の赤狩りの急先鋒だったこともある。アーサー・ミラーに『るつぼ』を書かせたアメリカ史の暗黒時代だ。

ようやくウエイン・バレットにインタビューがかなったのは、二〇一六年、BBCの「ニュースナイト」の取材に行ったときだった。伝説の「ファット・トニー」について質問したとき、ニューヨークの名物ストーリー・テラーは絶妙なタイミングで口を開き、「ファット・トニーはファッツットだった」と語りはじめた。私史上で最高のサウンドバイトが取れた。「Donald Trump's business links to the mob」で検索すれば、ユーチューブで「ニュースナイト」のこのときの番組が見つかるだろう。

ウエイン・バレットは最高だった。二〇一六年春、ウエインは癌でもう助からない身ではあったが、二〇一七年一月に亡くなるまで、偉大なリポーターでありつづけた。ウエインはこれから起ころうとする惨事の臭いをかぎつけていた。ヒラリー・クリントンがブルーカラーの有権者層を敵に回したこと。ブルーカラーの多くにとってトランプこそがふつうのアメリカ人の代表に見えていること。ウエインは政治の大原則を知っていた。選挙に勝つには、相手の着ている服を盗むことが肝要なのだ。ウエインは先を読んでいた。

「トランプが勝つかもしれないと思いますか?」、私はウエインに尋ねた。

「おおいにありうると危惧しているよ」、ウエインは答えた。

トランプのゴルフ招待取材

二〇一三年春、私はふたたびトランプと会うことになった。メディアと愛憎相半ばする関係にありながら、トランプはメディアをつねに気にしていた。トランプは私たちをニュージャージー州ベドミンスターにある自分のゴルフコースに招待した。私たちはトランプがゴルフカートのハンドルを握り、私が助手席にすわる映像を撮った。バンカー脇の小さな崖のようになったところを通ったとき、私が「おっと、このドライバーは危なっかしいぞ」と悲鳴をあげた声をマイクがギリギリ拾っている。

トランプは、自家用ヘリコプターにも乗せてやると提案してきた。ゴルフカートにしろ、ヘリコプターにしろ、相手を支配するのが好きなトランプにしてみれば、何がしかの恩を売ってやった、ありがたく思え、というような気になっていたのだろう。残念ながら、私は売り物ではないし、たとえ売り物だとしても、そんなに安くない。ゴルフなんかに興味はないし、ヘリコプターなど飽きるほど乗っている。

インタビューではトランプがスコットランドの隣人たちに嫌がらせをした件について応酬があったが、あまり気の無い会話だった。トランプから受けた印象は、サイコパスの皮をかぶったナルシシスト、狡猾で、抜け目なく、邪悪な人間という感触だった。意地悪になるほど、トランプの口調は優しくなる。私はプロデューサーのジュディス・アハーンとの約束で、まずスコットランド関連の話を先にかたづけて、そのあとで私が聞きたいマフィアとの関係について質問する、という手筈《てはず》になっていた。

それで、私はトランプにフェリックス・セイターとのビジネス上の関係について質問をぶつけた。二〇〇六年にベイロック・グループとチーム・トランプが四億五〇〇〇万ドルを投じて四六階建てのトランプ・ソーホー・ホテルを建設したとき、セイターはベイロック・グループの取締役社長で、ドナルド・トランプとトランプ・オーガナイゼーションの上級顧問をつとめていた。トランプの名前に惹かれてプロジェクトに投資した人々は、二〇〇八年に「ニューヨーク・タイムズ」に掲載された記事を読んでトランプのビジネスパートナーがロシア生まれのギャングの息子だと知って気を揉むことになった。ちなみに、セイター自身も、いっぱしのギャングである。セイターはミハイル・シェフェロフスキーの息子で、ＦＢＩ【米連邦捜査局】によればミハイル・シェフェロフスキーはロシア・マフィアの「ボス中のボス」セミョン・モギレヴィチの下でナンバー・ツーだった男だという。セイターが八歳のとき、一家はロシアを離れ、アメリカに流れついた。一九九一年、ウォール・ストリートのブローカーになっていたセイターはマルガリータ・グラスの折れたステム【脚の部分】で他のブローカーの顔を刺し、一一〇針も縫う怪我を負わせたあと、第一級暴行の罪で一五ヶ月間服役した。一九九〇年代後半には、ウォール・ストリートでガンビーノ一家を含むマフィア四家族を巻き込んだ四〇〇〇万ドルの証券詐欺を働き、逮捕された。セイターは逮捕後に警察の協力者となり、マフィアを罪に問う証拠を提出し、自分の有罪を認めたが、ＦＢＩは「ニューヨーク・タイムズ」の記事が出るまでこのことを伏せていた。しかしその後もトランプとセイターは切れなかった。二〇一〇年、セイターは「ドナルド・トランプ上級顧問」の肩書きをつけた名刺を配っていたし、電子メールのアドレスも「TrumpOrg.com」となっていた。セイターとトランプは、きわめて親密な仲だった。悪事を働いたかどうかは、この際おいておくとして。

二〇一七年一月にアメリカ大統領になる前のトランプといえば、アメリカのテレビ番組「The Apprentice（見習い社員）」のホストで、ビジネスパートナーになりたい出演者を「おまえはクビだ！」と怒鳴りつけて解雇する、という役どころで当たりを取っていた。しかし、このキャッチフレーズをトランプに向かって使っても、べつに快感はなかった。

スウィーニー「フェリックス・セイターに対して『おまえはマフィアとつながりがあるから、クビだ！』と言い渡すべきだったんじゃありませんか？」

トランプ「最初に言っておくが、われわれは（トランプ・ソーホーの）ディベロッパーではなかった。あれはライセンス契約です」

スウィーニー「でも、あなたはフェリックス・セイターといわば寝たわけでしょう？セイターがマフィアとつながっているのに」

トランプがとげとげしい口調になった。「いいかな、ジョン、きみは頭が鈍いからわからないかもしれないが、契約にサインしたらこの国ではそれを破ることは許されないのだよ」

「ジョン、きみは頭が鈍いから」は、「パノラマ」の仲間に大ウケして、しばらくのあいだ職場でさんざん酒の肴にされた。

トランプはセイターとの関係を過小に見せようと腐心した。「セイターはいちおう知っている」が、たいした大物ではない、と。そのうち突然、トランプは別のミーティングに出なければならないと言い出した。「ジョン、申し訳ないが、上階《うえ》で私に会いたいという人たちがたくさん待っているんでね」。そう言ってトランプは立ち上がり、私と握手してインタビューを終わりにしようとした。私は手のひらを見せてトランプを制し、「もうひとつ質問があります、ミスター・トランプ。なぜファット・トニー・サレルノからコンクリートを買い付けたのですか？」と切り込んだ。

私に同行していたプロデューサーのジュディス・アハーンが両手で頭を抱えて「オー、ノー、ジョン」と言った。

このインタビューを最初から最後まで録画していたチーム・トランプにとっては、願ってもないおいしい場面だった。チーム・トランプはジュディスのこの場面を使って、私に非があるように見せかける攻撃ビデオを流した。しかし、数年後、私がセイターとの関係について迫っている場面を拾った攻撃ビデオは、トランプにトラブルをもたらす結果となった。セイターはトランプとロシア秘密国家の双方に深い関係を持っていて、それが深刻な問題をもたらしたのだ。セイターはトランプの嚙みつき犬的な弁護士マイケル・コーエンとは古くからの友人で、二〇一八年にセイターがコーエンに送った電子メールでは、ドナルド・ジュニアとイヴァンカをモスクワに案内してクレムリンでプーチンの椅子に座らせてやった、と書かれていたことを「ニューヨーク・タイムズ」がすっぱ抜いた。

二〇一五年秋、セイターとコーエンのあいだで電子メールのやりとりがあった。新プロジェクト、いわゆる「トランプ・タワー・モスクワ」だ。資金を供給するのはクレムリンの貯金箱と言われるVTB銀行、事業は他でもないクレムリンの支配者が背後についていた。二〇一五年一一月、セイターは自信満々でコーエンに電子メールを送り、自分はウラジーミル・プーチンに伝手がある、と書いた。「やつ（トランプ）はアメリカ大統領になれるぞ。俺たちがうまくやってやろうじゃないか。プーチンのチームをまとめて引っ張り込んだ。俺が舵取りをする」

セイターはロシアで一〇〇人前後と接触し、「トランプ・タワー・モスクワ」の話を押し進めた。セイターが接触した中に、GRU【ロシア軍参謀本部情報総局】の元将軍エフゲニー・シュミコフがいた。シュミコフはロシア連邦保安庁【FSB】アカデミー（ロシアのスパイ学校）出身で、GRUに所属する一方で一九九〇年代後半から二〇〇〇年代前半にかけてアフガニスタンの反タリバン勢力に協力して動いた人物だ。二〇一五年秋、トランプは「トランプ・タワー・モスクワ」の建設計画を進めるにあたって法的拘束力のない「基本合意書」に署名した。その年の一二月、セイターはコーエンに電子メールを送り、シュミコフ将軍と電話で話をした、コーエンとトランプのビザを取得するためにパスポートの詳細情報が必要だ、と連絡している。セイターの説明では、二人のアメリカ人の保証人になるのはクレムリンではなくVTB銀行である、「政治会談ではなくビジネス・ミーティングだから」という話だった。しかしVTB銀行はこの事業には一切の関与を否定し、「トランプ・タワー・モスクワ」の話は前に進まなかった。元FBI長官ロバート・モラーが指揮した捜査では、ドナルド・トランプがロシア秘密国家と寝たという明白な証拠は見つからなかった。トランプはテクノロジー的には恐竜時代の人間で、電子メールを使わないのだ。おそらく、トランプは幸運だったと言うべきだろう。しかし、ロシアがチーム・トランプに何本もヒモをつけていることは間違いない。セイターはその中の一本にすぎないのだ。

「ロシア側はクリントンの電子メールを持っている」

クレムリンがつけた二本目のヒモに関わっているのは、トランプ太陽系の端にはべる下級の子分、ジョージ・パパドプロスだ。二〇一六年四月、アメリカの大統領選挙が熱をおびはじめた時期、パパドプロスはロンドンで「外交官」ジョゼフ・ミフスード教授に出会った。ミフスードは外交官などではなく、学者と詐欺師が半々のようなマルタ出身の口先上手な男で、当時はスコットランドのスターリング大学を食い物にしていた。ミフスードはパパドプロスに、ロシア側は民主党の大統領候補ヒラリー・クリントンに「泥を塗る」材料を持っている、と話した。「ロシア側はクリントンの電子メールを持っている、何千通もの電子メールを持っている」と。

すると果たせるかな、数ヶ月後に魔法のようにインターネット上にクリントン候補の電子メールが晒された。まるで、チーム・トランプがこの話を検討したうえで丁重に話を断り、関わりを否認しやすいどこか別のところに出てくるならば……と入れ知恵したような。もちろん、こんなストーリーは私の勝手な想像にすぎないが。

ミフスードはグレアム・グリーンのスリラー小説からそのまま出てきたような、じつにいかがわしい人物で、BBCの「ニュースナイト」で私は同僚のイネス・ボウウェンと二人でこの男をじっくり掘り下げてみた。ミフスードは二〇〇七年に何らかの晴れがましくない事情があったようでマルタ大学の職を辞し、スロヴェニアで新しい大学を設立したが、そこもまた三万九三三二ユーロ（四万八五五〇ドル、または三万四三二〇ポンド）の金をごまかしたのではないかという容疑でもめて職を辞し、次に腰を落ち着けたのがロンドン外交アカデミーだった。二〇一三年のことだ。アカデミーは怪しげな組織で、いまは破産してしまったが、当時はイースト・アングリア大学と提携関係にあり、そのあとスターリング大学と提携した。

ある会議の席でミフスードは「ミフスード大使」という肩書きをつけていたが、マルタの外務大臣の私設事務所で六ヶ月働いたことがあるだけで、外交官などと呼べる人物ではなかった。ミフスードは外交の場を利用して自撮り写真を撮りまくった。当時イギリスの外務大臣だったボリス・ジョンソンとツーショット。前外務次官のトバイアス・エルウッドとツーショット。ロンドン駐在ロシア大使とツーショット。そのあいだに、「バズフィード」によれば、ミフスードはウクライナ人の愛人に娘を一人産ませている。

バカのパパドプロスは、ミフスードがヒラリーに「泥を塗る」話を持ちかけてきた件をあちらこちらで喋りまくった。ロンドンで二人のオーストラリア人外交官にその話をしたところ、まもなくＦＢＩが捜査を始めた。二〇一六年のアメリカ大統領選挙にロシアが介入しているのではないかという疑いだ。ある諜報機関の情報源から聞いた話では、「ミフスードが世界に先駆けて何らかを知っていたことは明らかだ。懸念を抱かざるをえない」ということだった。

二〇一六年四月、ミフスードは電子メール経由でパパドプロスをイワン・ティモフェーエフに紹介した。ティモフェーエフはロシア外務省に近いシンクタンクで働いている。同じ月、ミフスードはモスクワでクレムリンが背後についているヴァルダイ国際討論クラブのパネル・ディスカッションに参加した。同席したのはティモフェーエフと、ドイツの大富豪シュテファン・ロー博士だった。ミフスードとローの関係は深い。二〇一四年、ローはロンドン外交アカデミーの客員講師に就任した。ローはリンク・キャンパス大学を買収した。これはローマにある私立大学で、ミフスードが経営にかかわっていた。一方で、ミフスードはローの法律事務所のコンサルタントに就任した。さらに、ローとロシア生まれの妻オルガは、スイス、モナコ、ロンドン、香港に自宅を所有している。

スコットランドの廃城を買い上げ、シュテファンとオルガはインチドリューアー男爵夫妻となった。オルガ・ローはフォックステレビのリアリティー番組「Meet the Russians（ロシア人に会おう）」に出演して一躍スターになり、超高級な贅沢品に囲まれて、満足げな声でこう言った。「わたくしたち家族はつねに成果志向主義でやってまいりましたの」

男爵夫人は非常に顔の広い人物で、ロンドンのメイフェアで高級洋品店を営んでいる。顧客の中には、当時イギリス首相だったテリーザ・メイも含まれていた。テリーザ・メイがオルガ・ローのコートを着て女王陛下に拝謁する写真が残っている。

しかしインチドリューアー男爵（シュテファン・ロー）のほうは、奇妙な職歴を残している。二〇〇五年、ロー博士はセヴァンヴェール原子力サービスを買収した。これはイギリスの核科学者ジョン・ハーボトル博士が一人で所有していた有限会社だ。ロー博士はハーボトル博士をそのまま雇い、旅費を全額会社が負担するという条件でハーボトル博士をモスクワでの会議に招待した。しかしハーボトル博士はモスクワへ行けば何かの標的にされるし、悪くすればハニートラップにかかってコンプロマート動画を撮られるおそれもあると警戒して、招待を辞退した。「何か怪しい感じがしたのでね。本当らしく聞こえなかったので、この会議は辞退することにしたんです」

それから間もなく、ハーボトル博士はクビになった。ハーボトル博士が経営していた時代、会社の売上高は年間四万二〇〇〇ポンド程度だった。それが、経営がロー博士に代わってから三年以内に、社員たった二人のセヴァンヴェール原子力サービスの売上高が年間四三〇〇万ドル（二四〇〇万ポンド）に急拡大した。事業をどのようにして拡大したのか取材したいというBBCのたび重なる申し入れに、ロー博士は応じなかった。ミフスード教授も接触しようとした「ニュースナイト」に応答しなかった。イタリア紙「レプブリカ」にマイクを向けられたとき、謎の教授は「スパイですと！　私はロシアから一ペニーたりとも受け取ったことはありません。なんら良心に恥じることはしておりません」と言った。

そのあと、ミフスードは忽然と姿を消した。外交官まがいのキャリアを捨て、ウクライナ人女性に産ませた娘も捨て、ボリス・ジョンソンらと和気藹々《わきあいあい》とやっていた交友の輪も捨てて。私の推測では、ミフスードはロシアに潜伏しているのではないかと思う。この本を出版するにあたって、私は二〇二二年に撮影された口先教授ミフスードの写真に一〇〇〇ポンドの懸賞金を贈呈すると申し上げる。そういう写真をお持ちの方は、ウェブサイトで私に連絡してきてほしい。使用済みの五ポンド札で耳を揃えてお支払いする。ソーホーの裏手の酒場で。くりかえすが、本気だ。

ロシア秘密国家からチーム・トランプにつながる三本目のヒモは、トランプの選挙対策本部長をつとめたこともあるポール・マナフォートだ。二〇二〇年八月、アメリカ上院情報特別委員会は、マナフォートがトランプの選挙対策責任者をつとめていた期間にロシア情報機関とつながる人々と関係があったことは「トランプの選挙運動に影響力を行使し、また秘密情報を取得しようとするロシア情報機関の工作」に機会を与える行為であったという点で「防諜に関して重大な脅威をもたらした」と結論づけた。マナフォートはＦＢＩの調査に嘘をついた罪で収監された。トランプは大統領の任期が切れる直前にマナフォートに特赦を与えた。もちろん、怪しいことなどひとつも……？

トランプはクレムリンの息がかかった候補者だったのか？　二〇一七年一月、私はまさにこのタイトルで、まさにこの内容で、「パノラマ」の番組を製作した。このドキュメンタリーでは、クレムリンがトランプのコンプロマート動画を握っていると主張するＭＩ６の元諜報員クリス・スティールの秘密報告書を取り上げた。問題の動画とは、二〇一三年にトランプがモスクワのホテルの寝室でポルノ映画を見ながら売春婦たちに向かって放尿している場面だ。バラク・オバマ夫妻も使ったホテルの寝室を、トランプは冒瀆したわけである。トランプがミスユニバース・コンテストを見にモスクワへ行ったときのことだ。

トランプは報告書の内容を否定しているが、元ＭＩ６でロシア担当のトップを務めたクリス・スティールはモスクワの事情に通じている。のちになって、スティールの情報源の一人が偽証の罪でＦＢＩに訴追されたという汚点はあるものの、私としては、それでスティールの報告書がすべて否定されるわけではないと考えている。ロシア秘密国家はＦＢＩなどよりはるかに人々を震え上がらせる手段を持っている。ＦＢＩにも欠点はあるが、いちおう法執行機関であり、法の支配の枠内で動くものと規定されている。かつてイギリスのモスクワ駐在大使をつとめたこともあるサー・アンドリュー・ウッドはスティールの調査報告書を非常に懸念し、アメリカ上院議員ジョン・マケイン（故人）に問題の報告書を直接手渡した。ウッドはＢＢＣの取材に「トランプはセックス狂だ」とコメントしている。

トランプとプーチンの共通点

良識ある人々のあいだでは、スティールの報告書は故意の偽情報に踊らされたものではないかとする声もある。しかし、トランプのプーチンに対するその後の対応を見るにつけ、私にはロシア秘密警察がトランプに関する何らかの弱みを握っていることは間違いないだろうと見える。スティールは何かを勘違いしたのかもしれないが、そもそもの火種があったということは間違いないと思う。

「パノラマ」の番組「Trump: The Kremlin Candidate?（トランプ――クレムリンの息がかかった候補者？）」の取材に対して、二〇一五年にトランプの伝記（トランプ本人は承認していない）『Never Enough: Donald Trump and the Pursuit of Success（満足を知らない男――トランプは成功を追い求める）』を書いたマイケル・ダントニオは、こう話してくれた。「トランプは『私はマンガのスターなんだ』と言いました。自分のことをスーパーマンかバットマンのように思っているのです。あるいは悪役かも。トランプの座右の銘は〝真実、正義、アメリカン・ウェイ〟【スーパーマンのキャッチフレーズ】ですが、これは一九五〇年代の頭です。当時は主役といえばかならず白人で年配で男性と決まっていて、悪役は整った顔立ちや美しい髪などとは無縁なものでした。悪役は醜く、見るからに邪悪な外見をしていました。トランプははっきり敵と決めつけた相手を攻撃するやり方が好きなんだと思います。その人間が自分に逆らうから、という理由で。つまり、アメリカン・ウェイとはドナルド・トランプ流ということで、敵はトランプが敵とみなした人間、ということになるのです」

恐ろしいことに、ダントニオはプーチンも同じタイプだと考えている。「プーチンもまた、マンガの主人公なのです。自分が率いている国家はカリフォルニア州のたった半分の経済力しかないのに、それでも世界の舞台に出てくると胸を張って自分を大きく見せようとする。あと、プーチンは強い男です。トランプは強い男が大好きなんです。力を行使する姿をすばらしいと思い、プーチンが権力の行使をためらわないという事実に感服しているのです」

非公式の伝記を書いたダントニオは、ニューヨークでトランプと同業を営む不動産ディベロッパーから、アメリカ合衆国第四五代大統領について、こんなコメントを引き出した。「トランプは、何か特別にオイシイことがないと取引しません。一種の倫理的な窃盗ですね」。そのコメントは、私が知っているトランプの怪しげなビジネス取引ともプーチンの仕事の流儀とも共鳴する。トランプとプーチンは、奇妙に似たもの同士なのだ。トランプ一家に詳しいある人物から、家族の中でもとくに息子のドナルド・ジュニアと娘のイヴァンカは父親が向こう見ずな行為に走ろうとしたときに止めるだろう、という話を聞いたことがある。そのことをダントニオにぶつけてみた。「私はトランプの子供たちにインタビューしたことがあります。子供たちは皆ホワイトハウスのトランプ大統領の下の階にオフィスを与えられています。子供たちはトランプ大統領のことを話すとき、自動的に『Our Father』【天にまします我らが父よ、という主の祈りの冒頭と同じ語句】と言って、天を仰ぐように上を見上げます。イヴァンカがいちばん父親を崇拝していますね。子供たちもそれぞれに小さな神なのですが、ドナルドこそはあらゆる知識、あらゆる権力、あらゆる善のましますところ、というわけです。トランプの組織にはカルトに通じる空気があります」

ウラジーミル・プーチンが二〇一六年の選挙をトランプに勝たせたいと思っていたことは、疑う余地がない。ロシア秘密国家はかなりの数にのぼる民主党の駒を取り除いて、ロシアの推す候補者の勝利を確実にした。「パノラマ」の番組が放送されたあと、私は「ラジオ・タイムズ」誌にまとめ記事を書いた。「マンガの悪役二人が地上で最大の権力を握る二者となったいま、私ならベッドの下に身を隠そうと思う。そして、ベッドの周囲を鉛の板で囲み、それを地下三〇メートルの深さに埋めるのだ。私の恐れが的はずれであることを祈りたい」

ロンドンのロシア大使館は、「パノラマ」の番組と私のジャーナリズムを非難する長々としたブログをアップした。声高の非難ブログは、こんな書き出しだ。「BBCがまたもや最低の切り札を切った。イギリス、アメリカ、さらには世界各国における維持不能な体制を弁護しようとあがく紛れもないポスト・トゥルースのプロパガンダである。取り上げられているどの問題についても、一片の立証さえできていない。クリストファー・スティールの『コンプロマート』動画に関するリポートを『たとえこれがウソの塊《かたまり》だとしても』と称賛するジョン・スウィーニーの姿勢がすべてを物語っている」

もちろん、私がスティールのリポートを「ウソの塊」だと言ったことなど断じてない。それどころか、彼のリポートはほぼ真実を突いているだろうと思っている。しかし、ロシア大使館のブログでひとつはっきりしたことがある。

いまや私はロシアの標的となった、ということだ。

権力の座についたドナルド・トランプは、クレムリンが喜びそうなことを片っ端から実行した。NATO分裂の種をまき、欧州連合を弱体化させ、プーチンの前にひれ伏した。

証拠ははっきりしている。二〇一八年、トランプとプーチンはヘルシンキで会談し、二人きりで二時間にわたって密談した。このときにはすでに、ロシアがチーム・ヒラリーの電子メールをハッキングしたことは全世界の知るところとなっていたし、ポール・マナフォートがクレムリンの代理人に絡め取られていたことも、ロシア生まれの悪名高きセイターがトランプ・タワーにオフィスを持っていることも、ロシアが二〇一六年のアメリカ大統領選挙に介入したことも、すべて世界じゅうの知るところとなっていた。選挙介入の件は、アメリカの情報当局がはっきり所見として認めている。

密談後の共同記者会見で、プーチンはトランプに関してコンプロマート動画を握っている事実はないと否定してみせた。そりゃ、そう言うだろう。プーチンは、「二〇一三年のミスユニバース・コンテストの際にトランプがロシアにいたことさえ知らなかった」と述べた。スティールのリポートによれば、トランプを脅すコンプロマート動画が撮られたときの話だ。ある記者がトランプに対して、アメリカの民主主義にロシアが介入した事実を非難しないのか、とズバリ質問した。トランプはのらりくらりと追及をかわした。「下の人間が報告に来た……ロシアだと思う、と言った。私はプーチン大統領を知っている。そのプーチン大統領が、ロシアではないと言った。私としては、こう言っておく――なぜそうなるのか、理由がわからない、と。私はわが国の情報当局をおおいに信頼しているが、きょうプーチン大統領が非常に強くパワフルに否定したということをお知らせしておこう」

民主党の上院議員チャック・シューマーはトランプを痛烈に批判した。「この危険で弁解不能な行動について、プーチン大統領がトランプ大統領に打撃を与える情報を持っているという可能性――非常にリアルな可能性――があるだけだと言われても、何百万ものアメリカ国民は不審を拭えないだろう」。アメリカの情報当局の人々は、トランプは「ロシアの協力者」であり「役に立つバカ」であり「プーチンの操り人形」であるとほのめかしている。

アメリカの国家情報長官をつとめたジェイムズ・クラッパーは、「ロシア側はトランプについて何かを握っているのか」と追及した。前ＣＩＡ長官ジョン・ブレナンはトランプの行為をアメリカ合衆国に対する「反逆罪」であると非難し、「トランプは完全にプーチンのポケットに入れられている」とツイートした。ジョン・マケイン上院議員は、トランプの行為は「恥ずかしい振る舞いだった」と述べた。

……これまで彼ほど恥も外聞もなく圧政者の前に這いつくばった大統領はいなかった」と述べた。

一年後、トランプ大統領はニューヨークの国連本部でゼレンスキー大統領と顔を合わせ、こう言った。「あなたとプーチン大統領が会ってあなたの問題を解決できたらと、心から思いますよ」。ウクライナの問題とは、ロシアが二〇一四年に侵攻してきてクリミアとドネツクとルハンシクを占領していることなのだ。ゼレンスキー大統領は険しい表情を見せた。

ヘルシンキ会談の際の態度と、ニューヨークの国連本部でのゼレンスキー大統領に対するアドバイスの内容からして、ドナルド・トランプはモスクワの駒だったと見てまちがいない。

第17章 役に立つバカ

「バルコニーに銃を持った男がいる」

マキシム・ボロディンは有望な調査ジャーナリストだった。三二歳で、ちょっとお洒落で、蝶ネクタイにウーステッドのジャケットで決めていた。それまでウラル地方のエカテリンブルクを本拠地に仕事をしていたのだが、ちょうどモスクワで夢見た仕事にありついたところだった。話題沸騰のドラマ『マチルダ』についてモスクワのウェブサイト「ニュー・デイ」に記事を書き、極右の君主制主義者たちを怒らせて、一躍名をあげたのだ。『マチルダ』は一九一八年七月にボルシェビキが皇帝ニコライ二世とその一家を殺害した事件をドラマ化した作品だ。二〇一七年に極右の活動家たちに鉄の棒で頭を殴られたことがある、とマックス【マキシムの愛称】は説明していた。

二〇一八年四月のある日、午前五時に、マックスは友人のヴャチェスラフ・バシュコフに電話をかけた。「バルコニーに銃を持った男がいる。階段の踊り場には迷彩服を着てマスクをかぶった男たちがいる」。マックスの家はアパートの五階、最上階だった。訓練された狙撃手ならば、屋上から最上階のバルコニーに下りることなど、苦もないだろう。数時間後、マックスがまたバシュコフに電話してきた。こんどは話が変わっていた。守衛たちがただの訓練をしていただけだ、という。翌日、マックスは死体となって建物の外で見つかった。警察が捜査し、酔っ払って窓から落ちたのだろうという結論になった。つまり自殺したということだ。

少なくとも、それが公式なおとぎ話だった。

あるいはマックスの死はこんな状況だったのかもしれない。二〇一八年二月、ロシアの傭兵ワグネル・グループは油田の豊富なシリアの土地を占領せよと命令を受けた。反アサド・反ロシア系の自由シリア勢力が支配する地域だ。ワグネル・グループの傭兵はクレムリンから少し離れたところで残虐な殺害行為やレイプや強盗や拷問をすることで悪名高い集団だった。しかし、これは都合のいいフィクションにすぎない。現実には、ワグネル・グループはほとんど軍隊と同じようなもので、ウラジーミル・プーチンのひいきの一人エフゲニー・プリゴジンが動かしている集団だ。プリゴジンは一九八一年に強盗、詐欺、未成年を犯罪に使った罪などで懲役一二年を食らっている。しかし、いまは億万長者だ。ニックネームは「プーチンのシェフ」。サンクトペテルブルクでプーチンお気に入りのレストランを経営していることから付けられたニックネームだ。表向きは、ロシア軍に食糧を納入する業者ということになっている。賞味期限を何年も過ぎた食糧もあるが。プリゴジンの裏の仕事は、トロールファーム【情報工作組織】やハッキング・ラボの運営など。アメリカの民主党の電子メールを掘り出して、二〇一六年のアメリカ大統領選挙でドナルド・トランプを勝たせる仕事をした組織だ。プリゴジンは、また、ワグネル・グループの総元締めでもあると言われている。ワグネル・グループはロシア軍兵士をやめた者たちの集団で、金と引き換えに東部ウクライナのドンバス地方で殺戮をくりかえし、その後シリア、リビア、中央アフリカ共和国、マリなどで殺戮行為にかかわってきた。ワグネル・グループという名前はヒトラーの好きな作曲家から取ったもので、名義上のリーダーはドミトリー・ウトキンという男だ。ナチSSの記章の入れ墨を入れており、二〇一六年にプーチンと一緒の写真におさまっている。クレムリンが本気で「ウクライナを非ナチス化する」と主張するならば、まずこの傭兵部隊を始末するべきではないのか。

しかし、シリアにおけるワグネル・グループの作戦は大敗を喫した。アメリカ軍が自由シリア軍に加勢したからだ。ワグネル・グループの傭兵軍が自由シリア軍の支配する油田に攻めてくるのを見たアメリカ軍は、ロシア軍の連絡将校に対して、同僚の軍に進軍をやめるよう警告せよと伝えた。しかし、その警告は伝えられず、アメリカ軍が迎撃して、二〇〇人ほどのロシア人傭兵が殺されたという。その中には、エカテリンブルクから四〇キロほどのところにあるアスベスト市の出身者たちも含まれていた。マックス・ボロディンは、愛する家族を殺されて怒っている肉親たちを取材した。その中の一人、スタニスラフ・マトヴェエワを殺された妻のエレーナ・マトヴェエワは、ワグネル・グループの司令官に電話をかけた。司令官はマックスが電話を聞きビデオを撮影していることを知らずに、本当のことを打ち明けた。司令官は、こう言った。「一大隊二〇〇人があっという間に殺されたんです。こっちにはAK47しかなくて、対空用の武器は何ひとつなかったんです。めちゃくちゃにやられました。アメ公のやつらは『ロシア人め、食らえ』と言って攻めてきたんです」

私はマックスの不審な死についてBBCの「ニュースナイト」で短くリポートした。友人のヴャチェスラフ・バシュコフは、こう語ってくれた。「マックスは親切で面白い男でした。ぜったいに自殺するような人間とは思えません」

マックスの身に何が起こったのか、はっきりとしたことはわからない。けれども、私はこんなふうに推測する。アメリカ軍によるワグネル・グループ傭兵の大殺戮は、プリゴジンやナチの入れ墨をした司令官ウトキンにとって屈辱的な敗北だった。しかし、彼らはなんとかしてロシア国内でそのニュースが流れないように手を打っていた。それなのに、マックスが事件を報道した。小隊の司令官が電話で何もかも打ち明ける動画まで使って。それは屈辱を倍にする報道だった。マックスは報道記者としての経験がまだ浅く、自分が非常に危険なレッドゾーンに踏み込んでいるという自覚がなかった。早朝五時にマックスが友人のバシュコフに電話してバルコニーに銃を持った男がいると話したとき、本当にバルコニーには銃を持った男がいたのだ。迷彩服を着た男たちも、本当にいたのだ。守衛たちが訓練をしていたという話は嘘だ。マックスが脅迫され言わされたのだ。おそらくワグネル・グループの男たちがマックスを拷問して、訓練だったという話をさせたのだろう。そして、マックスを窓から突き落として殺した。だが、地元警察はウジ虫だらけの缶の蓋を開けたくなかった、というわけ。

それから間もなくして、中央アフリカ共和国で取材をしていた三人の調査ジャーナリストが不審な死を遂げた。三人はワグネル・グループが人権を蹂躙《じゅうりん》しているという事件を調べていた。そこから伝わってくるメッセージは、はっきりしている。調査ジャーナリストどもよ、早死にしたくなかったら、ワグネル・グループの件に鼻先をつっこむな、と。

マックスの殺害に、私はかなり動揺した。この事件について、「ニュースナイト」の映像に合わせてBBCのウェブサイトにオンライン記事を書きたいと考えた。しかし、そんな記事は使えないだろうと言われた。ここでもまた、BBCがクレムリンの代理の殺し屋たちに「疑わしきは罰せず」の原則を気前よく適用しすぎているように感じた。BBCウクライナ語放送のスタッフは私と同じように危惧を抱いていて、わざわざ私に連絡してきて、BBCロシア語放送もBBCモスクワ支局もウラジーミル・プーチンの冷酷な支配について本当の事実を伝えていない、と言ってきた。ある同僚は、私にこう言った。「ジョン、クレムリンに対して問題を追及する記者はきみだけだ、きみ一人しかいない」と。ドナルド・レイフィールド教授の話では、ソ連時代にはBBCロシア語放送は優秀だったが、最近では「抱き込まれスパイに浸透されているに違いない」という。

私も同じことを感じていた。自分に圧力がかけられているのを感じていた。いまのところ、まだ運に助けられているが。

ホロドモール【ウクライナ語で飢餓による殺害、の意味】について書いたスリラー小説『The Useful Idiot（役に立つバカ）』の冒頭に、私はマックス・ボロディンへの献辞をつけた。そして、彼をメイン・キャラクターの一人にした。私の小説に登場するマックス・ボロディンのキャラクターは、スターリンの秘密警察によって、五階の窓から飛び降りたことにされた。もちろん、そんなものは嘘だ。秘密警察は平然と殺しをやってのけたのだ。

人間の弱みにつけこむ訓練

反対に、クレムリンの思惑どおりに動けば、ありとあらゆる可能性が目の前に開けてくる。秘密国家ロシアはアメリカ、イギリス、ドイツ、フランス、イタリアなどの大物政治家に懸念を抱かざるをえないほど接近する作戦を成功させている。クレムリンが西側の民主主義国をマトリョーシカ人形のゲームに変えてしまった例は尽きない。ドナルド・トランプの皮を一枚はがしてみるといい。あるいはナイジェル・ファラージ【英・リフォームUK党の党首】の皮を、ジェレミー・コービン【英・労働党の元党首】の皮を、マッテオ・サルヴィーニ【伊・同盟の書記長】の皮を、マリーヌ・ル・ペン【仏・国民連合の党首】の皮を、はがしてみるといい。中から出てくるのは、にやついた顔のウラジーミル・プーチンだ。

「役に立つバカ」たちの中でも、いちばんあからさまなのはゲアハルト・シュレーダーだ。ドイツ社会民主党の党首でドイツ連邦首相をつとめたこの男は、二〇〇五年にノルドストリーム・パイプライン計画に合意の署名をした時点で、まだ首相の座にあった。ノルドストリームはロシアの天然ガスをドイツに直接送り込むパイプライン計画だった。クレムリンの狙いは、ノルドストリーム計画でバルト海の底を通って天然ガスを直接ドイツに供給することによって地上のパイプラインが通過していた国々を弱体化させ、ロシアに対して強硬な姿勢を取れなくさせることだった。首相を辞任するが早いか、シュレーダーはロシアの天然ガス大手ガスプロムの役員に就任した。シュレーダー本人は、何も悪いことをしたわけではない、と言っている。当時アメリカ合衆国下院外交委員会の委員長だった民主党のトム・ラントス議員は、この恥知らずな転身に対して、シュレーダーを「政治的売春婦」と呼んだ。シュレーダーは四回も結婚しているので、「アウディ・マン」とあだ名されていた。指輪を四つ連ねたドイツ車アウディのシンボルマークをもじったものだ。五回目の結婚をしたのちは、「オリンピック・マン」とか「指輪物語」と呼ばれるようになった。

ドイツのメディアは、クレムリンやその一味から接待を受けて贅沢な飲食にふけるシュレーダーの写真を何度も報じた。こうした接待が危険なのは、脇が甘くなったところを狙われてコンプロマートの餌食にされやすいことだ。私がその点に言及すると、クリス・ドネリーはこう言った。「この議論には、二つの面があるんです。一面では、高いレベルの政治においては多くの合意や理解がインフォーマルな場ならば可能になる、ということです。政府高官は打ち解けた場でこそある程度の相互理解を達成することができて、たいへん有益な関係を結ぶことができる、という見方があります。これは一理ある見方です。わたし自身、NATOで仕事をしていた頃、本部での会合は非常にフォーマルで非常に堅苦しく、ぎこちない雰囲気でした。しかし、その同じロシア人のグループを夜、自宅に招いて、ジル（クリスの妻）の手料理でもてなして少々アルコールがはいったりすると、フォーマルな場ではとても不可能だと思われたような合意が可能になるのです。そういう一面もあるんです。しかし同時に、ロシアのような国を相手にこういうことをしようとするならば、相手は訓練を積んだプロであって戦略に従って動いてくるのだということを理解しておくことが重要です。ですから、そういう種類の外交をやろうというのなら、非常に注意深く非常にうまくやらなくてはなりません。そうでないと、不利な立場に追い込まれてしまうでしょう」

「相手の人間というのは、KGBの人間のことですか？」、私はクリスに尋ねる。「人間の弱みにつけこむ訓練を受けているということですか？」

「そのとおりです。抜け目のない連中です。セックスでも、酒でも、ドラッグでも、権力でも、なんでもここぞとばかりに使ってくるでしょう。プライドをくすぐるとか、甘い言葉を並べるとか、何でもやりますよ。セックスだけじゃありません。『コンプロマート』は、もっとずっと洗練された罠です。シュレーダー首相の例を考えてみてください。プーチンとどんな関係を築いたか。彼は妻を四人替えたが、一人も子供がいなかった。そこへプーチンがつけこんで、サンクトペテルブルクの孤児院から二人の孤児を養子にできるよう手配してやった」

「プーチンがシュレーダーのまさに望むことをかなえてやった、ということですね？」

「セックスやドラッグやカネとはかぎらないのです。抜け目のない、じつに抜け目のない手を打ってきます。たいしたプロフェッショナリズムですよ」

プーチンのロシアは秘密警察に乗っ取られた国家と見るのがいちばん理解しやすい、と、イギリスの保守党議員で外交委員長もつとめたことのあるトム・タジェンダットは言う。すべてはスパイ学校で教えこまれたプリズムを通しておこなわれる。そうであれば、人間の弱みを握る訓練を受け工作資金も使い放題に使えるクレムリンのスパイどもがこれほど多くの西側政治家、とくに右翼と極右の政治家たちを籠絡《ろうらく》し罠に陥れたのも不思議はない。

フランスの極右政治家マリーヌ・ル・ペンは、二〇二二年のフランス大統領選に先立つ討論会で、マクロン大統領から、ウラジーミル・プーチンを「銀行」がわりに使っている、と鋭く批判された。ル・ペンが率いる政党は一九七二年にル・ペンの父親が結成した当初は「国民戦線」と称していたが、二〇一八年以降は婉曲な「国民連合」に党名を変更している。国民連合は、現在アメリカによる経済制裁の対象となっているロシアの法人から受けた一二〇〇万ドルの融資を返済中だ。この本を執筆している時点で、フランスの極右勢力のポケットにどのくらいのロシア資金がおさまったのか、全体像は見えていない。しかし、多額であることは間違いない。

同じことは、イタリアの極右の風雲児で政党「同盟」のリーダー、マッテオ・サルヴィーニにも言える。二〇一八年、三人のロシア人と三人のイタリア人（そのうちの一人はサルヴィーニの側近）のあいだでモスクワのメトロポール・ホテル（クレムリンから金塊を投げれば届く距離にある）にて交わされた会話が盗聴録音された。サルヴィーニの政党にロシアから寛大な資金援助をお願いできないか、と交渉する内容だった。当時、サルヴィーニはイタリアの副首相であり、内務大臣でもあった。もしこの話が実現したら、政党は外国から多額の寄付をいっさい受けてはならないとする選挙法に抵触することになる。その前日、サルヴィーニの側近を長くつとめているジャンルカ・サヴォイーニがお馴染みのアレクサンドル・ドゥーギン（プーチンのラスプーチン）と一緒のところを写真に撮られている。その翌日、サヴォイーニの声がテープに録音された。「われわれはヨーロッパを変えたい。新しいヨーロッパは以前のようにロシアに近くなければならない。われわれは支配権を握りたいのだ」と。サルヴィーニ本人はこの会談には加わっていないが、同じときにモスクワにいた。六人が話し合っていたのは、ロシアの石油化学大手がイタリアの石油企業エニに一五億ドルの石油を売却するという内容で、取引で隠されていたのは秘密の仲介者を通じて六五〇〇万ドルの賄賂を「同盟」に渡す、というものだった。

「バズフィード」のアルベルト・ナルデッリから盗聴テープの存在を追及されたサヴォイーニは、「悪いが、こんなことに費やす無駄な時間はない」と答えた。イタリアの優秀なジャーナリズムに嗅ぎつけられたため、この交渉が日の目を見ることはなかった。しかし、イタリアの極右勢力が「ロシアの甘い生活」を楽しめるようにクレムリンが資金提供していたのではないかという疑いは残ったままだ。

プーチンを非難するヴァネッサ・レッドグレイヴ

二〇〇〇年、チェチェン取材から戻った私がウラジーミル・プーチンを戦争犯罪人と名指しした とき、ロンドンで二人の有名人がプーチンの残虐な戦争に反対の声をあげた。私はその二人の勇気に感服した。一人は俳優のヴァネッサ・レッドグレイヴ。もう一人は労働党の国会議員ジェレミー・コービンだ。

ヴァネッサはあっぱれな美形だ。自分の飾らない言葉を使って、プーチンの行状を非難した。大股でグローブ座の木の舞台に歩み出た姿は、イチゴ色の髪につば広の帽子をかぶり、丈の長いコートの裾をなびかせ、手には長くて重そうな木の杖を握っている。その杖でぐいと私たちのほうを指し、杖を高く振り上げたと思えば低く床を掃き、相手に探りを入れるように杖の先を揺らす。「かかっておいで、あんたの肝っ玉を見せてもらおうじゃないか」と挑発するような仕草だ。「オブザーバー」紙のカメラマン、ジョン・リアドンは一歩も退かずに立っていたが、私はその場を逃げ出してグローブ座の広報担当の後ろに隠れた。たいした登場の仕方だ。

見ると、ヴァネッサ・レッドグレイヴがこちらにむかって杖を振っている。

当時、彼女は六二歳だった。キャスターの付いた歩行器と編み針の世話になってもおかしくない年齢だが、人間が丸くなるきざしもなければ鈍るきざしもなかった。天に昇ろうとするかのように手を伸ばした彼女に四月の日の名残りが差しかけて、歳月は一気に背景へ落ちていった。ヴァネッサは驚くほど若く生き生きとした表情を見せ、生命力をみなぎらせていた。

杖を持ってつば広の帽子をかぶっていたのは、『テンペスト』のプロスペロー役のリハーサルをしていたからだ。写真撮影が終わったあと、ヴァネッサは私を車に乗せてロンドンを横切り、チジックの自宅アパートへ連れていってくれた。なかなかスリルに満ちたジェットコースターのようなドライブだった。小さなフォルクスワーゲン・ポロは急発進と急停止をくりかえした。そして、車を急発進させると、ヴァネッサはロンドン・アイ【大観覧車】について熱弁をふるい、背景にそびえるシェルの高層ビルの上を飛ぶ「宇宙船みたいね」とのたまった。それからまたチェチェンの話題に戻る。なかなかのロンドン横断ドライブだった。

しかも、ヴァネッサ・レッドグレイヴの運転する車に乗せてもらったのだから。

アパートで、ヴァネッサは一通の文書を見せてくれた。「チェチェンに平和と人権を求める国際キャンペーン」の発起人名簿だ。ソ連反体制活動家だった故アンドレイ・サハロフの妻エレーナ・ボンネルの名前やヴァネッサ・レッドグレイヴ自身の名前もあった。そして、ヴァネッサは話しはじめた。低い声で、前方を見つめたまま、シルクカットの煙を漂わせて。「トーマス・マンは、ミュンヘン合意のあと、痛烈な批判を書いた。ヒトラーを止めることができたかもしれないドイツの野党勢力をチェンバレンが破壊したと、はっきり指弾したわ。わたしもロシアに関して同じことを恐れている。チェチェンの人民を集団虐殺する行為でもって、プーチンはメッセージを発しているのよ。『われわれがチェチェンで何をしたか、見るがよい。ロシア人ならば、われわれがバビツキーに何をしたか、見るがよい』とね」。アンドレイ・バビツキーはラジオ・フリー・ヨーロッパの報道記者で、チェチェンの中で本当に起こっていることを世界の人々に知らせる先頭に立っていた。バビツキーは逮捕され、拷問された。最悪なのは、拷問される他の人々の声を聞かされたことだ。苦悶に絶叫する女性の声も含めて。その後、バビツキーの身柄はチェチェンの売国奴アダム・デニエフの配下に引き渡された。チェチェン亡命政府によれば、デニエフは一九九六年に赤十字の看護師六名を殺害した首謀者だ。バビツキーが釈放されたのは、国際的な圧力がものすごく大きく働いた結果にすぎない。

「バビツキーはね」と、ヴァネッサは続けた。「ロシアにかろうじて残っている心正しき者の希望の火なの」。チェチェン制圧も、バビツキーの逮捕も、「みんなファシスト的なやり口だわ。私の見るところ、プーチン政権はヒトラーと同じね」

当時のロビン・クック外相とトニー・ブレア首相が二人そろってプーチンの機嫌をとったことを、ヴァネッサは嘆いていた。「ブレア氏には、私、会ったことがあるの。人間としてはとても魅力的な人よ、とてもいい人。ピノチェトを逮捕したのは立派だと思うし、コソヴォの抑圧に対する戦争も正しいと思った。クックとブレアは、プーチンをコントロールできると思っているのね。フランツ・フォン・パーペンと同じ過ちをおかしているわ。パーペンもヒトラーをコントロールできると思っていた」

ヴァネッサが長年にわたって労働者革命党と関係を保っていることは有名な話だが、二〇〇〇年の時点ですでに、ヴァネッサはプーチンが将来問題になるだろうということを予見していた。「一般のロシア人が『人間以下』のチェチェンに憎悪を抱くように、テレビは『チェチェンの無法者ども』がロシア人兵士の喉を掻き切る場面を放送した。私もその映像を見たわ。あまりにもショッキングな映像なので、イギリスのテレビではもう二度と放送されないと思う。でも、その映像がロシアのテレビでくりかえし放送されているということは、当局がいかに憎悪を煽ろうとしているかを証明していると思う」

長年にわたって、チェチェン人は赤十字の看護師たちが殺害された事件や四人のイギリス人電話技師たちが斬首された事件の犯人とされてきた。「誰が得をするか、考えなくては」と、ヴァネッサは言った。「チェチェン人？　ノー。クレムリン？　イエス」

ヴァネッサは話を中断して新しいタバコに火をつけた。「わたし、ホロコーストの話を何度も何度もくりかえし読んだわ。どうすれば止めることができるんだろう、って」

ウラジーミル・プーチンの本性を非常に早いうちから見破っていた人間も何人かはいる。ジェレミー・コービンもその一人だ。一九九九年一二月、コービンはプーチンのチェチェン戦争を非難する国会動議の発起人となった。「本院はチェチェンにおけるロシアの軍事行動を非難し、軍隊の撤退を求め、自決権を認めた政治決着を求める。本院はまた、ロシアの行動にはチェチェンを通過する石油および天然ガスのパイプラインを支配しようとする動機も含まれるものと懸念し、ロシアに対する批判がロシア国内における平和・反戦グループを支持するに不十分なものであったことを懸念する」

それだけに、その後ジェレミー・コービンが反プーチン勢力を裏切ったことがいっそう深刻に受け止められる。二〇一四年、「ガーディアン」のジャーナリスト、スマス・ミルンがソチでクレムリンの追従者たちを集めて開かれたヴァルダイ国際討論クラブの会議で議長をつとめた。このときのメイン・スピーカーはウラジーミル・プーチンだった。

「ガーディアン」内部でも、誰もがヴァルダイ・クラブへの出席をよいことだと考えていたわけではなかった。前モスクワ特派員ルーク・ハーディングは、ヴァルダイ・クラブに出席するのは「クレムリン劇場で使われる人形になるようなものだ。プーチンの引き立て役になるだけだ」と書いた。ミルンとハーディングは編集会議で激突した。口論の最中にミルンの電話が鳴った。それを見たハーディングは「クレムリンからの電話に違いない」と言った。

その翌年、コービンは労働党の党首になった。そして、ミルンを広報役に据えた。二〇一八年三月のスクリパリ毒殺未遂事件のあと、コービンは当時の首相テリーザ・メイに下院でこう質問した。「ソールズベリーの犯行に使われた薬剤のサンプルを提供してほしい、独自に検査したい、とするロシア政府の申し入れに、首相はどう答えたのでしょうか？」

それは、斧で人を殺した犯人に斧を返してやってはどうか、と言うに等しい質問だった。労働党の平議員たちも席から立ち上がって、党首のクレムリン寄りの発言を非難した。イヴェット・クーパーは、イギリス政府が結論したように、ロシア国家の関与は「明白に非難されるべきである」と発言した。労働党議員の何人かは、「本院はユリアおよびセルゲイ・スクリパリの毒殺未遂事件に関して、ロシア国家の有責性を明白に認める」とする動議に署名した。

カーテンの裏側で、ミルンは主人の墓穴をますます深く掘り下げていた。野党党首のスポークスマンの顔を装いながら、ウエストミンスターのロビー勢力に対して、こう語ったのだ。「この件に関して、政府がわれわれの知らない情報や諜報活動の成果を持っているのは明らかだと思います。とはいえ、一方で、大量破壊兵器と諜報活動の関係についてはこれまでにも紆余曲折があり、控えめに言っても問題なしとは言い切れません。ですから、私は、正しいアプローチは証拠を探すことだと思います。国際条約にのっとって、特に禁止されている化学兵器に関する国際条約にのっとって。なぜなら、今回の事件は化学兵器を使った攻撃であり、それがイギリス国内で実行されたからです。その関係において、きちんと踏むべき手順があるものと考えます」

ミルンがやっていることは、非常に抜け目なく、また同時に非常に愚かなことだった。大量破壊兵器に言及したのはブレア政権の大失敗に対するあてこすりであり、サダム・フセインがイラクのクルド人に対して使用した化学兵器をいまだに保有している事実を皮肉るものだった。しかし、ブレアはすでに過去の人間だ。テリーザ・メイは凡庸であったかもしれないが、嘘をつく人間ではない。そして、重ねて指摘しておくが、元GRU【ロシア軍参謀本部情報総局】将校の家のドアノブに神経剤を塗りつけるといった行為を秘密国家ロシア――所有者はウラジーミル・プーチン――の工作機関以外が実行したと考えられる可能性はゼロに等しいのだ。イギリスの世論はミルンのロシア寄りの発言をそのまま受け取り、有権者、とくに労働党を伝統的に支持してきた労働者階級の有権者は一気にコービンから離れた。コービンが二〇〇〇年にロシアに対決姿勢を示したことは評価するが、クレムリンの提灯持ちのようなミルンを広報官に据えたことで有権者の支持を減らし、そのうえさらにソールズベリーの毒殺未遂事件に関して疑わしきは目をつむる姿勢を見せたことで、完全に支持を失った。コービンの悲劇は、政治観が一九七〇年代初めで止まってしまっていることだ。当時、コービンは左翼主義、とくに自由パレスチナ運動がアメリカの力でねじ伏せられるのを見た。アメリカとイギリスの支配者層が初期のプーチンと足並みを揃えた時期、コービンはプーチンと対立する立場を取った。そのあと、アメリカとイギリスの政治家たちがプーチンの本性に徐々に気づきはじめると、コービンは頼りなく弱々しい声ではあったものの、クレムリンのメッセージに共鳴する姿勢を取るようになった。これは、コービンがつねに反アメリカを行動原則にして動いていたからだ。そうすることによって、コービンもまたクレムリンの「役に立つバカ」の一人になってしまった。ジョージ・オズボーンやピーター・マンデルソンは自分の利益のためにクレムリンの手先にすり寄った。それに対して、コービンは政治的イデオロギーが強すぎたために現実を見失い、道に迷った。

シベリア男爵が開くパーティーの乱痴気騒ぎ

ボリス・ジョンソンがエフゲニー・レベジェフ——いまではシベリア男爵——およびその父親アレクサンドル・レベジェフと親しいのは、政治的イデオロギーがあってのことではない。イタリア中部のペルージャに近いパラッツォ・テラノヴァでレベジェフ親子が開くブンガ・ブンガ・パーティーは、この世のものとは思われないような乱痴気騒ぎだ。招かれたゲストたちの中には、ピーター・マンデルソン、サラ・サンズ（BBCの番組「トゥデイ」の当時の編集責任者）、アモル・ラジャン（レベジェフ親子が所有する「インデペンデント」紙の編集者を一時期つとめ、いまはBBCの有望株）、エルトン・ジョン、シャーリー・バッシー、スティーヴン・フライ、マイケル・ガンボン、エリザベス・ハーレイ、ルパート・エヴェレット、レイフ・ファインズ（ボンド映画でMを演じている）、ボリス・ジョンソン、それにトップレスモデルのケイティー・プライスまでいた。これは二〇一六年にジェイムズ・キュージックがプラットフォーム「オープン・デモクラシー」に書いたすばらしい記事によって明らかにされた面々だ。

サラ・サンズとアモル・ラジャンはエフゲニー・レベジェフの強力なチアリーダーだ。サンズは「イヴニング・スタンダード」紙でエフゲニーの部下として編集者をつとめたあとBBCラジオ4の看板番組「トゥデイ」の責任者になったが、いまはBBCを離れている。ラジャンは現在もBBCのメディア編集者で、「トゥデイ」を担当している。

「イヴニング・スタンダード」紙に在籍した当時、サンズはエフゲニー・レベジェフを「趣味がピカイチ」と褒めあげた。ラジャンは、「インデペンデント」紙に在籍した当時、エフゲニー・レベジェフのことを「恐ろしいほど記憶力のいい男で、上司としては恐ろしいほど頭の切れる人物だ」と言っている。

エフゲニー・レベジェフは「メイル・オン・サンデー」紙に次のように書いている。「あちこちの新聞がスターリン時代よろしく『人民の敵』リストを掲載した。イギリス在住の影響力の大きいロシア人たちがクレムリンの手先となって動いている、と示唆する記事を……私はボリス・ジョンソンの友人であることを誇りに思っている。ボリスも私の友人たちの大多数と同じく、ウンブリア州に足を運んでくれた。皆さんをがっかりさせて申し訳ないが、そこでは『コンプロマート』に使えそうなネタはひとつもない」

なるほど、KGB大佐のご子息のお言葉、しかと承っておく。

しかし、ペルージャの街で取材すると、こうしたパーティーでは何でもありだという噂がしきりだ。エフゲニー・レベジェフはすこぶる付きの放埒者で、乱痴気騒ぎが大好きで、それを隠しもしない。二〇一二年、当時「インデペンデント」紙を買収したばかりだったエフゲニーは、BBCのためにクレムリンの提灯持ち、じゃなくてベラルーシの独裁者アレクサンドル・ルカシェンコ大統領とのインタビューを取り付けた。BBCはレベジェフの目付け役として私の年来の同僚ナタリア・アンテラワをインタビューに同席させたが、エフゲニー・レベジェフのインタビュー内容にはナタリアもミンスクの専制君主も呆気に取られた。

「で、グループセックスについてはどう思われます？」。レベジェフ・ジュニアは強面の大統領にこう聞いたのだった。ルカシェンコは質問をはぐらかしたが、ナタリアはエフゲニー・レベジェフは「恐ろしいほど頭の切れる」男だとは思えない、ただのナルシストでバカだと思った、と言っていた。レベジェフの豪邸には仮装用のきわどい衣装を入れた箱が用意されていて、パーティーに招かれたゲストたちは目をつむって仮装の衣装を選ばなければならない。そんなわけで、パーティー好きで非常に有名な某ゲストはボンデージ・スーツを着て登場することになったのである。ウラジーミル・プーチンの顔を貼り付けたバット・プラグも用意されていたという。美男美女を選んでやりたい放題。ジム・キュージックのリポートによれば、ケイティー・プライスは少々シャンパンを飲みすぎて、ボリス・ジョンソン外相（当時）の前で胸を出してみせたそうだ。もちろん、ジョンソンがボンデージ・スーツを着ていたという話もなければ、ウラジミール・プーチンのバット・プラグをつけていたという話もないし、まして同時に両方を……という話などあるはずもないが……。

しかし、陰でひそかにレベジェフのパーティーがロシアの諜報活動の対象になっていた可能性はぬぐいきれない。なんと言っても、父親のアレクサンドル・レベジェフはロンドン駐在のＫＧＢスパイだった男だ。ユーリ・スクラートフ検事長に首輪をつけてウラジーミル・プーチンがクレムリンの鍵を手に入れるのを助け、愛人アリーナ・カバエワの記事がモスクワの新聞に出たことをめぐってはプーチンの不興を買ったものの、なぜかふたたびクレムリンの寵愛を受ける立場に復活してきた男だ。イタリア議会のＣＯＰＡＳＩＲ【共和国安全保障委員会】は、アレクサンドル・レベジェフがロシア秘密国家との関係をいまだ断ち切ってはいない可能性があること、ＫＧＢはホテル・カリフォルニアと同じくけっして抜けることのできない機関であるということについて、はっきりとした懸念を表明している。アレクサンドル・レベジェフは現在もロシアにビジネス権益——つまり、カネ——を残しているし、ロシアの占領しているクリミアにもビジネス権益を持っていると報じられている。二〇一七年、アレクサンドル・レベジェフは「偏向した西側メディアの作り出した印象を是正するため」に、クリミアのアルシュタにある大型ホテルでメディアを集めてパーティーを開いている。

ロシアが侵攻したという印象は、是正の必要がないと思うが。

本書の原稿を書いている二〇二二年五月半ばの時点で、アレクサンドル・レベジェフは二〇二二年二月のロシアによるウクライナ侵攻について、ひとこともツイートしていない。

ロシア秘密国家は、たとえば、元ＫＧＢ大佐の家で開かれたブンガ・ブンガ・パーティーで鞭打ちを楽しんでいるイギリス外相のプライバシーを侵害する、というような意図を持っているだろうか？

ＭＩ６の元高官は、レベジェフ親子の奇妙な友情について、こう述懐している。「ボリスがイタリアのレベジェフ家の豪邸へ行って誰かとセックスしたとしたら、映像に撮られている危険はおおいにありますね……想像してみてください、もしもモスクワで誰かイギリスのビジネスマンが所有する屋敷にプーチンが遊びにきて女とやったとしたら、昔の仕事をしている私だったら、間違いなくモノにしますよ。しつこい発疹みたいに全身くまなくね」

ボリス・ジョンソンは、はめられたか？

ケイティ・プライスの一件があってから二年後、ボリス・ジョンソンはまたもやパラッツォ・テラノヴァに足を運んでいる。いみじくも、スクリパリの毒殺未遂事件についてNATOの首脳会議が開かれた直後だった。二〇一六年のときも、二〇一八年のときも、外相だったジョンソンはロンドン警視庁のボディーガードを追い返した。身辺警護の刑事が付いてまわるのは警備対象をテロリストの攻撃から守ることが目的だが、それ以外にも目立たない役割がある。公僕が国家を裏切らないよう見張っているのだ。外相がロシア人の邸宅を訪ねているあいだロンドンに置き去りにされたならば、ロンドン警視庁の刑事たちはもはや適切に任務を遂行することが不可能になる。スカイ・ニュースのアダム・ボールトンやBBCのゴードン・コレラなど内情に通じているジャーナリストは、危なっかしい行動が原因でボリス・ジョンソンはMI6に見放された、と報じた。外務省は曖昧に否定しただけだった。

レベジェフ親子とボリス・ジョンソンの関係が本当のところどのようなものなのかは、いまだにはっきりしない。しかし、二〇二〇年、イギリス首相となったジョンソンは、エフゲニー・レベジェフをイギリス上院【貴族院】議員に推薦した。貴族院議員の適格性を審査する委員会は、特別部会からの助言にもとづいてレベジェフを不適格とした。しかし、その助言はのちに覆され、エフゲニー・グループセックス？・レベジェフはシベリア男爵となった。私が「バイライン・タイムズ」に書いたように、貴族院任命委員会はこの劇的な変更を受けて困惑し、大幅に遅れている情報安全保障委員会の「ロシア報告書」の発表を待つことにした。しかし、報告書を受けて委員会はますます不安をつのらせることになった。報告書には次のような記述があったのだ。「ロシアからの英国移住者が英国のビジネスおよび政治へのアクセスを利用して英国に影響力を行使している程度は★★★である。ロシアの諜報機関とビジネスが完全に絡み合っていることは広く認識されているとおりである。政府は★★★し、脅威に対処すべく必要な措置を講じ、プーチンにつながるエリートたちが刑罰を免れる事態を忌避する必要がある」

★★★の部分は、安全保障上ここには書けない詳細である。というわけで、情報の外に置かれているのは、おそらくクレムリンではなく、われわれのほうだろう。

男爵に叙せられたのを機に、シベリア男爵は「メイル・オン・サンデー」で自分に対して批判的な勢力にきつい一発を見舞った。「私がロシア出身であるという事実を冷笑する人々に申し上げたい。KGB工作員の息子でこの国への移民第一世代の人間がこれほどイギリス社会に同化し貢献していることは、素晴らしいことではないか？　われわれの体制にとって、なんと大きな成功であることか。そうは思いませんか？」

皆は言った、ニエット、男爵、ニエット。

ドナルド・レイフィールド教授から、こんなコメントを聞いた。「エフゲニー・レベジェフは安全保障上のリスクでありうるか？　答えはイエスだ。とくに、ロシアと頻繁に行き来している父親の役割を考えると。ＫＧＢから抜けるのは非常に難しいことだという点を忘れてはなりません。そういう手続きは存在しないのです」

エフゲニー・レベジェフはプーチンと会ったことがないという点を強調するが、レイフィールド教授は、だからといって疑惑が消えるわけではない、と言う。「実際に顔を合わせなくても、その影響下に入るということはありえます。二〇年前だったら、イギリス当局はエフゲニー・レベジェフに居住権を認めなかっただろうし、まして貴族院に議席など与えなかったでしょう。エフゲニーはことさらに自分は『インデペンデント』のオーナーだと強調しますが、ときに『ロシア・トゥデイ』の領域に入っていきそうになる、プーチンは敵ではないと言いそうになる」

ジョンソンがセックス・コンプロマートにはめられた可能性は考えられるでしょうか？　ありうる、と教授は言う。ＭＩ６の元高官は、言う。「ボリス・ジョンソンは弱みを握られている可能性があります。彼がパラッツォに行ってオレンジジュースを飲んでいただけだとは、誰も思いませんよ」

ジム・キュージックはウェブサイト「オープン・デモクラシー」にこんな記事を書いている。二〇一八年一一月、エフゲニー・レベジェフの愛犬――白いボルゾイで名前はウラジーミル――が不審な死に方をした。「レベジェフが仲間に話したところでは、犬は毒殺されたのではないか、と。これはモスクワからのメッセージだろう、と」

誰がエフゲニー・レベジェフの愛犬を殺したのか、なぜ殺したのか。なかなかいい質問だ。ロシア秘密国家がエフゲニーにメッセージを送ろうとしたのか？　そうに違いない。

「バイライン・タイムズ」に記事を書くために、私はレベジェフ親子とダウニング街一〇番地に連絡を取ったが、どちらからも返事がなかった。

欧州連合の解体はクレムリンの目標のひとつであり、イギリスのEU脱退はクレムリンにとって大きな成果だった。元ロンドン駐在ロシア大使アレクサンドル・ヤコヴェンコは、二〇一六年にイギリスの有権者が欧州連合脱退を選択したのち、ロシアはイギリスを「叩き潰してやった」と大口をたたいた。ルーク・ハーディングは著書『Shadow State（影の国家）』の中で、ヤコヴェンコが同僚の外交官にこう言ったと書いている。「われわれはイギリスを完膚なきまでに叩き潰した。イギリスは絶望的だ。これから非常に長いあいだ立ち直れないだろう」

この発言から疑問がわいてくる。秘密国家ロシアは、イギリスの欧州連合脱退に資金援助していたのだろうか？　私自身、ＢＢＣを辞めるまで、この疑問が頭から離れなかった。残念ながら、私のしつこい疑問は、友人たちには好意的に受け止められなかった。とくに、ナイジェル・ファラージ【英・リフォームUK党党首】と、アーロン・バンクス【イギリスの実業家】。ファラージは私のリポートに怒り心頭で、ブロードキャスティング・ハウス（BBC本社）に手ずから私に対する調査を求める文書を提出した。そして「デイリー・テレグラフ」紙に、私のリポートを読んで「政治活動をしてきたこの二五年でこんなに情けない思いをしたことはなかった」と書いた。

私の記事は、アレク・ジョズウィックの死で幕を開ける。アレクは四〇歳のポーランド人労働者で、エセックス州ハーロウ在住。事件が起こったのは二〇一六年八月、欧州連合脱退の投票が実施されて間もない時期だった。私は事件直後にBBCの「ニュースナイト」でリポートした。そのときの映像はユーチューブで「Harlow: A town in shock over killing」と検索すれば出てくる。ジョズウィックが新しい町の広場で仲間たちと一杯やっていたところへ電話が鳴り、ジョズウィックはポーランド語で話しはじめた。これにイギリス人の若者グループが目をつけ、誰かが「ポーランドのクソ野郎」と叫んだ。アレクは一五歳の少年に殴られて後ろ向きに倒れ、敷石で頭を打って死亡した。これは故殺の罪【事前の殺意なしに人を殺害すること】だが、欧州連合脱退の投票のあとで、世情は移民に対して反感が強かった。エセックス警察はアレクの死をヘイト・クライムとして扱った。私は殺されたアレクの友人というポーランド人男性に話を聞いた。その男性は、「ファラージのせいだ」と言った。それに対して私は、ナイジェル・ファラージは終始一貫してこの申し立てを否定していることを伝えた。私のリポートでは、また、町の広場における反社会的行為の現実をとりあげ、イギリス国民が若いギャング集団に対していかに怯えているかを報じた。

事件現場の広場には監視カメラが設置されていたが、音声が不明瞭だったので、刑事たちはヘイト・クライムでの告訴を諦め、少年を故殺罪で告訴した。陪審は有罪を認めた。判決の言い渡し公判で、アレクの母親アヴァの陳述が読み上げられた。「毎日、息子を恋しく思います。もう生きていく気もなくなりそうです……いまも涙をこらえることができません」

弁護側の弁論趣意書には、一五歳の被告人の刑を軽くしようとする目的で、アレクが死因となったパンチを受ける前に人種差別的な言葉を使ったと書かれていた。これは法廷では認定されなかったが、この主張が判決後に誇張して伝えられ広まった。ナイジェル・ファラージはこれに飛びつき、反撃して、私の報道を不明瞭であるとけなした。そしてLBCラジオ・ショーに出演し、「謝罪を要求する。謝罪がなければ、来年以降は受信料を支払わないという対応も検討せざるをえない」と言った。それに迎合するように、「デイリー・メール」は「ヘイト・クライムの大ウソ」という見出しの記事を載せた。

BBCのスポークスマンは、こう言った。「BBCの報道も、他のメディアと同様、警察が人種差別的な動機の線も探っていることを伝えました。また、BBCの報道では、これとは異なる街の声もお伝えし、その中には可能性として反社会的行為に言及したものもありました」

ファラージに対して、BBCからの謝罪はなかった。私も謝罪しなかった。

エカテリーナ・〝カーチャ〟・パデリナはロシア生まれで、とても貧しかったので、ポーツマスへやってきてサウスシー・ビーチ（サントロペのようにはいかないが）で日焼けしようとして、日焼けローションではなくバターを使った。ちょうど通りがかった魚の行商人で自分の倍もの年齢のエリック・バトラーに声をかけ、バターを塗ってもらった。そして間もなく、二人は結婚した。バトラーの話では、新婚のカップルがポーツマスの戸籍役場にはいろうとしたときに、階段でバトラーがうっかりカーチャのドレスを踏んでしまった。「ごめんよ、おまえ」と謝ったバトラーに、カーチャは言い放った。「あんたなんか愛してないわ。ロシアじゃあんたなんかと結婚したことにならないんだから。あたしを連れにくるって言うんなら、ロシアの力を見せつけてやるからね」

そのあと、バトラーの話では、二人のアパート周辺を警察の特捜部が嗅ぎまわるようになった。ポーツマス英国海軍基地からほど遠くない場所である。特捜部はアパートのカーペットをめくりあげ、大量のドル紙幣を発見した。その後、カーチャは地元ポーツマスの議員マイク・ハンコックと恋仲になった。そしてバトラーを電灯のカサで思い切りぶん殴って警察が駆けつける騒ぎを起こし、バトラーとカーチャは離婚した。そして、カーチャはアーロン・バンクスと結婚した。この男はのちに英国の欧州連合脱退を支持する「Leave.EU」キャンペーンに八〇〇万ポンドを寄付した。イギリスの政治献金史上、一件としては最高額である。

とくに珍しいことでもないか。いや、注目すべきことかもしれない。

二〇一四年、アーロン・バンクスはみずからが「ダウントン・アビー」とニックネームをつけた自宅豪邸の前にナイジェル・ファラージと並んで立ち、ブレグジット党に一〇〇万ポンドの寄付をすると発表した。その後も活動資金は潤沢に流れ、イギリス世論はクレムリンの思惑どおりに動き、イギリスは投票の結果EUから脱退することになった。クレムリンはイギリスの投票行動を操作したのだろうか？　本当のところは誰にもわからない。しかし首をかしげるような事象がたくさん起こっていた。

異様だと感じたのは、ブリストルのキャットブレイン通りにあるバンクスのジェイムズ・ボンドばりの隠れ家に到着したときだった。キャットブレイン（猫の脳みそ）という言葉は地元でとれる粘土を表すアングロサクソン語だが、なぜかアーロン・バンクスのやることなすことを総まとめしたような言葉に聞こえる。二〇一七年、バンクスは一連の保険ビジネスを手がけていた。安い掛金で高い付加給付がつく保険で、いちばんよく知られているのは「Go Skippy」だろう。本社事務所は、二車線道路のラウンドアバウト【環状交差点】のすぐ脇に建つ信じられないほどさびれた建物だった。BBCのモキュメンタリー番組【ドキュメンタリーを笑い物にするという意味】「ジ・オフィス」に出てくるダサい上司デイヴィッド・ブレントみたいでしょ、とバンクスは陽気な顔で言った。

アーロン・バンクスのやることなすこと、すべてがキャットブレインを連想させる。英国会社登記所の記載を見ると、バンクスが自分の名前を少しずつ変えた社名で三七もの会社を設立しているのがわかる。アーロウン・フレイザー・アンドリュー・バンクス。アーロン・アンドリュー・フレイザー・バンクス。アーロン・フレイザー・アンドリュー・バンクス。二〇一三年には、バンクスの会社の一つバンカー・ティリーで監査役たちが辞任している。その際の声明には、「関係の破綻が起こった。経営側が正確な情報を提出せず、十全な監査業務が制限された」とあった。バンクス側の言い分では、利害の対立があったために監査役たちが辞任したのだという。

ほかにも経営が順調とは言えない事業があった。バンクスはアフリカン・コンパス・トレーディングという会社の取締役社長もやっていた。この会社は「スター150」という性的能力を高める薬を売っていた。いわばバイアグラの薬草版だ。会社のキャッチフレーズは「もちろん、どんな男性もベッドルームではスーパーマンでいたいですよね」だった。英国医薬品医療製品規制庁（MHRA）は、二〇一四年に犯罪捜査の一環として「スター150」の錠剤五万ポンド相当をブリストルの会社から押収したと発表した。錠剤が押収されたあと、捜査は中断され、犯罪の立件はなされなかった。バンクスはBBCの取材チーム（キャップがイニス・ボウウェン、聞き込みがフィル・ケンプ、画面リポーターが私）に対して、この事業に一〇万ポンド投資したが、「強力な競合相手」のせいで廃業せざるをえなかったと語った。

いかにもバンクスらしいジョークだ。カーチャ・バンクスは、しばらくのあいだ、「XMI5SPY【元MI5スパイ】」のナンバーをつけた車に乗っていた。笑える。ちょっと気になるが、やっぱり笑える。バンクスはおかしな男で、政治的にはバンクスとはまったく反りが合わない人間でさえ、どこかでバンクスを憎めなかった。一流のジャーナリスト、キャロル・カドワラードも例外ではない。最近バンクスは名誉毀損でキャロルを訴えたところではあるのだが。マーティン・フレッチャーも同じだ。「ニュー・ステイツマン」の取材に行って、四時間も話し込んでしまったという。「ぼくは熱狂的なEU残留派だから、あんなやつは大嫌いになるだろうと思っていたんだが、彼は拍子抜けするほどユーモラスであけっぴろげな男だった。四時間近くも話し込んでしまった。暇を持て余しているのか、それとも話し相手になってもらえるのが嬉しいのか、よくわからないが」

私の場合？　バンクスの反体制的感覚は、怪しげな三流の私立学校を二転三転した時代に形作られたらしい。当時、バンクスはパブに出入りしたり屋根の鉛板を盗んだりして退学になった。まあ、そんなところだ。

八〇〇万ポンドの寄付の出どころ

アーロン・バンクスについておおいに不審なのは、イギリスのEU脱退のために八〇〇万ポンドも寄付したわりには、たいして金が儲かっているようには見えないことだ。それどころか、現実は正反対だ。アーロンは初めての大きな記者会見をご自慢の「ダウントン・アビー」邸（ブリストル海峡を見下ろすオールド・ダウンのマナーハウス）で開いた。この屋敷はミュージシャンのマイク・オールドフィールドから買い取ったものだが、BBC「ニュースナイト」で二〇一七年の帳簿を調べてみると、多額の抵当にはいっていることが明らかになった。当時、実際にはバンクスは同じ通りの並びにあるもっとずっと小さな家に住んでいたのだが、こちらにも多額の抵当が設定されていた。バンクスの保険業は高額商品中心ではないし、現金や掛け金がダブダブはいってくるわけでもない。アフリカの南のほうにダイヤモンド鉱山も所有していたが、そちらはそちらで問題があった。大粒のダイヤが出るわけでもなく、たくさんのダイヤが出るわけでもないのだ。とすれば、バンクスはどうやってそんなに多額の寄付を気前よく「Leave.EU」に出せたのだろう?

さらに、寒い国から来た男たちの疑惑もあった。バンクスがゴーストライターに書かせた本『Bad Boys of Brexit(ブレグジットの悪《ワル》たち)』によれば、二〇一五年九月、イギリス独立党の年次総会のときに、バンクスのもとへロシア大使館から「オレグと名乗る怪しい男」が訪ねてきた。オレグは「大使館の一等書記官だという紹介だった。つまり、ロンドン駐在のKGB工作員ということだ」と、バンクスは書いている。その伝手でバンクスはロシア大使と豪勢なランチを楽しむことになった。ロシア大使は、アレクサンドル・ヤコヴェンコである。

「ホストのロシア大使は、ブレグジット・キャンペーンについて内情を知りたがり、イギリスのEU脱退がヨーロッパ全体に及ぼす影響についてしつこく聞きたがった。外交関係がようやく和やかなものになったのは、新しい友人が特別のおみやげを出してみせたときだった。それはウォッカのボトルで、『スターリンのために作られた限定三本のうちの一本だ』という話だった」

バンクスは「ニュースナイト」の取材記者にこう語った。「寒い国から来た男たちからは、いっさいカネはもらっていません」

しかし、バンクスは「Leave.EU」のグループとロシア大使館との会合の回数を大幅に少なく話していた。実際には、会合は一一回にわたっておこなわれていた。

われわれ「ニュースナイト」の取材に対しては、バンクスは珍妙な答えをくりかえした。政治献金とアフリカ製バイアグラの件について尋ねると、バンクスは話をはぐらかしたあげくに、こう反駁《はんばく》してきた。「国民投票の結果が出て以降、それに私がドナルド・トランプに対する支持を明らかにして以降、『メディア主流』やEU残留派からの政治的意図にもとづいた攻撃が続いている。いまごろになって『ニュースナイト』がくだらない『世界のニュース』を報じるジャーナリズムをふりかざしてこの一派に加わったのを見ても不思議はない」。そして結びに、自分は「ロシアのスパイ……民主主義を転覆させる陰謀の一翼を担っている」とさんざん言い立てられた、「唯一意外だったのは、『ニュースナイト』が攻撃を加えてくるのがこんなに遅かった点だけである！　BBCのフェイクニュースはいまだ健在なようだ！」

八〇〇万ポンドの本当の資金源はどこなのだろう、と誰もが不審に思うようになった。イギリスの法律によれば、政治献金の出どころは国内でなくてはならない。国外からの献金は違法だ。選挙管理委員会は「Leave.EU」に罰金を科し、国家犯罪対策庁に捜査を依頼した。のちになって、国家犯罪対策庁はバンクスの調べを終了し、選挙管理委員会もバンクスと和解した。バンクスは、「名誉回復は完全になされた」とコメントしている。

「ヤバいメールはすべて修正しておけ」

二〇一八年、国家犯罪対策庁の捜査が終わる前に、バンクスは当時まだBBCにいたアンドリュー・マーのインタビューに応じ、八〇〇万ポンドの資金は自分のイギリス国内の企業から調達したもので、海外からの資金ではないし、ロシアからでもない、と潔白を主張して、「アンドリュー・マー・ショー」の番組製作チームに証拠として大量の電子メールを送りつけてきた。そんなに大量の電子メールをいちいちチェックする暇はないので、マーのチームは私にその大量の電子メールを転送してきた。その中に、バンクスが子分に宛てたメールがあった。その内容は、「ウラル・プロパティーズに言及した部分を修正しておけ。ヤバい情報を含むメールはすべて修正しておけ、カネの送金元口座の番号とか」というものだった。

これはおもしろいぞ、ということで、私たちは調べはじめた。ウラル・プロパティーズとは何か？　オーナーは誰？　どんな資産を保有している組織なのか？　寒い国から来た男たちが興味を示しそうな案件なのか？　ウラル山脈は、おおざっぱに言うと、ヨーロッパ・ロシアの東端にあり、そこから先はシベリアだ。われわれはオンライン・ウェブサイト「ソース・マテリアル」の協力を仰いだ。「ソース・マテリアル」はウラル・プロパティーズがジブラルタルに保有する口座の番号を特定し、その情報を「ニュースナイト」に送ってきた。ウラル・プロパティーズは実質的にアーロン・バンクスとカーチャ・バンクスの所有する会社であり、その会社はポーツマスのガンワーフに二戸のマンションを所有していた。英国海軍基地へ出入りする航路を見渡すことのできる位置にあるそのマンションは、寒い国から来た男たちが極めて強い興味を示しそうな立地だった。マンションは貸物件としてもなかなか魅力的だった。

ウラル・プロパティーズについて尋ねられると、バンクスは本性をあらわし、のらりくらりと本題をかわしながら反駁してきた。「私に汚名をなすりつけブレグジットをけなす（ニュースナイトの）番組は、これで七回目だ。何度もくりかえし言っているように、私はイギリスの納税者であり、資金はイギリスから出ている。国家犯罪対策庁に対しても、関連する銀行口座について『全面的開示』をしてきたし、カネの出どころも説明してきた。この問題が片付いたら、片っ端からテレビ局を回ってヴィクトリー・ランをするつもりだ。そのときはジョン・〝トロツキー〟・スウィーニーとご立派な〝プロフェッショナル〟・カースティだかエミリーだかのインタビューを受けるのを楽しみにしているよ」

念のために言っておくが、私は過去においても、現在も、トロツキストでもなければ共産主義者でもない。

第18章 パンツにノビチョク

ナワリヌイの芝居

二〇二〇年八月二〇日、アレクセイ・ナワリヌイはシベリアの町トムスクからモスクワへ向かう飛行機に乗っていた。トイレへ行こうと席を立ったナワリヌイは、トイレに着くまえに足からくずおれた。ナワリヌイは床に倒れ、甲高い悲鳴をあげた。それは苦悶に絶叫するナワリヌイの声であり、また同時に、私の思うところ、ロシアの民主主義が死んでいこうとする今際《いまわ》の声だった。

そのあと、三つの奇跡が正しい順序で起こったおかげで、ナワリヌイは命を落とさずにすんだ。第一の奇跡は、飛行機のパイロットがロシア反体制派の実質的リーダーが命の危機にさらされている事実を理解したこと。パイロットはオムスクに飛行機を緊急着陸させた。第二の奇跡は、飛行機から降ろされたナワリヌイがすぐに救急車に乗せられ、救急救命士がアトロピン注射をしたこと。ソールズベリーでスクリパリ親子の命を救った解毒剤だ。そして第三の奇跡は、ドイツ首相のアンゲラ・メルケルがクレムリンに電話をかけて、ナワリヌイを治療のためドイツに移送する許可を取り付けたこと。ずいぶん長いあいだドイツをじらしたあと、オムスクの病院に安物のスーツを着た奇妙な人物がいっぱい出入りするようになってから、プーチンはナワリヌイを治療のためドイツへ出国させることに同意した。ナワリヌイがドイツに到着したあと、医師団はさまざまな検査をおこなって、ナワリヌイに使われた毒薬がノビチョクであったことを突き止めた。スクリパリ親子に使われたのと同じ神経剤、ドーン・スタージェスの命を奪った神経剤である。

怪しいのはクレムリンの支配者だ。

事件から数ヶ月たった一二月、「ベリングキャット」のクリスト・グロゼフとロシアの調査報道ウェブサイト「インサイダー」は、毒殺未遂事件の実行犯を特定した。FSB【ロシア連邦保安庁】の工作員である。調査はオープン・ソース・ジャーナリズムの白眉《はくび》と呼ぶべき手腕でナワリヌイを毒殺しようとした人物を特定し、容疑者の動きを遡ってたどり、FSBの毒殺班が三年間にもわたってナワリヌイをつけ狙っていたこと——そして、おそらく毒殺の方法も検討していたこと——を明らかにした。ドイツで健康を回復したナワリヌイは、スペインの新聞「エル・パイス」にこう語っている。「いったい（プーチンは）頭の中で何を考えているのか、私には理解できません。二〇年も権力の座にいると、誰だって増長して頭がおかしくなりますよ」

その一二月、ナワリヌイはプーチンをますます怒らせる痛烈な仕返しをした。ある日の早朝、FSBの下っ端工作員（コンスタンチン・クドリャフツェフという名の軍属化学者）は電話を取った。誰やら上のほうのお偉方からの電話で、相手がいきなり怒鳴りつけるような命令口調なので、クドリャフツェフは知っていることを訊かれるがままに答えた。

高官「コンスタンチン・ボリソヴィチか？」

クドリャフツェフ「はい、そうであります」

高官「こちらはウスチノフ、マキシム・セルゲーヴィチ。ニコライ・プラトノヴィチ・パトルシェフの側近だ。この電話番号はウラジーミル・ミハイロヴィチ・ボグダノフから聞いた。朝早くに申し訳ないが、どうしても一〇分ほど時間をもらわなくてはならん」

真っ赤な嘘だ。この電話はナワリヌイが政府高官のふりをしてかけたのだった。夜明けにかかってきた電話にまんまとだまされて、まぬけなFSB工作員は秘密を暴露してしまった。ナワリヌイはなかなかの役者だ。「高官マキシム」は、FSBのチームがどのようにしてナワリヌイを毒殺しようとしたかを尋ねてきた。短い前置きのあと、電話の会話はこんなふうに展開した。

ナワリヌイ（「高官マキシム」のふりをしている）は、「それで、衣類のどの部分にきみたちは狙いをつけたのか？　最もリスクファクターが高かったのは、衣類の何だったのか？」と訊いた。

クドリャフツェフ（以下K）「パンツであります」
ナワリヌイ（以下N）「パンツ、か」
K「リスクファクターというのは、どういった意味でありましょうか？」
N「（ノビチョクが）どこに最も高濃度で付着していたか、という意味だ」
K「でしたら、パンツであります」
N「内側なのか？　外側なのか？」
K「はい、内側につけました。そうです、内側であります」
N「いいか、目の前にパンツがあると想像してみよ。どの部分に細工をしたのだ？」
K「内側であります。性器の当たる部分であります」
N「性器？」
K「そうであります。いわゆるクロッチと呼ばれる部分、股の部分であります。その部分に縫い目がありますので、その縫い目部分に細工をしました」
N「いいか、ここは重要な部分だ。誰がパンツの股の部分に毒薬を仕込むよう命令したのだ？」
K「自分たちで考えました。上からは、パンツの内側に細工しろ、とだけ言われました」

N「書きとめておくぞ。内側、と。よろしい……パンツが何色だったか、覚えておるか？」

K「ブルーであります。しかし、はっきりとは覚えておりません」

N「で、毀損《きそん》はされておらんのだな？　つまり、理論的には、われわれ（ＦＳＢ）はパンツを返却できる、ということか？　そのような予定はないが、パンツは損傷しておらず、元のままなのだな？」

K「はい、まったくの無傷であります」

プーチン宮殿をドローンで撮影

ナワリヌイの芝居でもうひとつ明らかになったことがあった。パンツに毒薬を仕込んだのがプーチンだということだ。ナワリヌイのパンツに手ずからノビチョクを仕込んだわけではないものの、ロシアで二番目に力のある政治家の毒殺を裁可できる人物はプーチンしかいない。

ＨＢＯとＣＮＮが製作した『ナワリヌイ』という映画がある。クレムリンと戦うナワリヌイの姿を記録した作品だ。ぜひ観てみるといい。

ユニバーシティー・カレッジ・ロンドンでロシア政治の助教をしているベン・ノーブル博士に話

を聞いた。博士は『Navalny: Putin's Nemesis, Russia's Future?（ナワリヌイ――プーチンの宿敵はロシアの未来となれるか？）』の共著者でもある。まず最初に、ベンは、「ベリングキャット」と「インサイダー」がどうやって毒殺犯にたどりついたかを説明してくれた。「さまざまな情報にアクセスしたのです。旅客機の乗客名簿も含めて。いろいろな情報源から情報を入手した結果、何年も前からナワリヌイを追い回しているグループの存在が見えてきたのです。重要なことは、二〇一八年にナワリヌイが大統領選挙に出馬した時期からずっと、という点です。結局、立候補は阻止されましたが、しばらくのあいだナワリヌイは選挙運動をしていましたからね」

ロシアでは政府機関も民間企業もみな腐敗しきっているので、それなりのカネを出せば、どんな情報でも入手できる。旅客機の乗客名簿でも、車両登録のデータベースでも、パスポートのデータベースでも。プーチンの抵抗勢力は、プーチン政権の腐敗を逆手に取って、プーチンの殺人マシーンを暴露しているのだ。小気味いいではないか。

ベンは話を続けた。「つまり、『ベリングキャット』の人たちの話によると、ナワリヌイをつけ狙っている特別のグループ、FSBの暗殺グループが存在したというわけです。『ベリングキャット』が調べたところ、このグループはロシアの他の反体制派政治家たちに対する毒殺にも関わっていたということです。毒薬の扱いに非常に慣れていたことも、わかっています。『ベリングキャット』はこのセンセーショナルな調査結果を明らかにしたのですが、多くの人にとってはすでにそうではないかと疑っていたことが裏付けられた、というだけのことでした。『ベリングキャット』が調べた詳細な事実はたいしたものですが、ダメ押しは何といってもナワリヌイ自身がＦＳＢの殺人部隊に属する人間に電話でしゃべらせた場面でしたね。まったく度胸のある男です。自分で電話をかけて、『私はものすごい重要人物なのだぞ』なんて芝居を打って。ナワリヌイは声色も言葉づかいもそっくり本物のようにやってみせたのです。そして、毒殺チームの当事者に『そうです、私たちは彼のパンツに毒薬を仕込みました』と自白させてみせた。まったく驚きです」

「ベリングキャット」と「インサイダー」の調査は、毒殺チームがナワリヌイのほかにも何人かを毒殺している事実をつきとめた。二〇一四年八月に、人権活動家ティムール・クアシェフ。二〇一五年三月に、ロシア人活動家ルスラン・マゴメドラギモフ、二〇一九年一一月に政治家ニキータ・イサエフ。ほかにも、「ベリングキャット」と「インサイダー」の共同調査によって、二〇一五年五月と二〇一七年二月に毒殺されそうになったロシアの野党政治家ウラジーミル・カラ＝ムルザもＦＳＢ毒殺チームに付け狙われていたことが明らかになった。

二〇二一年一月、ナワリヌイはロシアに戻った。逮捕され起訴されることが確実であり、生きていられるかどうか不確実な（つまり、殺されるかもしれない、という）ロシアに戻ったのだった。しかし、この勇敢な男にとって、これ以外の選択肢はありえなかった。国外に亡命したままではプーチンをクレムリンから追い出すことはできない、とわかっていたのだ。モスクワに着陸した瞬間に、ナワリヌイは逮捕され、法廷に引き出された。ガラスの檻に入れられ、刑務所へ移送される直前、ナワリヌイは妻のユリアに向かって両手の指でハートのマークを作ってみせた。美しくロマンティックな一場面だった。これだけの抑圧の下でも人間性を保つことができるという証左、そしていま一度指摘しておくが、別のロシアが可能かもしれないという希望の光景だった。

ナワリヌイは、あとひとつ、あっと言わせる計略を用意していた。刑務所に無事収監されたあと、突然ユーチューブ上に現れて、「プーチン宮殿」といううめちゃくちゃ面白い動画を配信したのだ。一〇億ドル以上のカネをかけてプーチンの手先に作らせた黒海沿岸の宮殿。警備にあたるのはプーチンの大統領親衛隊。ナワリヌイの「反汚職基金」が黒海沿岸の街へ行き、秘密の宮殿の上空にドローンを飛ばし、宮殿内で撮影した動画や建築図面を使って、みだらなほど多額のカネが投入されたこの建物を暴露したのだった。動画が公開されたあと、プーチンとその追従メディアはこの動画を問題外だと退けたが、今日に至るまで一億二三〇〇万人以上がこの動画を閲覧し、その多くはロシア人なのだ。とくに印象に残るのは、一個七八〇ユーロもする金のトイレブラシ、アクアディスコ（いったい何なのだ⁉）、そしてナワリヌイの小太りの仲間ゲオルギー・アルブロフが陸路の検問所を避けるために黒海沿岸を強力な船外機つきのＲＩＢボートで走りまわって「プーチン宮殿」上を飛ぶドローンを操作する見事な腕前だ。怖いものなしの調査ジャーナリズムに拍手喝采だ。

ナワリヌイは、いまだに刑務所の中だ。しかし、まだ生きている。いったいなぜ、クレムリンはナワリヌイを殺さないのか、とよく質問を受ける。答えは簡単だ。もしも四六歳の健康なナワリヌイが死んだりしたら、モスクワやサンクトペテルブルクの大半の人間が街に出てデモに参加するだろう。そのことを、クレムリンの支配者は病的なほどに恐れているのだ。もうひとつ、クレムリンの支配者が病的なほどに恐れていることがある。自分が死ぬことだ。

いささか皮肉なことではある。というのも――ロシアだけに状況はいつもはっきりとは見えないのだが――まさにそのような事態が訪れようとしていると見えないこともないからだ。

第19章　クレムリンの患者

開戦前夜のパーティー

大きな戦争が始まる前の晩、私はキーウいちばんの繁華街フレシチャーティク大通りから少し奥まったところにあるアパートでスーパーモデルのパーティーに招待された。スーパーモデルはジョークだ。テーブルにはサビロイ・ソーセージの塊と、プラスチックカップと、ワインやウォッカのボトルが並んでいる。テーブルを囲んで立っているのは、フリーランスのジャーナリストたち。アルコールの力を借りてなんとか希望にありつこう、と。まるで一九三九年九月二日【ドイツのポーランド侵攻の翌日】のような雰囲気だった。ジョー・バイデンがテレビ画面に出てきて、私たちがすでに察していることをはっきりと口に出した。ウラジーミル・プーチンが侵攻の命令を下した、と。

最悪の気分だ。私は外に出て、バーを見つけて、酒を飲みはじめる。さっきのアパートでの酒はほんの調子づけだった。バーで知り合った二人のウクライナ人女性に、あと数時間で戦争が始まるんだと伝えた。二人とも私の言葉を信じなかった。私は二人にビッグマックをおごってやった。慰めになるかどうか知らないが。そして、ひとり自分のＡｉｒｂｎｂ《エアビーアンドビー》に戻り、目が覚めたらひどい二日酔いだった。もっとひどい二日酔いも経験はあるが、戦争の開戦日を二日酔いで迎えたのは初めてだ。

私の大好きなウクライナの友人たちは、ほとんど皆、ロシアとロシアの魂には何か尋常ならざる欠点があって、プーチンもまた東方の沼地に棲む怪物どもの一匹にすぎない、と信じている。私はウクライナの人々を敬愛しているが、この点については同感しかねる。これはウラジーミル・プーチンの戦争なのだ。チェチェン戦争と同じく。ジョージアやシリアと同じく。戦車や爆弾を使わない西側との戦争と同じく。毒殺事件と同じく。ウラジーミル・プーチンのやったことなのだ。

私は二〇一九年にＢＢＣをやめた。キーウにはフリーランス記者として来ている。自分が自分の編集者であり、自分のボスであり、また、自分のボディーガードでもある。頭には例のラッキーアイテム、オレンジ色のニット帽をかぶっている。二〇二二年の二月半ばから五月半ばまでキーウで過ごした約三ヶ月のあいだに、危険を身近に感じたのは三回だけだった。一度目は、真夜中の空襲でサイレンが鳴り響く中でツイッターに短い動画を配信したとき。私の声がとぎれ気味だったのか、あるいは不安や弱気など、いつもはなるべく見せないようにしている感情が画面に出たに違いない。

誰かが「ジョン・スウィーニー安らかに」と投稿した。息子が電話してきた。心配そうな声で。こっちは大丈夫だと息子に伝えたものの、家族に心配させていることが自分自身を不安にさせた。その夜はよく眠れなかった。

怖いと感じた二度目は、フィッシング攻撃かと思うような電子メールが送られてきたとき。送信者はジオロケーションでモスクワのクレムリンとわかった。ちょうどポッドキャスト「Taking On Putin（プーチンを糾弾する）」を立ち上げていたところで、電子メールのパスワードをリセットしたりデジタル・セキュリティーを倍に厳重化したりするのに丸二日かかった。もちろん自分だけでなく情報源も守るためだ。たとえば、私の携帯を完全に開くには一三桁の暗証番号を入れなければならないと言えば、だいたいの感じをつかんでもらえるだろうか。それから二日後になって、コンピューター専門家の友人からメッセージが届き、フィッシングの被害にはあっていなかったことがわかった。クレムリンのジオロケーションはただの冗談でインチキだ、と。ただし、送信先は有名人で、ツイッターでたくさんのフォロワーのいる人物で、ロシア秘密国家に対して非常に批判的な人物ばかりが選ばれている、と。

三度目に怖いと感じたのは、ウラジーミル・プーチンがクレムリンでウクライナ侵攻の二日前に国家安全保障会議を開いたようすを見たときだ。会議の一部始終は世界じゅうに向けてテレビ放送された。プーチンは完全に頭のイカれたボンド映画の悪役の雰囲気で、震えあがる手下どもを一〇メートルも離れた場所に集め、対外情報庁（ＳＶＲ）長官セルゲイ・ナルイシキンを怒鳴りつけていた。公式の議題にのせられていたのは、こびへつらう卑屈な子分どもが、東方の二つの自治州ドネツクとルハンシクを独立国と認める件についてクレムリンの支配者に同意するかどうか、だった。会議の非公式な狙いはプーチンの力を誇示することにあった。ロシアはウクライナの分割に賛成する、子分の追従者どもはプーチンの戦略を支持する、そして暗にこれから始まる戦争を支持する、と衆目注視の中で表明させようという狙いだ。しかし、ナルイシキン――彼もプーチンのサンクトペテルブルク時代やKGBの駆け出し時代からの旧友だが、諜報活動の第一線で活躍した実績のほとんどない取るに足らぬ人物だ――はなぜだかプーチンのメッセージを読み切れていなかった。ウクライナ分割に一も二もなく賛意を表すよう求められていた場面にもかかわらず、陰鬱な顔で面食らって目を赤くしょぼつかせたナルイシキンは言葉に詰まった。まるで頭の一部がこのバカげた戦争に逆らっているような態度に見えた。

「はっきりと言え」、プーチンがピシャリと言った。心ならずも言葉に詰まって本心をのぞかせてしまったことをまずいと思ったのか、ナルイシキンの顔に恐怖の表情が浮かんだ。そして発言を修正しようと焦るあまり、原稿を三、四ページ読みとばしてしまった。分離独立する共和国は「ロシアの一部」として承認されるべきだ、とナルイシキンは発言した。プーチンの表情は嚙みつきそうな顔からサディスティックな作り笑いに変わり、ロシアによる併合は「まだ議題にしていない」と言った。まるで映画『ゴッドファーザー』でマーロン・ブランド演じる「ボスの中のボス」がはぐれ者に目をつけて忠誠を誓わせる場面のようだった。

私が二〇一四年に直撃取材したときのプーチンは、もっと違う男だった。頭脳明晰で、頭が柔らかく、厄介なBBCのリポーターにも対応しようとする姿勢があった。平然と嘘をつく回答ではあっても。二〇二二年のプーチンは、超攻撃的になっていた。しかし、私が恐れを抱いたのは、そこではない。二〇一四年に会ったときのプーチンは、フェレットかトカゲのような容貌で、顔の肉がそげ、痩せていた。二〇二二年のプーチンは、頬が不健康に腫れて、ハムスターのような顔になっていた。ステロイドを使っている人のように見える。そこに私はおおいなる危惧を感じたのだった。

ステロイドは現代の医療ではよく使われる薬だ。痛みを和らげる効果があるが、多用すると非常に攻撃的な性格になる。私が初めて「ステロイド激昂」を見たのは九〇年代のことで、リヴァプールの麻薬王カーティス・〝コッキー〟・ウォレンとその子分のジョニー・フィリップスを調べていたときだった。フィリップスはボディービルダーで、ステロイドを過剰に服用して常軌を逸するほど攻撃的な性格になり、トックステスの街中で小物のドラッグ売人を脅しあげてドラッグを巻き上げていた。リバプールでギャングたちの抗争が始まったのは一九九五年にフィリップスがライバルのギャング、デイヴィッド・ウンギを射殺したのがきっかけだったのではないかと、一般には考えられている。フィリップスは心臓破裂で死んだ。検視官は、こんなに肥大した心臓は見たことがない、と言ったそうだ。

クレムリンの支配者になってから間もないころ、ウラジーミル・プーチンは乗馬中に馬から落ちて背中に重傷を負い、何日も職務を遂行できない時期があったという。当然、治療にはステロイドが使われたはずだ。しかし、ステロイドを下手に使うと、腎臓や肝臓を傷めるおそれがあるし、腫瘍ができるおそれもある。プーチンは癌性腫瘍があるのだろうか？　毒殺がお得意のウラジーミルが、まわりまわって自分が毒にやられた、と？

ありうる。そんな運命は皮肉だし「ざまあみろ」と笑えるが、問題は、クレムリンの患者が世界最多の核兵器を支配していることだ。いかに古くさい核兵器であっても。

聞くところによると、ウラジーミル・プーチンと間近で会うためには、二週間前から隔離生活にはいり、定期的にコロナウイルスのPCR検査を受けなくてはならないのだという。しかも、検便をしてクレムリンのドクターに健康のお墨付きをもらわなくてはならないのだそうだ。ロマン・バダニン――プーチンの最初の愛人「レディ足曲がり」（本名スヴェトラーナ・クリヴォノギフ）について教えてくれたリポーター――が率いるロシアの優秀な調査ウェブサイト「プロエクト」は、プーチンが病気を極度に恐れていること、お抱えの医師団がついてまわっていること、を報道した。「プロエクト」は次のように報道している。「癌専門の外科医エフゲニー・セリワノフ医師をはじめとする医師団が、頻繁にプーチンに付き添っている。ここ四年のあいだで、セリワノフ医師は三五回にわたってプーチンの飛行機に同乗またはプーチンのもとに飛行機でかけつけ、合計で一六六日にわたって国家元首に付き添っている」

プーチンは病気になってもロシアのテレビ画面から姿を消すことはない。「プロエクト」の言葉を借りるなら、「撮りだめ映像」があって、事前に録画したプーチンと部下たちの面会の様子を放送しているのだ。撮りだめ映像があるおかげで、プーチンは体調が悪いときいつでも公の場から姿を消すことができる。「プロエクト」はもうひとつスクープした。落馬事故のあと背中の具合が思わしくないプーチンがオカルト医療に手を出した、というのだ。シベリアに棲息する鹿の血は強壮剤として有名で、プーチンは鹿の血で入浴したという。神秘の液体を搾り取る方法は非常に残酷で、もちろん、だからこそ強壮剤としてのありがたみが増すというわけだろうが。

三月半ば、私はフレシチャーティク大通りを見下ろすアパートにエアビーアンドビーを移した。ジャクージ付きの部屋だったが、残念ながらジャクージは故障していた。「トリップアドバイザー」で低い評価をつけてやろうかと思ったが、でも、戦争のまっただ中なのだから、それも酷な気がしてやめた。そのかわりに、自分の士気を高めるため、そしてイギリス人やアメリカ人やウクライナ人の友人たちを励ますために、パーティーを開くことにした。戒厳令のせいでアルコールの販売は禁止されていたから、上等なイタリアの赤ワインやアイリッシュ・ウイスキーやウォッカやジンやアドボカートを持っているのはちょっと自慢だった。私の「通訳」をつとめるユージーンが食品用の着色料を使ってジンを青色に染めた。そして黄色いアドボカートと合わせてゼレンスキー・カクテルを作った。友人たちがどうしても私に飲めというので味見したが、ひどい味なんてものじゃなかった。まあ、大統領本人はわれわれが命名したゼレンスキー・カクテルよりははるかにましだと言っておこう。運転手のウラドは子供たちを連れてきた。子供たちがはしゃぎまわり、チョコレートを食べ散らかし、ヘンテコなオレンジ色のニット帽をかぶったオジサンの前で親に生意気な口をきく光景は、奇妙にまともな感じがして心がなごんだ。少しのあいだ、私たちは戦争を忘れた。スウィーニー、おまえはバカだ。携帯がピンと音をたて、友人（ここではKとしておこう）がもうすぐアパートの下に到着すると知らせてきた。私は携帯を手に持ち、エレベーターに乗って、一階に下りた。そして、ちょうど通りかかった二人の警官に止められた。パスポートを見せろという。バカだった、私はパスポートをアパートに置いてきてしまったのだ。その場で自分の身元を証明できなかったので、それとおそらく警官に止められたときにちょっとイラッとした顔をしたのを見られたせいで、一人の警官から不審人物だと思われた。いちばん近くの検問所まで来いという。地下鉄のフレシチャーティク駅に入ってすぐのところにある検問所だ。私はユージーンに電話して私のパスポートを持ってきてくれと頼んだ。そうして待っているところへKが到着した。やあ、と挨拶をしたあと、全員——二人の警官と、ユージーンと、Kと、私——は警察の検問所へ向かった。検問所で、警官たちは私のパスポートをウクライナのデータベースと照合した。はっきり言って私はちょっといらついて機嫌が悪かった。ゼレンスキー・カクテルの効き目もなく。私がいつも言っているアドバイスを、ユージーンが思い出させてくれた。検問所では必ずジョークをかまさなくてはダメだよ、と。Kは笑いをこらえていた。私の知るかぎりでは、Kは最近までウクライナ軍内部の諜報機関で働いていたと思う。いまもそうかもしれない。彼女が指一本上げてくれれば、この面倒はさっさと終わるのだが。しかし、相手の言うなりになっておくほうがこの場では賢いし、時間も節約できる。そこで、私は笑いを浮かべながら「ゴッド・セイヴ・ザ・クイーニング」【ポルノビデオのタイトル】を口ずさむ。そのうちにシステムで私の身元が証明され、私たちは解放された。

パーティーにもどって、Kと私は二人きりで話をする。ほかのみんなは片っ端からアルコールを開け、ボニーMのディスコに合わせてからだを揺らしている。Kはあるオリガルヒと知り合いだった。クレムリンにとても近い人物だ。そのオリガルヒから数ヶ月前に聞いた話では、プーチンは肝臓の癌だという。

「ぼくがプーチンを見たときは、ちょうどボトックスをやったあとだったよ」と、私は言う。「ちょっとプラスチックっぽくはなってたけど、頬はふつうだった。それがいまじゃまるでハムスターみたいだ」

「ステロイドのせいよ」Kが言う。

「死にそうなの?」

「はっきりはわからないわ」

私はパーティーに戻った。灰を飲みこんだような気分だった。

「プーチンが癌らしい」

マイケル・ワイスは私の友人のニューヨーカーで、半分ユダヤ人、半分アイルランド人だ。「バーなんか一晩でぶっつぶして、翌朝には損害を全額賠償してやるさ」というのがお得意の決まり文句だ。コロナ感染でロックダウンのあいだ、マイケルと私は単純な会話形式のポッドキャストを始めた。「Two Boozy Hacks（二人の酔っぱらい談議）」というタイトルで、アメリカとイギリスの両方からほろ酔い気分でトランプのこと、ブレグジットのこと、プーチンのことなど世のあれこれを論じ合うポッドキャストだ。報道記者として、マイクは長らくアメリカ諜報コミュニティーの影の部分を歩きまわってきた。ロシアの軍事諜報機関GRUに関する待望の著書を執筆中で、ウクライナで話を聞くべき人間をことごとく把握している。

四月、マイクの口から、プーチンが癌らしいという話が出た。私は「やっぱり！」というようなことを口走ったと思う。しかし、マイクが聞いた話では、プーチンは血液の癌だという。マイクは人脈が豊富だから、私はずっと前にパブで知り合った男をマイクに紹介した。男の名前はアシュリー・グロスマン。オクスフォード大学で神経内分泌学の教授をしている。グロスマンは、こう言った。「私と仲間たちは、これまで彼の顔に注目してきました。ここ二年ほどで、顔がずいぶん丸っこくなってきています。それでいちばん考えられるのは、リンパ系の癌です。その場合、一般的な治療法はプレドニゾン。ステロイドです。副作用は、気分のむら、攻撃性、混乱です。腹や首の後ろや顔に肉がつきます。彼がプレドニゾンを使っているとすれば、ここ数ヶ月で奇矯な行動が増えたことも説明がつきます」

Kは肝臓癌だと言い、マイクは血液癌と聞いたと言い、アシュリーとオクスフォードの仲間たちはリンパ系の癌を疑っている。三つとも血液に関係している。アシュリーが言う。「甲状腺癌なら簡単に治療できます。血液の癌も治療は可能です。しかし、リンパ系の癌はもっとずっと深刻です。とくに脊椎《せきつい》に転移がある場合は。背骨の問題は落馬事故が原因だとは読んだことがありますが、もし癌のケースだったとしたら、非常に深刻です。それに加えて、ロシアは医療の質が低いです。プーチンのような人物に対してさえも」

私はアシュリーに二〇一四年に見たときにはプーチンの顔は爬虫類《はちゅうるい》っぽく見えたのだが、いまはハムスターみたいな顔になっている、と話した。

「それはステロイドのせいでしょう」、アシュリーは言った。「プーチンに似た例が昔にもありました。一九六三年にJ・F・ケネディがハムスターのような顔になっていました。アジソン病の治療でステロイドを使いすぎたからです」。アシュリーは正真正銘の薬学教授だけに、プーチンは自分が診ている患者ではなく、遠くから見た目で所見を言ったにすぎない、と付け加えた。

マイクは「ニュー・ラインズ・マガジン」に記事を書き、それは世界じゅうにセンセーションを巻き起こした。マイクが引用したのは「General SVR」というテレグラム・チャンネルに掲載された記事で、ロシア対外情報庁を引退した高官が運営していると思われる。記事は、プーチンは近いうちに特定されていない種類の癌の手術を受ける予定である、という内容だった。手術を受けているあいだは、元KGBのニコライ・パトルシェフ（七一歳）が職務を代行するという。しかも、マイクはもうひとつすごいことをやってのけた。Kが話していたオリガルヒの録音テープを手に入れたのだ。話の内容は少し食い違うところもあったが、私の長い経験から言えば、そのほうがむしろ信憑性が増す。西側のベンチャーキャピタリストがオリガルヒ（マイクはそのオリガルヒを「ユーリ」という仮名で呼んでいる）から三月中旬に話を聞いたとき、ユーリ本人の了承を得ずに会話を録音したのだ。ユーリは現状に不満で、プーチンは「ロシアの経済をめちゃくちゃにした。ウクライナの経済も、ほかの国々の経済も――まったくめちゃくちゃに破壊した。問題は、やつの頭だ……一人の頭のおかしな人間が世界全体をひっくりかえす」と言った。

オリガルヒ「ユーリ」はプーチンの健康についても知っていることを語り、プーチンが「血液の癌でかなり深刻な状態にある」と言った。ただし、マイクは「ユーリ」の話を百パーセント真実だと思っているわけではなかった。ロシアの上層部が「プーチンの支配を揺さぶりたくて」言いふらしている偽情報かもしれないのだ。「ベリングキャット」のクリスト・グロゼフのリポートによると、FSBはプーチンの健康不安説はすべて偽情報として扱うように、と指示されているらしい。もちろん、意図せざる結果として、みんなそれを真実だと信じるようになってしまうのだが。私の見方では、プーチンは本当に深刻な病気を患っているのだと思う。五月下旬のテレグラム・チャンネル「General SVR」によれば、プーチンは五月一六日の真夜中に手術を受けたと報じられている。記事によると、プーチンは信頼する手下の安全保障会議書記パトルシェフ以外とは連絡がつかなくなったらしい。モスクワでは五つ目の癌の噂が広まった。今度は腹部の癌だという。

というわけで、五つの可能性が上がっている。肝臓癌。血液の癌。リンパ系の癌。甲状腺の癌。

腹部の癌。どれが当たりか？　わからない。プーチンのロシアは謎だらけの国なのだ。確かな情報

は入手が難しいだけでなく、クレムリン全体が確かな情報の収集を妨害するように働いている。情

報を入手しようとする人間を毒殺しようとさえしている。ということで、申し訳ないが、ロシアの

専制君主の病気について調べようとしても、何ひとつはっきりとは見えないのが常態なのだ。

四月末、プーチンは相棒のセルゲイ・ショイグ国防大臣と一対一で会談し、マリウポリの製鉄所は攻撃しないように、と指示した。ロシア軍に包囲された街の中で、唯一ウクライナ軍が死守している砦《とりで》だ。数日もたたないうちに製鉄所はロシア砲兵隊の攻撃を受け、最終的には、国連と国際赤十字の仲介によって停戦が合意されたあと、生き残っていたウクライナ軍兵士の大部分が戦場を離れることを許された——ただし、行き先はロシア領だ。これを書いている時点で、彼らの運命ははっきりしていない。プーチンの正直なんぞ、この程度のものなのだ。しかしショイグ国防相との雑談の場面で何より衝撃的だったのは、プーチンの座った姿勢だ。笑っちゃうほど小さなテーブルをはさんで、プーチンは国防相と向き合っていた。チェス盤を載せるような小さなテーブルだ。プーチンの体側は固まっているように見え、右手はぎゅっとテーブルの端をつかんでいた。テーブルの端を力いっぱい握りしめるその手を見て、私は自分の祖母がそんなふうに物につかまっていた姿を思い出した。スウィーニーばあちゃんは、倒れてしまわないように何かにぎゅっとつかまっているのが癖だった。

プーチンは健康ではない。そこから疑問がわいてくる。自分の命が長くないと悟ったウラジーミル・プーチンは、私たちを皆殺しにするだろうか？

第20章

最後は血で終わる

ウクライナ人には選択肢がない

結末はどうなるのだろう？　何らかの平和が訪れるとして、それはどんな形なのだろう？　ウクライナは何なら受諾するのだろう？　そして、ウラジーミル・プーチンの人生はどんな大詰めを迎えるのだろう？　それとも、死にゆく男が核の赤いボタンを押して、世界に究極の不幸が訪れるのだろうか？

クレムリンの悪漢どもが出演するショーが毎晩ロシアの国営テレビで放送されている。画面に映っているのは、議論しあう声。ときには声を荒らげて。しかし、誰ひとりプーチンは不正な男で毒殺犯だとは言わない。ナワリヌイの名前を口に出す者もいない。これは厳重に統制されたサーカスで、サーカスの団長は物陰から見ている。ピエロが誰かけしからぬ形で乗り物を壊したりしないか。空中ブランコの曲芸師が地面に落ちる間際にあらぬことを絶叫しないか。たまに、光の当たる角度がうまかったりすると、サーカスの内部が、ウラジーミル・プーチンの魂胆が、すりガラスを通して見えることもある。いちばん目立つ悪漢はウラジーミル・ソロヴィヨフ。『動物農場』のスクィーラーそっくりだ。かわいくないけど。ソロヴィヨフはサーカス団長プーチンのお言葉を引用するのが好きだ。プーチンが二〇一八年に受けたインタビューでの発言。「ロシアの存在しない世界など、何の意味があるのだ？」。同じ年のプーチンの発言から、もうひとつ。「連中が核戦争を始めたら、われわれも応戦する。しかし、われわれ正義の人間はまっすぐ天国へ行くが、連中はただくたばるだけだ」

くたばる、と。これぞギャングの言葉づかいだ。ところで、ここでマーシャ・ゲッセンに敬意を表しておきたい。二〇二二年五月刊の「ニューヨーカー」でクレムリンのメディア・サーカスをからかっている。マーティン・エイミスは暴力についてみごとな文章を寄せている。暴力をふるう者は、相手がそういう目には遭いたくないと思っている、まともな人間なら本能的に逃げたいと思っている、とわかってやっているのだ。それこそがまさにプーチンのスクィーラーがわれわれにやらせようとしていることだ。ウクライナ人には選択肢がない。逃げていく先がないのだ。

延々と続く戦争犯罪

ボロディアンカの町は、ウクライナの民主主義とクレムリンの悪漢サーカスのあいだを隔てる深い闇をはっきりと見せてくれる。ボロディアンカはキーウの北西六五キロほどのところにあるそこの大きさの町だ。私たちはボロディアンカの町へ向かう途中、無数の破壊された車両の脇を通りすぎた。どの車も窓ガラスにはっきりと「子供」と書いてあるのに、砲弾で撃破されている。延々と続く戦争犯罪、戦争犯罪、さらにまた戦争犯罪。

町の中心の広場を囲む形で四棟のアパートが建っている。一棟はロシア空軍のミサイルによって完全に破壊されて瓦礫になっている。戦争が始まって間もないころ、ジェット機から発射されたミサイルによって破壊されたのだ。侵略軍は理屈上は中立であるはずのベラルーシから、放射能汚染されたチョルノービリを通り、キーウへ侵攻した。その途中にあった邪魔な町がボロディアンカだった。リザ・コズレンコ、マイク・ワイス、アレックス・ザクレツキーと私の四人は、子供の遊び場だった場所を歩きまわった。自分の目で見ている風景が信じられない思いだ。二棟目のアパートにもミサイルが命中したようで建物の腹に巨大な穴がぽっかりあいていたが、どういうわけか屋根は残っていて、ボロミント【ドーナツ型のミントタブレット】みたいに見える。目をそむけたくなる光景であると同時に、陰鬱に見入ってしまう光景でもある。いったいどうやって、あの屋根だけ残ったのだろう？　消防士たちの視線の先で、掘削機《くっさく》が巨大なコンクリート片をバケットですくって瓦《が》礫《れき》の山から運び出す。また一つ遺体が出てくるのを待っているのだ。結局、この現場からは四〇体ほどの遺体が見つかったという。ここはアパートの建物が並んでいた場所。それがいまは、集団墓地と化している。

傍観者である私たちの足もとで、子供の遊び場に細々といろいろなものが散らばっている。普通に暮らしていたのに普通でなくなってしまった人々の生活の破片、ロシア軍の高性能爆弾で八〇メートルも吹っ飛ばされた品々。子供の日記がある。地元の小学校でもらった賞状もある。ユリアという子が、英会話の試験で最高点を取ったときの賞状。ミルクを買っておくこと、と書いたメモ。

アパート四棟のうち、二棟は破壊されはしなかったが、ロシア軍が略奪のかぎりをつくして荒らし回った跡があった。カネ。宝石類。あるアパートでは、夫から妻にあてた愛情のこもったメッセージカードが冷蔵庫に止めてあった。その前の床にバスローブが広げられ、その上に誰かがクソを残していった。別の階では、室内に地雷が仕掛けられて封印されている部屋をマイクが見つけた。リサが埃だらけになった猫を抱き上げた。目にした理不尽な恐怖の光景に感情を失ってしまったのか、怒っているのか。ロシア軍は戦争のルールなどまるっきり無視だ。人間らしい行動も、ごくあたりまえの良識も、ロシア軍には通用しない。アパートにミサイルを打ち込んで民間人を虐殺するような軍隊、抵抗できない女性をレイプするような軍隊、人々の家を略奪するような軍隊を相手に停戦交渉を進めるのは簡単ではないだろう。

ヴォロディミル・ゼレンスキーには、殺人鬼たちとの和平交渉を国民に納得させる技量があるだろうか？　ゼレンスキーは頭がいい。質問――自分がロシア軍巡航ミサイルの標的ナンバーワンにされている状況で、首都においてどうやって記者会見を開くか？　回答――地下鉄の駅で。地表から七〇メートル超の深さのある地下で。ここならば数百人のジャーナリストが持っている携帯電話の位置情報も探知されることはないだろう。くすんだ茶色のTシャツにズボン姿の大統領は悠々とした足取りで椅子のところまで歩いてきて、キーウに集まった世界じゅうの記者たちの前に腰を下ろした。そして、記者会見に集まってくれたことへの礼を言い、報道活動に対して礼を言った。それから質疑応答が始まった。殺されるのが怖いですか？　ゼレンスキーは言下に否定した。あまりに多くの人々が命を落としている、あまりに多くの人々が命をかけて戦っている、自分のことなど心配している暇はない、と。

記者会見のあいだにときどき地下鉄が通過して、少しのあいだゼレンスキーは口をつぐむ。ボディーガードたちが私たちを凶暴な目つきで眺めまわす。まあ、ボディーガードとはそういう人種だ。一九九三年のサラエボで、私はスーザン・ソンタグのプロダクションによる演劇『ゴドーを待ちながら』をセルビア・クロアチア語で観た。当時、セルビアの街には砲弾が降り注いでいた。ある意味、ゼレンスキーの記者会見はそれよりもっと劇的だった。発言の内容よりも――深い声で、よく考えられた回答で、自信に満ちた口調だったが――とにかく記者会見を開いたというその事実だけで、すごいことだった。

そして、このことを特記しておきたい。戦争が始まって間もないころ、私にとって何よりつらかったのは、ロンドンやニューヨークにいる親友たちがウクライナから出国したほうがいいと勧めてきたことだった。私がクレムリンに目をつけられている敵対的存在だからだ。ゼレンスキーも、きっと同じことを言われているに違いない。ダウニング街一〇番地からも、ホワイトハウスからも。けれども、ゼレンスキーはこう答えた。「われわれに必要なのは武器だ、迎えの車ではない」

これこそゼレンスキーの真骨頂だ。

記者会見場で、私はずいぶん長いあいだ白地に「ジューイッシュ・クロニクル」と大書した紙を掲げて立っていた。そして、そろそろ質問を諦めようとしたとき、リザが私の姿をゼレンスキーの広報官の目にとまるよう押し出してくれた。私は大統領のメッセージを聞かせてください、と質問した。ロシアの野党勢力に対して。戦争反対のデモに行ってモスクワ警察の警官に歯を折られた若者たちに対して。モスクワの赤の広場でキーウの記念塔と並んで『戦争と平和』の本を掲げただけで逮捕された男性に対して。ナワリヌイに対して。ゼレンスキーの回答は、それらの人々に感謝の思いを伝えたい、というものだった。「言葉は爆弾と同じくらい強力です」

ここでもういちど、念のために書いておく。ロシアでは、私は事実上、報道の世界から締め出されている。記者会見にも呼ばれない。クレムリンの親衛隊長はSSのマークを入れ墨している。しかし「ナチス」と言いがかりをつけられているウクライナにおいては、ユダヤ系新聞に雇われてフリーランスで働いている私はウクライナ大統領（大統領自身もユダヤ系だ）の記者会見（地下深くではあるが）において自由に質問することができる。戦争反対を叫ぶ善きロシアの人々について、質問が許される。そして大統領は、そういう人々に感謝している、と答える。クレムリンがウクライナを「ナチス」だと誹謗《ひぼう》する状況を形容して、哲学者のティム・スナイダーは「スキゾ＝ファシズム」という表現を作り出した。ファシストが、ファシストでない被害者をファシストと誹謗する、という状況をさす言葉だ。

プーチンの見込み違い

五月初旬にキーウを離れる直前、私はジャーナリスト兼映像作家のオズ・カタージとエミール・ゲッセンと三人で朝食を食べに出かけた。たっぷりとしたウクライナ風の朝食を前にして、私たち三人はこれからどうなるのだろう、と肩の凝らない会話をかわした。三人とも、ロシアは負けるだろう、ウクライナ軍が勝つだろう、という感触を持っていた。大砲、とくにアメリカから供給される長距離砲が戦いの趨勢を変えるだろう、と。そして、一般のウクライナ国民はあまりに多くの残虐行為を見聞きしたり噂で聞いたりしてロシア国家とロシア国民に対して完全にブチ切れているから、ウラジーミル・プーチンの殺戮マシーン相手の交渉による和平などには応じないだろう、と。私たちも多かれ少なかれウクライナ人の立場を理解していたし、多かれ少なかれそれに同感していた。私自身の中では、避難民でごったがえすクラマトルスク鉄道駅にトーチカU巡航ミサイル二発が撃ち込まれた時点でロシア軍は一線を越えたと思った。

巡航ミサイルの発射は、ゴルフに似ている。解析幾何学の練習を際限なくくりかえして習熟していく、というところが。正確性がきわめて重要になる。ドンバス地方の戦火をのがれようとする女性や子供たちがクラマトルスク駅に殺到している映像は、さんざん報道されまくっていた。標的が民間人であることを、司令官はわかっていたはずだ。五〇人以上の民間人が犠牲になった。生き残った人々の中に、双子の子供を連れた母親がいた。病院のベッドに収容された姿を撮った写真がある。女の子は両足を失い、母親は片足を失い、男の子の足は無事だった。ロシア軍は生身の標的を相手に解析幾何学の練習をくりかえしている。

それに、マリウポリ。

黒海沿岸の港町で、ロシア軍によってどれだけ多数の民間人が虐殺されたか、想像もつかない。火葬用の車両が死体を焼いて灰にしていたという話を聞いた。集団墓地が次々と増えていくのが、衛星写真で確認されている。ウクライナの人々が、国土の一部を永久にロシア統治のもとにおいた状態で和平交渉を受け入れるとは考えがたい。可能性はゼロか、考える必要もないほどゼロに近い数字だろう。ゼレンスキーはそんなことを目指しはしないだろう。くりかえすが、戦況はロシアの思うようには進んでいない。ロシア軍の士気が低いからだ。兵站《へいたん》が上から下まで腐敗しきっている。司令官たちは二つの意味で「悪い」——邪悪で、しかも劣悪だ。

遅かれ早かれ、ロシア軍は敗れるだろうと思う。ウラジーミル・プーチンは屈辱を味わうことになるだろう。

ゾンビたちを率いるツァーリは、ウクライナだけではなく全世界に復讐を企てるだろうか？　家族と休暇を過ごすために少しのあいだウクライナを離れることにした直前（六月にはウクライナに戻る予定だ）、私は送別会を開いた。私が最後に借りていたキーウのエアビーアンドビーは洒落たアパートだったが、三つの出入り口のドアがぶつかる馬鹿げた構造になっていて、トイレか掃除道具用クローゼットにはいっているときに玄関ドアが開いていると、トイレやクローゼットから出ることができない仕組みになっていた。精神科医のセミョーン・グルーズマンは早めに到着したが、誰かがトイレにはいっていたので、七五歳のグルーズマン博士には掃除道具用クローゼットにはいってもらい、ドアを閉めて、次にプレゼントを持ってやってきたウクライナ人の一団と酒を飲ませろと言いながらやってきたイギリス人の客たちを玄関に迎え入れた。そして私はキッチンに向かい、ドリンクを用意した。ひとしきり騒ぎが落ち着いて静まったところで、誰かが言った。「あのノックの音、誰？」

世界でも指折りの精神医学者の先生が、なんと、私のアパートの掃除道具用クローゼットに閉じ込められていたのだった。クローゼットから出してもらった教授は苦笑しながら「強制労働収容所の懲罰房よりはマシだったよ」と言った。バカ笑いしたいほどおかしかったのは、その日のゲスト全員が、とくにイギリス人の連中はまちがいなく、精神科医に診てもらう必要のありそうな面々だったということだ。それなのに、精神科医はクローゼットに閉じ込められていたのだ。

飲み物を手にリラックスしたところで、私は改めてセミョーンに尋ねた。プーチンは正気だと思いますか？「ああ、正気だと思う。サイコパスだが、正気だ」

それは、正直言って、グッドニュースだ。正気なら、たとえサイコパスであっても、世界全体を爆弾でぶっ飛ばすことはしないだろう。ウクライナの大きな戦争は多くの無辜《むこ》の人々にとって大惨事ではあったが、他方で、クレムリンの支配者にとっても抜き差しならぬ状況となっていた。プーチンは二〇万ほどの兵力でウクライナを攻めようとした。戦争の数学は簡単だ。攻めるほうは守るほうより多くの兵力が必要になる。三対一くらいの割合で。ウクライナの兵力は二〇万で、ほかには憲兵隊などが一〇万ほどいるから、都合三〇万の兵力を保有している。つまり、ロシアは勝つためには九〇万の兵力が必要だった、理想的には一〇〇万が必要だった、ということになる。しかし現実には、ロシアはウクライナの兵力を一〇万も下回る兵力で侵攻を始めてしまった。ウクライナは分断され、弱腰で、ゲイの人権だのなんだの西欧のくだらない理屈で軟弱になっているから、簡単に踏みつぶせるに違いない、とプーチンは踏んでいたのだろう。

それについては、プーチンの完全なる見込み違いだった。

ウクライナ人の気骨、嘲笑の背後にある火を噴くような怒りを見るにつけ、三対一でも少なすぎると私は思う。プーチンは七対一くらいの絶対的な兵力、二〇〇万以上の兵力が必要だったのだ。しかし実際に投入されたのはその一〇分の一の兵力で、プーチンはキーウの戦いに負けた。ドンバスでの戦いは、この原稿を書いている時点（二〇二二年六月初旬）で、まだ決着を見ていない。挽肉機のようなロシア軍が支配地域を拡大しつつある。武器弾薬ではロシアのほうが圧倒的に有利だ。ウクライナ側はこれまでに一万人の兵士を失っている。ロシア側は三万人の兵士を失ったが、プーチンにとっては何でもないことだ。新しく投入できる兵力はいくらでもある。心情は別として、西側はまだウクライナにロシアを打ち負かすに十分な重火器を送っていない。だから守る側はじりじりと容赦なく血を流し、死へと追いやられ、毎日一〇〇人ずつの兵力を失っている。

ロシア海軍によるウクライナの黒海沿岸の港（まだ爆破されずに残っている港）の封鎖も、深刻だ。ウクライナ産の穀物は、中東やアフリカの多くの国々を支える食糧だ。西側がいつまでも港湾封鎖を看過するならば、プーチンが飢餓戦争に勝利をおさめることになるだろう。

ソ連によるウクライナ侵攻の二日目に私をロシア側のスパイと疑って拘束した兵士ウラド・デムチェンコは、いまではウクライナ軍義勇兵の中尉になっている。ウラドは大隊の補給基地で鹵獲《ろかく》したロシア軍の装甲兵員輸送車の機関砲を修理する同僚兵士らの傍らで、なぜウクライナ人の多くがロシア兵たちを「オーク」と呼ぶのか、説明してくれた。「トールキンの映画から来てるんだ。モルドールも。ぼくらがロシアをモルドールと呼ぶのは、ウクライナは緑豊かなホビットの土地みたいなもので、平和を愛する人たちがシャイアで踊ったりビールを飲んだり、ただ楽しい人生を送りたいだけなのに、暴力しか働かない連中が攻めてくるからさ」

最後にはウクライナが勝つ、とウラドは信じている。私もウラドと同じ考えだ。西側がいよいよ優柔不断を改めてウクライナに必要な重火器を供給するようになれば、ロシア軍は崩壊しはじめるだろう。経済的にも、士気のうえでも、そして願わくば、軍事的にも。ウラジーミル・プーチンは戦争に負けるにちがいない。西側はプーチンを勝たせるわけにはいかないのだ。

ロシアはいつまでも失敗に甘んじているような国ではない。私の感覚では、ウラジーミル・プーチンはもはやクレムリンの組織を二〇二二年当初のようには的確にコントロールできなくなっているように見える。それに、クレムリンの組織も、もはや以前のようには支配者の命令に従わなくなっているようだ。プーチンはだんだんオズの魔法使いのようになりつつある。早くあの小さな犬が舞台の袖に姿を現して、緞帳《どんちょう》を引いてくれないものか。そうすれば、小さくしぼんだイカサマ師が拡声器に向かってわめいているだけだと、みんなわかるのに。

もしも、ウラジーミル・プーチンが核のボタンを押せと命令したとしても――セミョーン・グルーズマンはその可能性を否定するが――命令は実行されないだろうと私は考える。クレムリンの悪漢ショーはこれからも核の脅威を口にしつづけるだろうが、そんなものはただの雑音だということを忘れてはならない。西側のわれわれは、不快な地政学的現実も見ておくべきだろう。クレムリンにとって、中国がライバルとして台頭しつつあるという現実を。ペンタゴンが将来に想定しているのは、水と原油を求めてシベリアに侵攻した中国に対抗してアメリカ軍がロシア側と組んで戦う、という構図だ。しかし、ロシアが中国よりはるかに小さな隣国をこれほど許しがたい残虐なやり方で蹂躙《じゅうりん》する国家だとしたら、強大な隣国中国に対抗するロシアを西側が助けなければならない理由がない。西側はあまりにも長きにわたって牙をむくプーチンを恐れすぎた。ウクライナの人々の勇敵な姿は、西側のわれわれが忘れかけていた大切なことを再認識させてくれた。民主主義は防衛しなければならないものであること、表現の自由はただで与えられるものではないこと。西側はようやくそのことに気づいたようだ。そして、それはクレムリンの支配者とその手下どもにとっては悪い兆しである。

ロマノフ朝の最後の皇帝も、ウラジーミル・プーチンと同じような誤りをおかした。ロシア軍の力を救いようのないほど過信し、兵隊たちがろくに説明もつかない目的のために喜んで命を投げ出すと楽観していた。一九一八年七月、ニコライ二世は一家全員とともにエカテリンブルクのイパチェフ家の地下室で銃殺された。

ウラジーミル・プーチンのこの世での時間も長くない、と私は予言しておく。ルーブルの価格はロシアの準備金でいまのところ維持されているが、西側の制裁が効いてくればロシア経済は破綻し、そうなればふたたびロシア国民が反乱を起こすだろう。あるいは、プーチンの側近の一人がリボルバーに手を伸ばすかもしれない。あるいは、お抱え医師の一人が手術後の麻酔から覚めないように細工するかもしれない。あるいはステロイドの使いすぎで腫瘍が悪化して死ぬかもしれない。

プーチンが毒薬の使いすぎで身を滅ぼすとは、いかにもシェイクスピア的な終わり方ではないか。

運命よ、輪を回せ。

謝辞

この本を書くのに、二二年かかった。そのあいだ、私がウラジーミル・プーチンを理解する上で力を貸してくれた人たちは膨大な数にのぼる。ここにお名前をあげることができなかったとしたら、申し訳ない。でも、感謝している。

二〇〇〇年、私は「オブザーバー」紙とチャンネル4の「ディスパッチズ」の取材のため、極秘でチェチェンに入った。同行したのは故ジェイムズ・ミラーとカーラ・ガラペディアン。ロンドンに残って後方支援してくれたのは、ハード・キャッシュ・プロダクションズのデイヴィッド・ヘンショーだった。ここに名前を出すことはできないが、チェチェンで取材に協力してくれたチームに感謝している。話を聞かせてくれた勇敢なチェチェンの人々にも感謝する。そのときの取材内容は映像になり、また、のちにBBCのラジオ・ドキュメンタリーでロシア軍の拷問について番組を作ったときにも使わせてもらった。

その後、私はBBCの仕事をするようになり、ロシアに関するラジオやテレビのドキュメンタリー映像を多数製作した。多くは「パノラマ」と「ニュースナイト」に使われた。一方で、ロシア秘密国家は代理を使って本当のことを伝えるリポーターたちを黙らせようと画策してきた。心正しき人々――その中には政治家も含まれている――は、この事態を見過ごさなかった。それに、勇気あるロシア人やその他の人々も、恐れずにBBCのカメラの前で口を開き、私がクラウドファンディングで立ち上げたポッドキャスト「Taking On Putin（プーチンを糾弾する）」の取材に応じてくれ、また、この本のための取材にも協力してくれた。アルファベット順に謝意を申し上げたい。ロマン・バダニン、ダリウス・バルザガン、クリス・ボーン、キャサリン・ベルトン、ロマン・ボリソヴィチ、オリヴァー・ブロウ、トム・バージス、リーアム・バーン議員、ジョナサン・コフィー、デイヴィッド・デイヴィス議員、ノーマン・ドンビー教授、アーサー・ドゥーハン、ジム・ファロン教授、トム・ジャイルズ、スティーヴ・グランディスン、アシュリー・グロスマン教授、アンドリュー・ヘッド、ポール・ジョヤル、ピーター・ジュークス、ダン・カゼタ、セルゲイ・レベジェフ、マリーナ・リトヴィネンコ、ジェニー・クロチコ、シェイマス・マクラッケン、故ボリス・ネムツォフ、トミコ・ニューソン、ナタリヤ・ペレヴィナ、故アンナ・ポリトコフスカヤ、ドナルド・レイフィールド教授、ソールズベリー大聖堂の主任司祭とスタッフの方々、ボブ・シーリー議員、アーサー・スネル、ニック・スターディー、セリ・トーマス、トム・タジェンダット議員、ザリーナ・ザブリスキー。チョーク&ブレードの素晴らしいスタッフ、ローラ・シーター、ルース・バーンズ、ジェイソン・フィプスにも感謝を申し上げる。

ジェレミー、マーガレット、アレッシオ、ジェイソン。バーティの面倒をみてくれて、ありがとう。

この本の冒頭部分には、「ジューイッシュ・クロニクル」、「ニュー・ラインズ・マガジン」、「インデックス・オン・センサーシップ」に初出の文章も含まれる。ベン・フェルゼンバーグとマーティン・ブライトにお礼を申し上げる。旅費の一部は、「グッドモーニング・ブリテン」、BBCスコットランド・ウェールズ・北アイルランド、およびLBCのテレビ・スポットとラジオ・スポットでまかなった。局のみなさんに感謝を申し上げる。

キーウに着いたとき、頼れる人は一人もいなかったが、そのとき二つのありがたいことが起こった。一つはPatreon《パトレオン》【クリエイターに対するクラウドファンディングシステム】を始めたこと。いまでは二〇〇〇人のパトロンがついた。みんな、ありがとう。二つ目は、クラウドファンディングでポッドキャスト「Taking On Putin（プーチンを糾弾する）」を立ち上げたこと。支えてくれたみんな、ありがとう。

キーウとウクライナでは、陰惨な日々に私を元気づけてくれた人たちがいた。世界最高のコーディネーター、エフゲニー・〝ユージーン〟・イェルモレンコ。ウラディスラフ・シュヴェッツは危なっかしいシュコダで私を誰よりも先に爆撃されたキーウのテレビ塔へ乗せていってくれた。この二人は、砲火の中でもユーモアを失わなかった。二月半ばにキーウへ同行してくれたのは偉大なるオズ・カタージだ。戒厳令の直前にスクーターの後ろに乗せてくれたのは、エミール・ゲッセン。ブエナ・ヴィスタで一緒に酔っ払ってテーブルの上でダンスを踊ったのは、イアン・バーンズ、ジョニー・マーサー議員、レヴ・ウッド。それを見守ってくれたのはマクス・レノフとダーシャ。戦闘地域でうまいメシを作ることにかけては、世界じゅう探しても、バッサノのマリアナ・ショスタック以上のコックはいないだろう。キーウのテレビ塔がミサイルでやられたあとの血溜まりへ案内してくれたのは、ロスト・ベリンスキーだった。戦争が終わったら、彼の操る熱気球に乗せてもらおうと思っている。次の人々の勇気とユーモアに感謝を申し上げる。リュドミラ・バイミスター議員、ポール・コンロイ、トマス・ダヴィドフ、ジェイムズ・グレグスン、リーアム・ケネディ、クリスティナ・ラトシュナヤ、キーウ小児病院のスタッフとピエロと患者のみなさん、キーウ動物園のスタッフとゾウさん、ヴォーン・スミス、マテイ・スルク。ブチャで世話になったアレックス・カズレツキー、ジュゼッペ・アタード、ニール・カミッレーリ。ボロディアンカでは、ニューヨーク出身のマイケル・ワイスに世話になった。お礼を申し上げる。

　私のエージェント、ハンフリー・ハンター、出版社のヘンリー・ヴァインズ、オーディオブックのプロデューサー、ジャック・ビーティーの三人は、不屈の忍耐力を見せてくれた。

　親父のバカなふるまいを愛情をもって許してくれた家族のサム、ルー、シラー、モリーに感謝している。

　ウクライナの普通でありながら非凡な人々にも、感謝を申し上げねばならない。なかでもとくに、次の三人に。ウラド・デムチェンコは、戦争が始まって二日目に私をロシアのスパイと疑って逮捕したが、おたがい事情がわかってからあとは友だちになった。祖国のため、自由な世界のために戦う彼の勇気に敬意を表する。ウクライナ精神医学会の会長セミョーン・グルーズマンはＫＧＢの思考性向について無限に博学であり、魅力的な解説を聞かせてくれた。ここで改めて、掃除道具用のクローゼットに閉じ込めたことをお詫びさせていただきたい。

最後にジャーナリストでプロデューサーでときに大ナタをふるうことも辞さないリザ・コズレンコに感謝を申し上げなければならない。ウラジーミル・プーチンの戦争はバカげているし残酷だが、半面、昔ながらの真実を証明している。最悪のときにこそ、人間の最良の面が引き出される、と。

解説「ユーモア――抑圧への抵抗」

朝日新聞論説委員　駒木明義

本書は、英国のBantam Pressから二〇二二年一〇月に出版された〝Killer in the Kremlin -The Explosive Account of Putin's Reign of Terror-〟の翻訳である（電子版は七月に発売）。朝日新聞出版の内山美加子氏から依頼を受けて、私が監修を務めることになった。

筆者のジョン・スウィーニー氏は英国の調査報道ジャーナリストで、オブザーバー紙や公共放送BBCを拠点に活躍してきた。ノンフィクションだけでなく、フィクションの作品も多い。

スウィーニー氏は、自らを「戦争記者」と称している。八〇カ国以上で戦争や紛争を取材。アルジェリア、コソヴォの虐殺の報道などで、多くの賞を受賞してきた。北朝鮮やジンバブエといった独裁国家への潜入取材や米国のトランプ大統領やロシアのプーチン大統領への遠慮のないインタビューを敢行したことでも知られる。

ロシアをめぐっては、紛争の渦中にあるチェチェンでの人権侵害の実態解明に取り組み、その後も一貫してプーチン氏に批判的な視点で取材を続けている。

二〇二二年二月二四日に始まったロシアによるウクライナ全面侵攻を、スウィーニー氏は首都キーウで迎えた。ウクライナにいる人々も、多くは「そんなこと、起きるはずがない」と考えていた戦争だ。

ロシアは、国連安全保障理事会の常任理事国だ。すべての加盟国の主権平等を掲げ、他国に対する武力の行使や武力による威嚇《いかく》を禁じる国連憲章の履行に特別な責任を負っている。そんなロシアが、こともあろうに自身の核戦力を誇示しつつ、隣国の主権と領土を平然と蹂躙《じゅうりん》した今回の戦争は、第二次世界大戦後の世界秩序を根本から揺るがす世界史的な大事件だ。

なぜこんな戦争が起きたのか。本書の中で、スウィーニー氏はその原因をプーチン氏という特異な独裁者のパーソナリティーに求めて、その生涯を改めて洗い直している。

本書の題名となっている「殺人者」とは、言うまでもなくプーチン氏のことだ。

ではプーチン氏は、今回のウクライナ侵攻で初めてこの名にふさわしい振る舞いに及んだのだろうか。本書を一読すれば、そんな疑問は吹き飛んでしまうだろう。

それは、二〇二〇年にロシアの反体制派ナワリヌイ氏が神経毒ノビチョクで襲われたときでも、二〇一五年にエリツィン政権で第一副首相を務めたネムツォフ氏がクレムリンの目と鼻の先で銃殺されたときでもない。二〇一四年にウクライナ東部で親ロシア派武装勢力がマレーシア航空機を撃墜したときでも、二〇〇六年にプーチン政権を批判していた元スパイのリトヴィネンコ氏が亡命先のロンドンで放射性物質を盛られて殺されたときでもない。

スウィーニー氏が本書の第四章で、自身の取材経験に基づいて描いているように、プーチン氏が大統領に上り詰めるきっかけ自体が、疑惑の黒い霧に包まれたものだったのだ。

一九九九年八月に、当時のエリツィン大統領から後継指名を受け、首相に就任したプーチン氏は、まったく無名といってよい存在で、国民からの支持も低迷していた。そんなプーチン氏の人気を一躍高めるきっかけとなったのが、九月にモスクワなどで相次いだアパートの連続爆破事件だ。二週間たらずの間に四件の爆破があり、計三〇〇人以上が犠牲となった。プーチン氏は一連の事件をチェチェンのテロリストによる犯行と断定し、当時モスクワの統制が及ばない事実上独立状態にあったチェチェンに対する、大規模な侵攻に踏み切った。

いつも酔っ払っていたエリツィン氏にうんざりし、相次ぐテロに怯えていたロシア国民は、プーチン氏が誇示した若く強いリーダー像を歓迎。次期大統領の座は動かないものとなった。

ところが、未遂に終わった幻の「五件目の爆破」をきっかけに、一連の事件にロシア連邦保安庁（FSB）が関与していた疑いが浮上したのだ。

何の罪もない自国の住民多数を犠牲にした特殊部隊によるアパート爆破事件というおぞましい国家犯罪なくして、プーチン氏が大統領の座に就くこともなかったのではないか――。こうした疑惑は、スウィーニー氏自身が指摘するとおり、決してこれまで知られていなかったわけではない。

ロシアの責任がはっきりしているチェチェンやシリアでの軍や特殊部隊の残虐行為はもちろん、本書の中で紹介されている疑惑に包まれた暗殺や不審死の多くに、プーチン氏の影が見え隠れしていることは長く公然の秘密だったと言ってよい。

欧米を含む多くの国々はその疑惑に目をつむり、プーチン氏を厳しくただすことはひかえてきた。スウィーニー氏は、米国も英国も「クレムリンに対して『疑わしきは罰せず』の原則で対応」したのだと指摘する。二〇〇一年九月の米国同時多発テロを機に、テロとの戦いのためにロシアの協力が不可欠になったという背景もあった。

ロシア自身も、欧米からの「疑わしきは罰せず」に甘えることに慣れっこになっているようだ。二〇二二年のウクライナ侵攻後、ロシアは一般市民への攻撃などで批判されると、ロシアの国連大使やラブロフ外相は「推定無罪の原則が踏みにじられている」と反論している。

もちろん、これは噴飯物《ふんぱんもの》の屁理屈だ。「推定無罪」は刑事責任を問われた個人に適用される原則であって、侵略という国際法違反を現に犯している国家が、戦争犯罪を問われて口にできる言い訳ではない。

スウィーニー氏は、BBCをはじめとするメディアに対しても「クレムリンの代理の殺し屋たちに『疑わしきは罰せず』の原則を気前よく適用しすぎている」と批判の矛先を向けている。

この指摘は、ロシアを長く取材してきた私自身にも重く響く。私は二〇一三年から二〇一七年までの間、朝日新聞の支局長としてモスクワで勤務。プーチン氏の研究に取り組み、『プーチンの実像』（朝日文庫）にまとめた。その中で、プーチン氏の「殺人者」としての側面に十分に踏み込んだとは言えないだろう。

プーチン氏が関与したという確たる証拠がない、プーチン氏の意向を勝手に忖度した跳ねっ返りによる犯行ではないか、結果としてプーチン氏が損をしているとしか思えない事例もある――等々の理由からだ。ロシアに駐在する特派員として、記者証の更新を拒否されるといった嫌がらせが気にならなかったかといえば、それも否定できない。こうした姿勢は、日本の多くの新聞やテレビに共通していただろう。二〇二二年三月にロシア外務省が発表した入国禁止処分とする日本人のリストなどをみても、当局が私たちの活動に目を光らせてきたことがうかがえる。

だが、前述したように「疑わしきは罰せず」は、もっぱら刑事責任を問われた個人に対して、司法の場で適用されるべき原則だろう。国家や権力者をめぐる疑惑については、それが重大なものであるならば、疑わしい段階でも報じる意義は大きい。

そう考えたとき、本書で触れられている二〇〇六年に暗殺されたアンナ・ポリトコフスカヤ氏ら、ロシアの勇気あるジャーナリストたちの功績は忘れられない。

もちろん、「疑わしい」情報を伝える際には、断定を避けなければならない。どういう点で確証が得られていないのかということを誠実に読者に示すことが必要だ。この点、スウィーニー氏は本書の中で、ぎりぎりまで踏み込んで疑惑の数々を示している。

「疑わしきは罰せず」の姿勢は、欧米の指導者たちにも共通する。スウィーニー氏は米大統領を務めたブッシュ氏やオバマ氏を「プーチンをバカみたいに持ち上げた」と酷評する。クレムリンから「役に立つバカ」として利用されたのは、プーチン氏への融和的な姿勢で知られるドイツや英国の元首相のシュレーダー氏やブレア氏だけではない、というわけだ。

ここで思い起こすのは、日本の安倍晋三氏である。二〇一二年に五年ぶりに首相に復帰した安倍氏は、戦後のソ連、ロシアとの間で未解決のまま残されてきた北方領土問題解決と平和条約締結を目指して、プーチン氏との首脳交渉にのめり込んでいった。

問題は、二〇一四年にプーチン氏がウクライナのクリミア半島占領という明確な侵略行為に踏み切った後も、プーチン氏への露骨なすり寄りを続けたことだった。

G7が科した制裁に形だけつきあう一方で、二〇一六年以降、八項目の経済協力プランを掲げてプーチン詣でを重ねた。同年九月には、ロシア経済分野協力担当相という大臣ポストを新設した。制裁対象への経済協力に邁進するというのは、矛盾極まる姿勢だった。

さらに二〇一八年一一月の首脳会談を機に、国会にも国民にも説明のないまま北方四島返還の旗をおろし、二島での決着を目指す方針に舵を切った。

だが、G7にもロシアにも良い顔を見せようという安倍氏の外交は、ロシアから足元を見透かされ、日米同盟を揺さぶる格好の口実にされただけだった。

本書で安倍氏への言及はないが、クレムリンから見れば「役に立つバカ」だったことは、今となっては疑う余地はないだろう。

とはいえロシアに対する近視眼的で場当たりな対応は、めずらしいものではない。スウィーニー氏が指摘するとおり、プーチン氏が登場した当時はエリツィン氏との比較で、合理的な判断ができるし、少なくとも酒浸りではないという点で、多くの国が歓迎した。何しろロシア大統領の手には核のボタンが握られているのだから。

「正気である」ことを評価されたプーチン氏が今や、核兵器を使う可能性をほのめかしつつ、狂気とも思えるような侵略戦争に突き進んでいる。私たちに残した教訓は大きい。合理的な計算ができる冷静な指導者から、隣国はもちろん自国すら破滅させかねない視野の狭い暴君へと、プーチン氏は突然変身したのだろうか。

この点スウィーニー氏自身も、大きな変化を感じている。二〇一四年に突撃取材をした際の印象を「頭脳明晰で、頭が柔らかく、厄介なBBCのリポーターにも対応しようとする姿勢があった。平然と嘘をつく回答ではあっても」と、超攻撃的となってしまった今の姿との違いを描いている。

スウィーニー氏は、プーチン氏が豹変した背後に、なんらかの病気や、それに伴って使われた薬の副作用があったのではないかと推測する。それが事実かどうかはわからない。コロナ禍《か》以降、プーチン氏にアクセスできる人物が極端に減ってしまったことが、彼の精神状態に与えた影響も大きかったように思う。

一つ確かに言えることとは、プーチン氏の内に秘められた本質が変化したわけではないということだ。前述したアパート連続爆破事件や、本書で縷々《るる》描かれている異常な事件の数々は、常人には理解しがたい影のようなものがプーチン氏の内面で長く発酵していたことを示唆している。

その真の原因を推し量ることは難しい。スウィーニー氏は、プーチン氏の出生の秘密と幼児体験、そして特殊な性癖がその異常性の背後にあるのではという仮説に固執しているようだ。しかし、そうした個人的なことがらと、人格の異常性を安易に結びつけることには慎重であるべきだろう。本書の中で、プーチン氏憎さのあまり、少し踏み込み過ぎているのではないかと感じる部分だ。

一方で、精神科医を含む専門家らによる分析には参考になる点も多い。

本書の第一〇章「ミスター・プレオネクシア」を読んで私が思い起こしたのは、プーチン氏の大統領就任以降五年にわたって経済顧問を務め、その後決別したアンドレイ・イラリオノフ氏の言葉だ。二〇一四年一〇月、彼は私のインタビューに応じて、プーチン氏によるクリミア占領を評して以下のように語っていた。

「私はここに心理的な要素があると思う。しかしそれは、現代の人間、あなたの新聞の読者になじみがあるようなものではない。私の考えでは、ごろつきの、路上の犯罪者の心理なのだ。そこにある理屈はこうだ。何か奪うものがあるなら、私はそれを奪う。他人のものを奪ってはいけないといった法的な理論とはまったくかけ離れたものだ。唯一あるのは、罰せられないのなら何が悪い、やってやろう、という理屈だ。それがどんなに高くつくかよりも、やったこと自体が重要なのだ」

イラリオノフ氏は、今日の事態も正確に予測していた。

「プーチン氏はさらに先に進む。いつ、どこに向かって、どんな方法で進むかは予見できない。しかし、彼がここで止まることを示すような歴史の前例は一つもない」

さてここで、本書の際《きわ》だった特徴をもう一つ紹介しておきたい。

それは、全編を通じて繰り返し顔を覗かせる様々なユーモアだ。戦争と暗殺という極めて陰鬱なテーマを読み進めるのに、あちこちで飛び出す、にやりとさせられる冗談や皮肉が、どれだけ助けになることか。英国流というべきか、かなり毒気があるものも含まれているが。

ユーモアが大事なのは、本の中だけのことではない。スウィーニー氏が指摘するように、プーチン氏による統治の特徴の一つは「嘲笑やユーモアに対する非寛容」にある。実際、プーチン氏が二〇〇〇年に大統領に就任した直後、当時テレビで人気を集めていた政治風刺《ふうし》を題材にした人形劇は放送中止に追い込まれた。

戦時下や独裁下に生きる人々にとって、ユーモアは抑圧への抵抗であり、魂までは殺されていないことを確認するための術なのだ。

そこで本稿の締めくくりに、ソ連の作曲家ショスタコーヴィチに触れたい。プーチン氏が小者に見えるほどの「殺人者」スターリンの支配下で、時に独裁者と折り合いを付け、時に作品に皮肉や抵抗をこっそり忍び込ませつつ生き抜いた巨匠である。

彼は、自身の一三番目となる交響曲の題材をキーウの峡谷「バビ・ヤール」にとった。ここで第二次大戦中に三万四千人近くのユダヤ人が虐殺された史実は、本書の第一章で紹介されている。ロシア軍は今回の侵攻開始後間もない三月一日、こともあろうかバビ・ヤールのホロコースト追悼記念碑の近くにミサイルを撃ち込んだのだ。

ショスタコーヴィチの交響曲第一三番は、全編に男性の独唱と合唱が付されている。その第二楽章は「ユーモア」に捧げられている。詩人エフゲニー・エフトゥシェンコによる歌詞の一部を、私なりに訳して、締めくくりとしたい。

ツァーリも王様も皇帝も
全地球の支配者たちも
パレードの指揮はとったけど
ユーモアを指揮することはできなかった

彼らはユーモアを買収したかった
だが買うことはできなかった
ユーモアを殺したいと思った
だがユーモアはあざ笑うだけだった

ユーモアは不滅だ
ユーモアは抜け目なく、すばしこい
ユーモアを称えよ！
それは勇気ある人間なのだ

出典・参考資料

NOTES ON SOURCES

第1章　殺人マシーン

記述の一部は、以下に初出。*The Jewish Chronicle*, London, *Index on Censorship*, London, and *New Lines Magazine*, Washington DC.

第2章　ネズミたたき

- 私生児説

https://www.zeit.de/feature/vladimir-putin-mother

https://www.telegraph.co.uk/news/worldnews/europe/russia/3568891/Could-this-woman-be-Vladimir-Putins-real-mother.html

Yuri Felshtinsky and Vladimir Pribylovsky, *The Age of Assassins: The Rise and Rise of Vladimir Putin*, Gibson Square Books, London 2008, pp. 116-21

Donald Rayfield, 'Taking On Putin' podcast

- 学校教師　グレーヴィチ

First Person : An Astonishingly Frank Self-Portrait by Russia's President, Public Affairs, 2000

- ネズミたたき

First Person, ibid.

第3章　スパイ志望の男

- ドレスデン

https://www.washingtonpost.com/wp-srv/inatl/longterm/russiagov/putin.htm

https://www.dw.com/en/who-is-nord-streams-matthias-warnig-putins-friend-from-east-germany/a-56328159

- サンクトペテルブルク

Masha Gessen, *The Man without a Face: The Unlikely Rise of Vladimir Putin*, New York, 2012

- クレムリンの腐敗

https://www.theguardian.com/world/2000/jan/28/russia.iantraynor

- スクラートフ

https://bylinetimes.com/2022/03/15/lebedev-the-kgb-spy-who-helped-put-putin-in-the-kremlin

- レベジェフ父子

Jacopo Iacoboni and Gianluca Paolucci, *Oligarchi*, Rome, 2012

第4章　砂糖爆弾

- リャザン

John Sweeney, *The Observer*, 12 March 2000

https://www.theguardian.com/world/2000/mar/12/chechnya.johnsweeney

John Sweeney, Cryptome, 24 November 2000

https://cryptome.org/putin-bomb5.htm

第5章　残虐な戦争

• ロシアを爆破する

Alexander Litvinenko and Yuri Felshtinsky, *Blowing Up Russia: Terror from Within*, London 2002

David Satter, *Darkness at Dawn: The Rise of the Russian Criminal State*, New Haven, 2004

David Satter, *The Less You Know, The Better You Sleep: Russia's Road to Terror and Dictatorship under Yeltsin and Putin*, New Haven, 2016

• チェチェン

Astolphe de Custine, *Empire of the Czar: A Journey Through Eternal Russia*, New York, 1989

John Sweeney, https://www.theguardian.com/world/2000/mar/05/russia.chechnya

'Dying for the President', *Dispatches*, Hard Cash, March 2000

John Sweeney, *Victims of the Torture Train*, BBC Radio 5, 2000

第6章　毒殺の始まり

• サプチャーク

Gabriel Gatehouse, BBC, 'The Day Putin Cried': https://www.bbc.com/news/stories-43260651

Arkady Vaksberg, *Toxic Politics: The Secret History of the Kremlin's Poison Laboratory from the Special Cabinet to the Death of Litvinenko*

• モスクワ劇場占拠事件

Alexander Goldfarb and Marina Litvinenko, *Death of a Dissident: The Poisoning of Alexander Litvinenko and the Return of the KGB*, Santa Barbara, 2011

Radio Free Europe: https://www.rferl.org/a/1342330.html

• シェコチーヒン

'Taking On Putin' podcast

Vaksberg, ibid.

第7章　取るに足らない死

• チェチェンでのポリトコフスカヤ

Anna Politkovskaya, *A Small Corner of Hell: Dispatches from Chechnya*, Chicago, 2007

• ベスラン

https://www.theguardian.com/world/2004/sep/09/russia.media

David Satter, https://www.hudson.org/research/4306-the-aftermath-of-beslan

• プーチン

Anna Politkovskaya, *Putin's Russia: Am I Afraid*, New York, 2004

第8章　ありきたりなお茶の席で

• リトヴィネンコ

リトヴィネンコの死に関するサー・ロバート・オーウェンの報告書: https://assets.publishing.service.gov.uk/government/uploads/system/uploads/attachment_data/file/493860/The-Litvinenko-Inquiry-H-C-695-web.pdf

Alexander Goldfarb and Marina Litvinenko, *Death of a Dissident: The Poisoning of Alexander*

Litvinenko and the Return of the KGB, London, 2012
Norman Dombey, *London Review of Books*, 'Poison and The Bomb',
https://www.lrb.co.uk/ the-paper/v40/n24/ norman-dombey/poison-and-the-bomb
BBC Panorama, 'How to Poison a Spy' http://news.bbc.co.uk/2/hi/programmes/panorama/6294771.stm

第９章　ロシア最大のラブ・マシーン

- プーチンの私生活、個人崇拝

'Taking On Putin' podcast
プロエクト調査ウェブサイト, https://www.proekt.media/en/home
'I want a man like Vladimir Putin' song, https://www.youtube.com/watch?v=zk_VszbZa_s
https://www.wsj.com/articles/u-s-withholds-sanctions-on-a-very-close-putin-associate-his-alleged-girlfriend-11650816894?mod=e2tw

第10章　ミスター・プレオネクシア

- ホドルコフスキー

https://www.vanityfair.com/news/politics/2012/04/vladimir-putin-mikhail-khodorkovsky-russia
https://khodorkovsky.com/ten-years-ago-today-khodorkovsky-dared-to-challenge-putin-on-corruption
https://www.dailymail.co.uk/news/article-5495003/British-boss-oil-firm-killed-Russians-friend-claims.html

- デリパスカ

https://www.youtube.com/watch?v=48Kk7kobMQY
Masha Gessen: *The Man Without a Face: The Unlikely Rise of Vladimir Putin*, London, 2012
https://www.youtube.com/watch?v= ziKUzn-5UcU
https://edition.cnn.com/videos/politics/2017/11/10/deripaska-fake-news-chance-sot.cnn

第11章「それで、大統領、ウクライナでの殺戮をどう思われるんですか？」

BBC Panorama, 'Putin's Gamble' https://www.youtube.com/watch?v=kOk1OGbECyo

第12章　野党リーダー射殺さる

- ネムツォフ

https://www.lrb.co.uk/the-paper/v37/n06/keith-gessen/remembering-boris-nemtsov
https://www.independent.co.uk/news/world/europe/winter-olympics-2014-welcome-to-sochi-a-city-where-there-are-no-gay-people-9086424.html

- ドゥーギン

BBC Panorama, 'The Kremlin's Candidate?':すでにBBCウェブサイトからは削除されているが、以下のサイトで見ることができる。https://eastbook.eu/2017/02/06/aleksander-dugin-eurazjatycki glos w twoim domu

第13章　「プーチンを糾弾する」

BBC Panorama, 'Taking On Putin'

https://www.reddit.com/r/Documentaries/comments/84jpqq/bbc_panorama_taking_on_putin_what_life_is_like

第14章　尖塔からの眺め

• 毒殺犯

https://www.youtube.com/watch?v=Ku8OQNyI2i0

https://www.thesun.co.uk/news/7268509/salisbury-russia-poisoning-drugs-sex-prostitutes-london

https://www.rferl.org/a/novichok-suspects-gay-or-not-russian-state-media-bashirov/29490426.html

• プーチンの反応

https://www.youtube.com/watch?v=Wvbc4vG7Ppw

• ロシアの情報工作

https://www.kcl.ac.uk/policy-institute/assets/ weaponising-news.pdf

• ベリングキャット

https://www.bellingcat.com/resources/podcasts/2020/06/16/bellingchat-episode-3-hunting-the-the-salisbury-poisonings-suspects

https://www.bellingcat.com/news/uk-and-europe/2020/09/04/gebrev-survives-poisonings-post-mortem

第15章　戦争は知らないうちに始まっていた

• クリス・ドネリー

'Taking On Putin' podcast

第16章　クレムリンの息がかかった候補者？

• ドナルド・トランプ

https://www.youtube.com/watch?v=-k3B-tw2sB0

https://www.bbc.co.uk/news/uk-23152829

https://www.nytimes.com/2018/11/29/us/politics/ trump-russia-felix-sater-michael-cohen.html

•「トランプはクレムリンの息がかかった候補者か？」に対するロシア大使館の声明

https://rusemb.org.uk/fnapr/5941

• ミフスード

https://www.bbc.co.uk/news/world-us-canada-43488581

第17章　役に立つバカ

• ヴァネッサ・レッドグレイヴ

https://www.theguardian.com/uk/2000/apr/09/johnsweeney.theobserver

• スマス・ミルン

https://www.newstatesman.com/politics/2016/04/the-thin-controller

• レベジェフ父子

https://www.bbc.co.uk/news/world-europe-20030346

https://bylinetimes.com/2020/08/20/sweeney-investigates-what-changed-to-make-evgeny-lebedev-no-longer-a-security-risk
https://bylinetimes.com/2022/03/15/lebedev-the-kgb-spy-who-helped-put-putin-in-the-kremlin

- ボリス・ジョンソン

https://www.opendemocracy.net/en/opendemocracyuk/revealed-boris-russian-oligarch-and-page-3-model

- ナイジェル・ファラージ

https://www.telegraph.co.uk/news/2017/09/19/bbcs-slur-has-caused-family-misery/
https://www.youtube.com/watch?v=x8CSVCAIayc

- アーロン・バンクス

https://www.dailymail.co.uk/news/article-6374471/Arron-Banks-Russian-wife-entranced-husband-getting-rub-BUTTER-her.html
https://www.bbc.co.uk/news/uk-41740237
https://www.bbc.co.uk/news/uk-46460194

第18章　パンツにノビチョク

https://www.bellingcat.com/news/uk-and-europe/2020/12/14/fsb-team-of-chemical-weapon-experts-implicated-in-alexey-navalny-novichok-poisoning
https://www.youtube.com/watch?v=T_tFSWZXKN0
https://www.bbc.co.uk/programmes/m0016txs

第19章　クレムリンの患者

https://newlinesmag.com/reportage/is-putin-sick-or-are-we-meant-to-think-he-is

第20章　最後は血で終わる

https://www.newyorker.com/news/annals-of-communications/inside-putins-propaganda-machine
https://www.proekt.media/en/ investigation-en/putin-health

著者　**ジョン・スウィーニー**

JOHN SWEENEY

作家、ジャーナリスト。長年にわたり、BBCの記者として独裁者や専制君主やカルト指導者や詐欺師や悪徳ビジネスマンを追及してきた。最初は「オブザーバー」紙のリポーターとして、その後BBCのリポーターとして、八〇カ国以上に足を運び、戦争や騒乱を取材した。チェチェン、北朝鮮、ジンバブエを含む数多くの独裁国家にも身分を隠して潜入し、取材を敢行した。長年の取材活動に対して、エミー賞、ロイヤル・テレビジョン・ソサエティー賞（二回）、ソニー・ゴールド賞、ホワット・ザ・ペイパーズ・セイ・ジャーナリスト・オブ・ザ・イヤー賞、アムネスティ・インターナショナル賞、ポール・フット賞を受賞している。

訳者　**土屋京子**

TSUCHIYA KYOKO

翻訳家。訳書に『ワイルド・スワン』（ユン・チアン）、『EQ〜こころの知能指数』（ゴールマン）、『トム・ソーヤーの冒険』『ハックルベリー・フィンの冒険』（トウェイン）、『ナルニア国物語　一〜七巻』（ルイス）、『秘密の花園』『小公女』『小公子』（バーネット）、『あしながおじさん』（ウェブスター）など多数。

監修・解説　**駒木明義**

KOMAKI AKIYOSHI

朝日新聞論説委員。一九六六年、東京都出身。一九九〇年朝日新聞社に入社。政治部、国際報道部などを経て、二〇〇五〜〇七年、モスクワ支局員。二〇一三〜一七年、モスクワ支局長。共著、著書に『検証　日露首脳交渉』（岩波書店）、『プーチンの実像』（朝日文庫）、『安倍vs.プーチン　日ロ交渉はなぜ行き詰まったのか？』（筑摩選書）。

クレムリンの殺人者《さつじんしゃ》

プーチンの恐怖《きょうふ》政治《せいじ》、KGB時代《じだい》からウクライナ侵攻《しんこう》まで

二〇二二年一一月三〇日　第一刷発行

著　者　ジョン・スウィーニー
訳　者　土屋京子
発行者　三宮博信
発行所　朝日新聞出版
〒一〇四―八〇一一
東京都中央区築地五―三―二
電話　〇三―五五四一―八八三二（編集）
〇三―五五四〇―七七九三（販売）

印刷製本　広研印刷株式会社

Published in Japan by Asahi Shimbun Publications Inc.
ISBN978-4-02-251869-9
定価はカバーに表示してあります。
落丁・乱丁の場合は弊社業務部（電話〇三―五五四〇―七八〇〇）へご連絡ください。
送料弊社負担にてお取り換えいたします。